江苏读本

叶兆言 著

译林出版社

图书在版编目（CIP）数据

江苏读本 / 叶兆言著．—南京：译林出版社，2024.6（2025.9重印）

ISBN 978-7-5753-0070-4

Ⅰ.①江…　Ⅱ.①叶…　Ⅲ.①江苏－地方史　Ⅳ.①K295.3

中国国家版本馆 CIP 数据核字（2024）第 077524 号

江苏读本　叶兆言／著

责任编辑　张　黎　焦亚坤
装帧设计　周伟伟　薛顾璨
校　　对　王　敏
责任印制　闻媛媛

出版发行　译林出版社
地　　址　南京市湖南路 1 号 A 楼
邮　　箱　yilin@yilin.com
网　　址　www.yilin.com
市场热线　025-86633278
排　　版　南京展望文化发展有限公司
印　　刷　南京爱德印刷有限公司
开　　本　890 毫米 ×1240 毫米　1/32
印　　张　13.75
插　　页　4
版　　次　2024 年 6 月第 1 版
印　　次　2025 年 9 月第 2 次印刷
书　　号　ISBN 978-7-5753-0070-4
定　　价　78.00 元

目录

〔第一章〕必要的访古

〔第二章〕一方水土养一方人

〔第三章〕

文化这玩意

<<

〔第四章〕

南京

<<

〔第五章〕 苏州

〔第六章〕 扬州

〔第七章〕

徐州

〔第八章〕

无锡

〔第九章〕

常州

〔第十章〕

镇江

〔第十一章〕

南通

<<

〔第十二章〕

盐城

<<

〔第十三章〕

连云港

<<

〔第十四章〕

淮安

<<

〔第十五章〕

泰州

<<

〔第十六章〕

宿迁

<<

〔第一章〕

必要的访古

诗人李白眼里的江苏

1300年前的一个烟花三月，正是江南好时节，心情舒畅的大诗人李白沿长江而下，乘风破浪进入江苏地界，来到了今天的省会南京。那时候的南京，正式的名字有些说不清楚，一会儿叫升州，一会儿又改名为江宁郡。到了文人骚客笔下，最常见的，更喜欢写成大家熟知的金陵。

风吹柳花满店香，吴姬压酒唤客尝，李白朝沽金陵酒，歌吹孙楚楼，以诗会友，与前来相送的金陵子弟，一起开怀畅饮。临告别之际，难免依依不舍，望着滚滚而去的大江，诗兴大发，不禁脱口吟道：

请君试问东流水，别意与之谁短长？

对于诗仙李白的感慨，没人能回答清楚。世上许多提问本来不需要答案，逝者如斯夫，通过奔腾东流的长江水，情以物迁，辞以情发，我们可以清晰地感受到诗人当时深厚而又无形的惜别，感受到这个城市中浓浓的文学气氛。正所谓相见时难别亦难，浮云游子之意，落日故人之情。李白对金陵的好感，显然是异乎寻常，有着很强烈的怀旧情绪，对六朝人物充满了留恋。

有人根据对《全唐诗》的粗略检索，发现李白写的与金陵有关的诗篇，竟然多达25首，这是一个让人震惊的数字。大家都知道李白不是个好政客，一辈子想当官，政坛上的遭遇十分失败和狼狈。他总是去巴结那些他不该阿谀奉承的官员，作为一名出色的诗人，李白的谋略绝对天真，对东南这片神奇土地的主观判断，过于浪漫和不切实际。他的一个很不现实的政治理想，便是要让处于动荡不安中的唐王朝“避地东吴”，迁都金陵，建立偏安的“东唐”或“南唐”。

当然，不只是李白有这样的想法，按照郭沫若先生的解释，安史之乱动摇了盛唐的根基，当时“黄河流域的地主阶级”，唐朝的有钱人，都有南奔吴越的念头。经历了“渔阳鼙鼓动地来”的大唐帝国，如果真像李白希望的那样，在洋溢着失败的气氛中，在一群书呆子的鼓噪下，冒昧迁都江苏的南京，东去长安万里余，其前景会是如何的不堪，实在无法想象。

好在历史从来不相信虚幻，只在乎证据确凿，在李白身后的两百年，南唐李后主“仓皇辞庙”，在金陵成了亡国皇帝，终于用活生生的例子，给李白送去一个迟到的答复。1300年过后的今天，重温那一段早已逝去的历史，穿越漫长的时间隧道，别开蹊径，赶一回时髦，进行一场“开心辞典”似的测试，在观众的注视下，来一次“无厘头”的即兴问答，让喜欢六朝繁华的李白，描述一下自己所知道的江苏，他的表情一定非常茫然和困惑。

我们都知道这位大诗人知识非常渊博，中外文俱佳，上能知天文，下又熟悉地理，可是他听到江苏这个词语的时候，很可能会目瞪口呆。这是一道他无法回答的问题，李白生前不仅没听说过大家耳熟能详的江苏，也没听说过南京，没听说过镇江，没听说过淮安，更没听说过连云港，所有这些我们今天常常可以见到的江苏城市地名，对唐朝的李白来说，都是一些陌生词语，都是后来生生地造出来的。

李白的足迹曾经遍布江苏这块神奇的土地，他是位喜欢周游天下的艺术家，一身去国六千里，上九天揽月，下五洋捉鳖，见闻多，知识广，趣味浓厚，但是面对江苏这道竞赛题目，只能是一筹莫展，他肯定没办法提供正确答案。即使是想象无比丰富的大诗人，也无法预测在未来的中国版图上，会出现江苏这么一个省级行政区域。

李白不可能想象到，原本只是一些在中国大历史上政治不太相干的板块，经济完全不同的地区，会因为明清两位大手笔的皇帝的文经武纬，因为明朝的朱元璋，因为清朝的爱新觉罗·弘历，因为他们非常个人的神圣意志，就仿佛几块不同色彩的面团一样，最后被十分神奇地揉和在了一起。

很久以前

很久以前，江苏境内就有人类在活动。最新的考古发现，南京汤山一个石灰岩溶洞里，挖掘出两个与北京猿人相似的头盖骨，还有一些肢骨化石。这些古人类遗迹距今究竟有多少年，专家们的意见并不统一。有人认为有30万年的历史，有人认为还可以再多一些，最极端的说法是应该有50万年，这真是一个太遥远的过去，就算是写在了课本上，也当不了真。

还是说说稍近些的历史，大约在1万年以前，长江下游的江南地区，除太湖还是一片平原外，其他区域的古地理环境，与现今苏南的低山丘陵十分相似，气候却远比现在凉爽。这里是中国南北方生物的过渡地带，在苏州吴县太湖中的三山岛上，有一个晚期智人的文化遗址，它是当时原始人制造石器和狩猎的地方，考古已发现了大量的动物化石，还发现了5000多件旧石器晚期的打制石器，这个遗址被定名为“三山文化遗址”。

“三山文化遗址”是江苏南部古人类文化的代表，代表江苏北部的则是“爪墩文化遗址”。差不多同一时期，在苏北沂沭河两岸到黄海之滨，也分布着一些原始氏族部落。其中以东海县境内的爪墩山附近发现的文化遗址最典型，在这里，挖掘出数以千计的石制品，有石锤和石球，有砍斫器和刮削器，更让人惊奇的，是有20多件石镞，加工得非常精确，镞尖锐利，两边还有刃。石镞是石箭头，安装在箭杆上，就可以成为箭，它的出土，表明当时的古人已具备了相当发达的智力。

到了距今7000年或者6000年的时候，江苏境内古人的生活质量明显改善，已开始知道搭建房屋。当时大江南北氏族公社的公共住房，一般都是土木结构的茅屋，由于地处长江流域的下游，地势卑湿，为了防潮避水，房屋的建筑形式主要是“干栏”，即在地面上竖立若干木桩，然后再在上面盖房子，就像著名的意大利水城威尼斯那样。

长江两岸，无论是在江南，还是在江北，不少地区都发现过这类建筑遗迹。在丹阳甘草河遗迹的200平方米范围内，考古人员曾发现过200多根长约2米、直径约30厘米的木桩，一端削尖了，三五根一处密密地排在一起。海安青墩遗迹也发现了木桩和木条，木桩的下端都削成了圆锥形或斜面，有些木条一端甚至还有榫卯痕迹。

由于地势高气候干燥，江苏最北部的远古人类，根本不需要那些复杂的工艺，黄淮地区的先民更像是地道的北方人，一般都是在地面直接立柱砌墙，譬如邳县的大墩子遗址，就发现5处大小不等的烧土地面，墙壁是用植物杆涂上泥，然后再经火烤干。古人的生活方式显然是由自然条件决定的，就文明程度而言，江苏北部似乎要比水乡泽国的南部高一些。

然而不管是北部还是南部，不管它们有着多么大的差异，江苏的先民因为地处中原文化统治中心的东南部，是中原王朝的东土，因此也被泛称为东夷或蛮夷。江苏北部的东夷，又被称为徐夷，因为他们活动在淮水或泗水一带，也叫淮夷或泗夷。徐夷的领袖是徐偃王，他一度称雄江淮，而且还试图西进，挑战中原王朝的权威。

江苏南部的土著人，因为偏东南方向，又被称为南夷或南蛮，曾是“断发文身，裸以为饰”的“裸国”，“裸国”是吴文化的源头。王充的《论衡》上有“夏禹倮人吴国”的记载，“倮”是赤身裸体的意思，王充是东汉人，在东汉时期，除了位于北部的徐州外，江苏的整体经济文化还很落后，能见到的文字记录很少，王充是个有学问的人，他考证出“裸国”就是后来的吴郡，也就是今天以太湖为中心的苏南地区。

江苏的前世

江苏作为一个省份还很年轻，它的大部分区域位于中国开发相对比较晚的地区，虽然已有六千多年文明史，但是真正建省，以“江苏”这两个字命名，成为一个独立完整的行政区域，也不过才三百多年。对于美国人来说，三百多年的历史，或许已经很长了，足以让其变成一个强盛的超级大国，但相对中华古老文明的五千年，三百多年实在太短暂了一点。

江苏是由儿块不同文化色彩的板块，因为这样那样的原因，组装在一起的。相当长的时间里，今天的江苏并不是一个整体，彼此之间毫不相干。历史上，虽然都被称为东夷，前面已经解释过，此夷非彼夷，他们在一开始并不是一家人。

中国的远古时代，曾经分为十二州，所谓唐尧虞舜“肇十有二州”，并命“十有二牧”，这个“肇”字就是“开始”，意思是说那时候有十二个州，而且任命了十二位领导人。这个历史太久远，不一定完全靠谱。“溥天之下，莫非王土；率土之滨，莫非王臣”，也就是说说而已，哄帝王高兴罢了。

大禹治水以后，十二州被定为九州，以九州来形容中国，从此成为惯例。“无道吞诸侯，坐见九州裂”，这是唐朝王昌龄的诗。“我行半九州，蹋尽芒鞋青”，这是南宋陆游的诗。“九州生气恃风雷，万马齐喑究可哀。我劝天公重抖擞，不拘一格降人材”，这几句大家更熟悉，是清朝龚自珍的诗。

当年的蒙学教材《千字文》说起中国的古代地理，打头的那句是“九州禹迹，百郡秦并”。意思是说古代的圣贤大禹，为了治水，走遍中国，秦始皇吞并了七国，从此统一天下。九州也好，百郡也罢，版图看上去好像是很大，其实与今天的中国地图比较，小得有些可怜。

如果用图像来形容，无论是在一统天下的秦汉，还是在万邦来朝的盛唐，当时中国作为一个国家的版图，它的政治领域，都要比今天小。想象一下当年的道路，想象一下当年的交通设施，大禹能够走遍天下，说明这个天下一定也是有限的。

同样的道理，从秦朝开始实行的郡县制，所谓百郡，也只能是个概数，是个泛指，实际上只有三十六郡。当时的郡和县，在级别方面虽然相当于后来的市和县，真实体量则要小得多，面积和人口完全不可跟今日相比。

“郡”和“县”这些区域单位，早在春秋时就出现过。最初县的地盘要比郡大，所谓“千里百县，县有四郡”，又有“克敌者，上大夫受县，下大夫受郡”。不过这些所谓的县和郡，尽管说的也是地盘和区域，大小模糊，与后来郡县制的郡和县，并不是一回事。到了战国时期，县制开始出现在楚国，郡制开始出现在秦国，秦统一天下以后，才开始实行真正的郡县制，从此，县之上有郡，郡之上有朝廷，有中央政府。郡县制这种中国特色的政治形态开始建立，绵延了几千年。

简单地说，就是中央政府管辖着郡，郡管辖着县，一级管着一级，上级领导下级。以郡统管县，满万户以上的县设县令，不满万户的设县长。令和长为一县之首，掌管全县的政务，受郡守节制。县令下设尉和丞，尉掌管全县的军事和治安，丞则是县令或县长的助手，负责全县司法。县以下又设乡，设里，还有亭。乡和里是行政机构，亭为治安组织，出生于江苏徐州的汉高祖刘邦，就曾当过亭长。

我们习惯说中国有着几千年的封建历史，事实上，郡县制才是传统的中国政治制度，才是标准的老百姓能接受的社会形态。中国的帝王并没有真正把国家分配给自己的子孙，也没有分配给有功的大臣。公侯伯子男，分封制在形式上一直都是有的，可以有这个王那个公，但是中央集权始终存在，中央政府总是一家独大，始终是皇帝一个人说了算，皇帝拍板就定了，皇帝对就对，皇帝错了就只能错。帝王的权势如果不再，国家的安危便有可能出现问题。

《千字文》中形容人的发迹，形容一个人的成功，不过是

“户封八县，家给千兵”，不过是“世禄侈富，车驾肥轻”。当时的县很小，古汉字中的“县”本义是“悬”，也就是悬挂在半空中。“天下地方千里，分为百县而系于国”。对于中央政府来说，县这个单位，就好像成熟的桃子那样，琳琅满目地挂在自己身上，王权就是树的躯干。这种管理形态，最初指的是周代的行政制度，到了秦统一天下以后，作为地方政府的县级单位，数量显然增加得太多，为了便于管理，不得不在中间再加上一个郡。

今天的江苏省，在远古时代，先后分属于九州中的徐州、青州和扬州。仅此一点，仍然足以说明当时的九州并没有我们想象得那么大，那么辽阔。春秋时期天下大乱，一个个小国家开始雨后春笋般地冒了出来，小国渐渐地被大一些的国家吞并，于是江苏北部属于宋国，南部属于吴国。到了战国时期，宋国和吴国先后都不复存在，属于宋国的部分，被凶悍的楚国吞并，属于吴国的部分，被卧薪尝胆的越国消灭。再下来，越国烟消云散，也被楚国吃掉了。

再下来，强大的楚国也没了，更为强大的秦始皇统一了中国。在大秦帝国的版图中，先是设置了三十六郡，随着疆域扩大和调整，南并五岭以南的南越地，置南海、桂林、象郡，北取阴山以南地，置九原郡，又陆续分拆，设东海、恒山、济北、胶东、河内、衡山等郡，最后增至四十八郡，江苏分别属于东海、泗水和会稽三郡。

到了汉代，江苏分别属于徐州刺史部和扬州刺史部，值得一提的是，所谓“刺史部”只是个官位，管辖一片相当大的区域，是在郡县与中央政府之间又增加的一级官衔，县比郡小，郡又比州小，相当于在后来的市县领导上面，再加上一个省领导。当时的扬州刺史部与今天的扬州市，完全不是一个概念，现在的扬州当时还叫广陵和江都，属于徐州刺史部。

扬州刺史部始置于西汉，为当时的全国十三州之一，范围相当于今安徽淮河以南部分，江苏长江以南部分，包括上海、江西、浙江、福建，还包括湖北和河南部分地区。最初的治所设在寿春，也就是今天的安徽寿县，东汉时移到了历阳，也就是今天的安徽和县。

三国时，为了显示自己的正统地位，曹操将扬州的州治又移至寿春，一度还移到了安徽的合肥，后来再度移至寿春。而同时期的孙吴，则将扬州的州治，先定在江苏苏州，后移至京口，也就是今天的江苏镇江，然后才是建业，也就是今天的江苏南京。西晋灭吴后，两个扬州治所终于合二为一，地点也被最终定在了南京。隋朝时，先将之前的扬州改名为蒋州，扬州刺史部的名称被废除。

由此可见，扬州刺史部的治所，它的衙门所在地，很长时间里都是在江南的南京，与今天江北的扬州市没有任何瓜葛，一个在长江以南，一个在长江以北。那时候的扬州市，只是归徐州刺史部管辖的一个小县城，整个苏北包括山东的青岛，都在徐州刺史部的管辖范围之内。扬州刺史部的地盘非常大，徐州刺史部的地盘也很大，而且更有实力，管辖着楚国、鲁国、泗水国、广陵国、临淮郡、东海郡、琅邪郡。看看这些响亮的地名，就可以知道当年的徐州刺史部，要比扬州刺史部更有来头。

在三国时代，江苏南部和中部属于孙吴，以高邮和东台一线为界，北面属于曹魏。这以后，大致的总趋势就是，当中国处于统一状态，江苏的南北必定属于中央政府管辖下不同的行政区域，五花八门，名目繁多，譬如到了唐朝的时候，淮河以北的徐州、泗州和海州分属河南道，江淮之间的楚州和扬州分属淮南道，江南的润州、常州和苏州分属江南东道。

当时的道可以比省还大，大得多，譬如河北道，基本上是把今天的东北地区以及被俄罗斯人占去的远东部分都包含在内。又譬如河南道，同样是很大，在黄河之南，东尽海，西踞函谷，南滨淮水，北临黄河。辖境面积包括今天的山东省、河南省大部、江苏省的北部和安徽省的北部。

当中国处于分裂的时候，通常会以长江或者淮河为界，南边属于南朝，北边属于北朝，魏晋南北朝是这样，五代十国是这样，到了南宋，还是这样。南宋以淮河为界，淮河北面的徐州和连云港，当时都属于少数民族统治的金朝。南宋一共有九位皇帝，前后经历了152年，在这期间，江苏的南和北一直处于国与国的分裂状态，老死不相往来。

行省的建置是从元朝开始的，当时的江苏南部属于江浙行省，江苏北部属于河南江北行省。中国历来的统治阶级，都习惯于用东西走向的河流来划分区域，譬如河南河北，譬如淮南淮北，譬如江南江北。像今天这样，把江南和淮北强行揉和在一起，成为一个完整的行政区域，这是明朝才开始的事情，而一直到1667年的清朝康熙年间，“江苏”省才有机会第一次正式挂牌。

也就是说，在此之前，查遍各种文献，调阅各种档案，也不可能见到“江苏”这两个字。在李白生活的唐朝时期，没有江苏。后来的北宋和南宋，包括朱元璋开创的明朝，也没有江苏。江苏是个新名词，到了清朝的康熙年间才有。它的出处，由当时江苏南部的江宁和苏州两府首字合称得名。从那以后，江苏的范围和格局，基本上没什么太大改变。

有一种说法，现在归上海管辖的松江地区原来属于江苏，后来把松江划归上海，为了弥补江苏的重大损失，原来隶属山东的徐州割让给了江苏。这个说法似是而非，事实上，徐州一直是江苏的一部分，从明朝开始，它几乎一直属于江苏。1944年，汪伪政府曾设置淮海省，以徐州为省会。抗战胜利后，淮海省被撤销，徐州因此一度属于山东省；1953年1月重新划归江苏，这只能算是物归原主，徐州从江苏划出去，前后加起来还不到十年。

历史上的上海倒是千真万确一直属于江苏，清朝末年开始在上海设租界，租界之外的官司，都得乖乖地归江苏的上海县管辖。1927年国民政府成立，4月设南京特别市，11月设上海特别市，算是把上海从江苏的身体上活生生地割了出去了，刚开始还只是市区的那一小块，面积并不大。1935年郊区扩大，陆家嘴、徐家汇、吴淞口划归上海市。

1958年1月，江苏的上海、嘉定、宝山三县，遵国务院的指示划归上海市，同年11月，原松江专区的川沙、青浦、南汇、松江、奉贤、金山六县，原南通专区的崇明县也被打包划归上海市，这些曾经是江苏最富饶的地方，现在都已经变成上海的区，比如松江区、崇明区。

河山与江山的辨析

中国向来都是以黄河文化为代表，群雄逐鹿中原，胜利者最后问鼎中原，说的都是如何掌控或者已经掌控了黄河流域。中国古代的盛世，比如秦汉，比如盛唐，都是在黄河流域发展和壮大，也是在黄河流域凋零和消亡的。打一个不算是很恰当的比方，如果以一条大鱼来形容，曾经最富庶的关中地区，也就是中央政府的所在地长安，是中国这条大鱼的鱼头，黄河则是它的身体主干，是它的一根长长的脊梁骨。

黄河两岸，也就是广义的河南河北，譬如河南道和河北道，历来都是中原王朝的核心地段。而江苏的大部，处于江淮地区，在相当长的历史时期，只是这条肥硕大鱼下垂的腹部，依附于黄河流域，面积虽然也很广大，也有自己独特的文明，经济起步却很晚，显然不属于古代中国的核心地区。

民以食为天，黄河两岸是农耕文化，相对而言，更容易解决饥饱问题，所以很容易最先发展起来。我们喜欢说黄河是母亲河，自然有它的道理。古人说的河南河北，不是今天我们理解的河南省河北省，它的范围要大得多，是地理概念，不是行政区域。同样，古人说的山东，也不是今天的山东省。杜甫诗“汉家山东二百州，千村万落生荆杞”，这里的山东是指崤山以东。崤山位于秦岭东段，属于规模较大的支脉。就好像今天的广东人，看着大半个中国都是北方一样，在秦汉时的陕西人眼里，崤山之东都是山东，这个山东要比后来的山东省不知大出多少倍。

我们说起祖国的大好河山，“河山”两字最初都是有特指的，这个“河”，就是黄河，而这个“山”就是华山。《史记·天官书》有这么一句：“及秦并吞三晋、燕、代，自河山以南者中国。”大好河山，锦绣河山，历来都是中国疆域的代名词，比如岳飞说的“还我河山”，又譬如说“祖国的好河山，不容敌人侵略”。

后来出现的“江山”，已经开始融入了长江的概念，这个“江”无疑指的是长江。“江山如画，一时多少豪杰”，从河山发展到了江山，仍然会有疆域的含义，但是重点显然转移了。江山更有一些政权的意思，所谓打江山和坐江山，又所谓“江山易改，禀性难移”。中国古典小说《说唐全传》中，秦琼劝唐壁不要谋反，唐壁大怒，大喝道：

胡说，自古道：天下者，乃人人之天下，非一人之天下也。

孤家争取江山，管什么有仇无仇?

唐璧是小说中虚构的一个人物，他英勇善战，滑稽可笑，最后被程咬金给砍死了，斧劈斩首。在南唐后主李煜的词中，也出现过山河与江山，不妨比较一下其中的内涵。“独自莫凭栏，无限江山，别时容易见时难”，显然说的是自己的皇位丢了，亡国了，成了亡国皇帝。“四十年来家国，三千里地山河”，说的显然是领土和区域，山河与河山，不过是两个字前后颠倒而已。

俗话说，“得中原者得天下”，逐鹿中原，方可鼎立天下。天玄地黄，宇宙洪荒，中国的古人相信天是圆的，地是方的。中原的本义是“天下至中的原野”，说的就是黄河流域。它一直被视为天下的中心，是中华文明的发祥地，是中华民族的摇篮。中原是中国建都朝代最多、建都历史最长、古都数量最多的地区。而中华民族的大融合，中华文明多元化和一体化的过程，也是在这里逐次展开的。

如果离开了中原地区，离开了中华文明的中心区，一味往北去，翻山越岭，便是无尽的大草原，到了游牧民族的所在区域。往南走则不得不越过南北之界的淮河，再继续往南，就是万里长江天堑。相对而言，相当长的历史时期，无论往北，或者是往南，经济和文化都不如黄河流域发达，都还比较原始。北方游牧民族生活的地区天寒地冻，生产方式十分落后。长江以南，到处都是湖泊沼泽，这里的先民“侣鱼虾而友麋鹿”，以渔樵为生，生产方式同样落后。

考察中国的大历史，中华文明经常会出现这样的轮转，北方游牧民族入侵南下，到达了黄河流域，占领了中原，接受了这里的文化影响，开始了一段新的文明。而原本位于中原地区的中央政府，却因为战事的失败，开始由北向南逃窜，开始衣冠南渡，形成南北朝对峙的局面，由北宋转为南宋。因为中原文化更加发达，所以历史上中原中央政府的南渡和南迁，也造成了南方的经济和文化突飞猛进。

钱穆先生在他的历史著作中，分析了游牧和农耕两种生产方式，他曾说过这样的话：

游牧、商业起于内不足，内不足则需向外寻求，因此而为流动的、进取的。农耕可以自给，无事外求，并必继续一地，反复不舍，因此而为静定的，保守的。

这样的观点既对，也不完全对。说游牧民族好战，好掠夺，可能是个事实，但显然不完全正确。农耕民族也未必就一直老实巴交，就一直太太平平，就从来不侵略别人。为什么会发生战争呢？游牧也好，农耕也好，包括桃花源中的渔夫和樵夫，当这些生活无法继续的时候，安分已经守不了己，民不聊生之际，战争便会不可阻拦地发生。

人类是大自然的产物，说到底，当生存出现了严重的问题，游牧民族和农耕民族的生活出现了重大困难，天灾人祸，政府过分地腐败，帝王的野心无限扩大，宫廷发生了政变，大饥荒开始出现，农民开始起义或者造反，都可能造成乱世的来临。对于普通老百姓来说，没有什么比乱世更糟糕，更可怕。

江苏人的内心世界，相当平和，他们惧怕战争，尤其是以江南人为最。进入近代以后，发生在江苏境内的战争，通常与本地居民无关，只是被动地卷入，深受其祸害。譬如太平天国的军队来自广西，清剿太平军的主力又来自湖南。又譬如1924年的江浙大战，历时40天，其实是直系军阀与皖系军阀在打，战争爆发，战区内老百姓扶老携幼，颠沛流离，深受战乱之苦，当时的江苏省农会在致国务院的电文中就说：

江浙战事，军队所过，村镇为墟，人民奔走迁移，颠连失业，富而贫、贫而死者，不知凡几，而江南战区如宜兴、昆山、嘉定、太仓、松江、青浦等县则尤甚。

天子脚下

江苏很年轻，如果没有明朝的开国皇帝朱元璋，很可能就不会出现“江苏”这个词。朱元璋是个很了不得的人物，在一般老百姓的印象中，他提出了“驱逐胡虏，恢复中华”的口号，挥师北伐，一举推翻了蒙古人的元朝统治，重新建立了汉人政权，恢复了汉民族的统治地位。

朱元璋是苦孩子出身，放过牛，当过和尚，参加了农民起义军，一生传奇。他最后功德圆满，登基做了皇帝，把当时的南京建设成世界上最大的皇城。熟悉一点历史的人都知道，朱元璋最后能够得到天下，其中一个很重要的原因，是他战胜了当时同样是农民起义军领袖的陈友谅和张士诚，这两个人才是朱元璋的真正对手。朱元璋深知要攘外必先安内，一旦战胜这两个强劲对手，再去推翻早已腐朽不堪的元朝，便是水到渠成，易如反掌。

说到底，朱元璋这个人物，包括他的对手陈友谅和张士诚，都是乱世的产物。乱世英雄起四方，因为天下大乱，当过和尚的朱元璋，贩过盐的张士诚，曾经是县吏的陈友谅，都成了不可一世的枭雄。朱元璋与陈友谅、张士诚的决战都发生在江南。胜者为王，败者为寇，朱元璋西征东讨，转战南北，最终能够成功的经验使他坚信，要想打下天下坐稳江山，一定要高筑墙，广积粮。

朱元璋当了皇帝以后，不仅尽可能地将南京城郭扩大，而且把郊区的面积也无限增大。这位朱皇帝的想象力实在惊人，为确保自己江山的安全，他在地图上想当然地围着京城画了一个大圈，圈了很大的一块地盘。具体地说，忽发奇想的朱皇帝一出手就是两个省，也就是今天的江苏和安徽全境。当然，这还必须包括今天十分繁华的上海市。

都说捆绑不成夫妻，但是朱皇帝金口玉言，想怎么就得怎么，要如何任性就如何任性。在他的指定下，南北从此交融，东西从此合并，于是今天江苏的南部和北部，安徽的南部和北部，几块原本毫不相干的政治区域，不同文化色彩的行政板块，便被紧紧地捆绑在了一起。

江苏和安徽，未来两个新兴的省份，因为朱皇帝的奇思妙想，被紧紧地组合在了一起。这块被强行捆绑在一起的行政区域，在明朝的历史版图上，被称为南京或南直隶。这块区域非常独特，也非常重要。在大明王朝的人眼里，南京有几种含义，可能是指当时的应天府，也就是今天的南京市，更可能是指包括江苏、安徽、上海在内的这一大片区域。

很多人都以为江苏的南京所以得名，是因为朱元璋的儿子把首都迁到了北京。其实早在洪武元年，朱元璋刚登基做皇帝的时候，就准备迁都开封，建开封府为北京，有了这个“北京”，当时的首都应天府自然而然地就成了南京。汉字的“京”是不可以随便用的，向来都有着特殊地位，它的字源意义是高地，所谓“人所为绝高丘也”，关键是“人所为”三个字，意思是说这城市的地位，是因为人工所造成的，是人造的“高丘”，必须是首都或者陪都。

按照封建社会惯例，只有天子脚下才可以称为京城。到洪武十一年，朱元璋放弃了迁都北上的计划，而南京的称呼已经习惯。朱元璋的儿子明成祖朱棣迁都燕京以后，南京和南直隶这些带有皇家色彩的称呼，一直被稀里糊涂地保持着。毕竟是太祖皇帝的规矩，虽然听上去有些别扭，但没人敢擅自篡改。瘦死的骆驼比马大，皇帝已经搬家了，这里依然还是一副天子脚下的模样。

明朝的管辖范围，共有南北两直隶十三省，所谓直隶，差不多就是今天的直辖市，或者说比直辖市还要大一个级别，更高一级，其地位的特殊性和重要性，由此可见一斑。江苏和安徽在当时成了一个巨大的连体婴儿，江南、江淮和淮北，这三大块本应该分开的地方，从此开始不分你我。

把历史上这几个不同的行政区域强行捆绑重新组合，确实是匪夷所思。有时候，帝王的意志可以左右一切。中国的政治区域划分，除了自然的河流，还会以山川和湖泊为界，譬如以太行山为界，分山东省和山西省；以洞庭湖为界，分湖南省和湖北省。明朝以前，江南只是个大概念，苏南和皖南虽然紧挨在一起，并不是一家。

在诗人李白生活的唐朝，江南就已被分为东西两大板块，苏南属于江南东道，皖南除徽州属江南东道外，其余属于江南西道。宋朝的时候，“道”的建制改成了“路”，变成了江南西路和江南东路，两浙一度从江南东路分了出去，成为新的板块。两浙是指浙东和浙西，这里的浙西指的是两浙西路，它包括了浙江北部和江苏的苏南地区，而南京领衔的江南东路，则被排除在外。到了元朝，江南东路与两浙又重新合并，称之为江浙行省。

江苏北部则是另一番格局，唐时甚至是唐以前，苏南和皖南就开始分治，江淮之间却一直共生，苏北和皖北还是一家。江淮之间的区域，也就是安徽的淮南和江苏的苏中地区，为淮南道管辖，淮河北边则都归河南道管辖，也就是说江苏的徐州和宿迁，与安徽的淮北联在一起。宋元时略有变化，大格局未动，基本思路仍然是以长江和淮河为界。

破茧而出 或化蝶

清兵入关，定都北京，然后一路南下，跟玩似的拿下了整个中国。新的征服者见着南京和南直隶这些名字，无疑会感到一些不自在，看着不顺眼，仿佛前朝的阴魂仍然不散，于是强令改名。于是乎一纸诏书下来，南京改名为江宁，南直隶改名为江南省。

二百多年以后，辛亥革命爆发，硝烟四起，革命党人聚集南京，选举孙中山为临时大总统，改江宁府为南京府。所谓府，基本上等同于今天的市。几个月以后，袁世凯窃国，仍然以北京为首都，又废南京府设江宁县，这几乎是存心降低南京的级别，让南方的革命党人感到难堪。终于熬到1927年，国民政府定都南京，北伐胜利了，仍然忘不了当年的改名之恨，一报还一报，新的王者将北京改成了“北平”，南京这个名字则再次改回来。

江宁和北平的改名，都是地道的中国文化。江宁肯定是有来头，据清朝江宁人金鳌所著的《金陵待征录》记载，三国之后，晋朝统一了中国，西晋太康二年，也就是公元281年，晋武帝司马炎南巡，深感江野寂静而慨叹：

江外无事，宁静若此。

江外就是江南，在北方的中原人眼里，江南在长江之外。不过史书上并没有晋武帝南巡的记载，中国帝王巡视过什么地方，一定会留下一笔，因此这句“江外无事，宁静若此”未必就真的靠谱。历史总是会留下更多胜利者的表情，“江宁”二字所含的统治者口气，所谓濒临长江且秩序安宁之意，显然不会错。翻阅中国的历史书，类似的胜利者给取的地名还会有一些，除了江宁和北平，应该还有武威、宁夏、西宁、南宁、绥远。

有时候，一个名字改了就改了，改了就定下来，习以为常被大家所沿用。有时候，一个名字改得并不合适并不得体，用不了多久，就又会再起变化。清初江南省的命名，显然过于草率和随意。这注定了会是一个短暂的名字，因为尾大不掉，太没有代表性，很容易让人产生误解，所谓江南省的大部分领土，都远在江北和淮北，根本就不在江南，非常的名不副实。

是可忍孰不可忍。不久，到了康熙皇帝的任上，江南省终于切割瓜分。这一次不再是以长江淮河为界，恢复旧时的领地和区域传统，重新把南北分裂，而是劈头一刀，从北向南血淋淋地剖开，让各家都拥有江南、江北、淮北三大块，西边的这一大片是安徽，东边的这一大片是江苏。

于是，明朝朱皇帝随手造成的江南省这个连体婴儿，由清朝的康熙皇帝亲自主刀，从手术室里牵着手血淋淋地走了出来。从此，江苏和安徽破茧而出，羽化成蝶，开始有了自己的识别标志，有了自己的独立身份。历史的一次偶然，终于在帝王的意志下成了必然。

清朝的统治基本上还是沿袭明朝制度，分设省府州厅县等地方行政机构，江苏独立建省，刚开始的省会仍然在南京，后来便迁往苏州，管辖八府三直隶州一直隶厅六十五县。八府是江宁、苏州、松江、常州、镇江、淮安、扬州、徐州，其中位于江南的有5个府，位于江北的有3个府。三直隶州为太仓州、海州、通州，江南是1个，江北是2个，而低于直隶州的是府辖州，譬如扬州府的高邮州和泰州，徐州府的邳州。唯一的一个直隶厅是海门厅，在当时，被称为“厅”的还有苏州府的太湖厅和靖湖厅，也就是今天的东山镇和洞庭西山，有镇江府的太平厅，也就是今天的县级市扬中，还有松江府的川沙厅，它们显然要比直隶厅低一级到半级。

在清朝的时候，江苏和安徽都隶属南京，由两江总督管辖。江苏最大的行政官员巡抚，也就是相当于后来的省委书记，驻在苏州“提督军务，兼理粮饷”。此外还有两个相当于省长的布政使，分驻南京和苏州，分管江苏的民政和财赋。一个叫江苏布政史，它的衙门在苏州，管辖苏州、松江、常州、镇江四府，以及直隶太仓州。一个叫江宁布政史，它的衙门在南京，管辖南京和整个苏北。江苏特有的这种行政权力划分，各管各家的传统，也从心理上把南京与江南的其他几个城市有意识地割裂开了。

江苏还有按察使一人，驻在苏州，负责全省的司法和事务。有趣的是，清朝政府在完成了江苏和安徽的建省之后，很长一段时间里，又经常习惯性地要沿用江南省之名，文人随便写写就罢了，文件上也会这么写，以至于后人经常会搞糊涂。

〔第二章〕

一方水土养一方人

<<

不南不北

在中国的大版图上，江苏偏于东南，属于华东地区。东临黄海，西连安徽，北边接着山东，南边挨着上海和浙江。有人形容中国地图像一只引颈高歌的大公鸡，江苏就处在公鸡凸出的那块胸脯上。

江苏的地形有些狭长，东西大约300公里，南北大约500公里，微微地向西倾斜，中间流过了长江和淮河。长江淮河是中国传统的地理分界线，南北的经济和文化差异很大。生活在江苏南部的居民，常常会觉得自己是南方人，生活在江苏北部的居民，常常会觉得自己是北方人。南北既是一种相对的心理概念，同时也是一种传统的历史认同。

总的来说应该是这样，说吴语的江苏人，基本上都集中在江苏的东南部，这一方言区的人，在文化上更认同自己的邻居上海和浙江，在习惯上，他们往往会被称为江浙人。把他们算作南方人，一般不会有什么太大问题。说中原官话的江苏人，基本上集中在淮河以北，以徐州、连云港一带为代表，在文化上更认同于中原文化，说他们是北方人，一般也不会有什么太大疑问。

介于江淮之间的江苏人就有些尴尬，通常还是会被称为江北或苏中，在语言上属于江淮官话，他们的认同感恰巧在两者之间，江南人印象中的江北和苏北，完全是一回事，根本不需要区别对待，因此很自然地觉得他们是在北方，而淮河北边的人却不这么看，他们认定这些人生活在淮河南边，不通暖气，因此很自然地认定为南方。地理上通常水的南边为左，江淮地区因为在淮河南边，所以被称为淮左，譬如扬州在古诗上就是“淮左名都”。

其实不只是江淮之间的江苏人很难给自己定位，整体的江苏也很难认定究竟是南是北。没有人会来认真仔细地区分什么苏南、苏中、苏北，江苏人自己也懒得较真。对于真正的北方人来说，譬如河北人和山西人，譬如东北人和西北人，他们睡在热炕头上，吃着面粉加工出来的面条和馒头，一定会觉得以大米为主食的江苏，差不多都属于南方，江苏人说自己北方人是有点莫名其妙。

对于真正的南方人来说，譬如广东人和广西人，譬如福建的厦门和云南的西双版纳，一年到头基本上都是夏天，也看不到一场雪，他们自然会觉得江苏这地方还是应该算作北方，到了冬天冷死了，真的太冷了，江苏人竟然好意思说自己是南方人，简直就是天方夜谭。

不南不北是江苏在中国地理位置上的一个重要特征，这或许与淮河横穿江苏有关。发源于河南桐柏山主峰太白顶的淮河，起初不过是轻浅如线的一股细流，它流过长江与黄河之间的危岭野谷，静静地来到了江苏境内，最后流入一望无际的黄海。和长江黄河相比，无论是流域的长度，还是流量，淮河只能算作一个夹在中间的小兄弟，然而它的重要性却不容小觑。

淮河流域地处我国南北气候的过渡地带，自古以来，淮河与秦岭和白龙江之间的连线，一直被当作中国南方与北方的“地理分界线”。既然江苏横跨淮河，处于交界之地，同时具有南北双方的特征，也就没什么意外。此外，在南宋时期，淮河还是南宋与金国的界河，也就是那时候，江苏的徐州人和连云港人是金国的臣民，这中间的文化差异就更大了。

又冷又热

地道的中国北方人在江苏过冬，只要是过了淮河，最深刻的印象是这个地方真冷，湿湿地冷，寒到了骨子里，冷得让人无所适从，冷得让人无处可躲。一旦进入货真价实的冬天，北方人可不太愿意到江苏来玩，他们不想在这里挨冻，因为大多数的人家没有暖气，甚至没有最基本的御寒取暖设备。

江苏人远比真正的北方人抗冻，不仅抗冻，不在乎严寒，而且耐热，忍得了酷暑。地道的中国南方人在江苏度夏，最深刻的印象是这地方真热，热得让人喘不过气来，热起来居然没有一点温差，温度计一动不动，仿佛是出了什么毛病似的。夏天不仅闷热，而且非常潮湿，只有在此地熬过酷暑的北方人，才会明白什么叫真正的火炉或蒸笼天气，才会真正地佩服江苏人。考察大家普遍使用空调的时间，也不过二三十年，时至今日，不能不感慨，过去没有空调的岁月，是怎么熬过来的。

又冷又热是江苏在气候上的一个显著特点。“橘生淮南则为橘，生于淮北则为枳”，形象地指明了淮河流域作为我国南北气候过渡地带的特征。淮河以北属暖温带区，淮河以南属北亚热带区，相对于全球温度，江苏虽然又冷又热，同时又可以称之不冷不热。与真正的南方或者北方相比，它的气候总体来说还是温和的，年平均气温为13.2℃～16℃。气温变化由北向南由沿海向内陆递增，极端最高气温可达40.9℃，极端最低气温则为–23.1℃。

既然江苏处在亚热带向暖温带的过渡区，它的四季就显得十分鲜明，要冷，就是冷得够呛，要热，就是热得痛快。寒暑变化显著，这是江苏气候的重要特点。春季是冬夏季风转换交替的季节，冷暖气流互相争雄，常会出现时寒时暖、乍晴乍雨的现象。初夏季节，江苏大部分地区都会进入长江流域特有的梅雨季节，这时候的云量增多，日照减少，雨淅淅沥沥下个不停。秋季在时间上会略短于春季，冷暖交锋，随着北方冷空气的逐渐加强，冬天便按时到来。

如果我们面前放着一个能够转动的地球仪，旋转它，对它进行观察以后，我们不难发现，世界上与江苏纬度相接近的地区，有很多都是荒无人烟的沙漠。气象学家解释说，如果没有西部的青藏高原隆起，江苏很可能会像非洲和美洲的大沙漠一样，荒无人烟，让人难以生存。好在江苏受亚热带季风气候影响，降雨适中，年降水量大约1000毫米，这非常有利于植物的生长。因此江苏是一个充满了绿色的省份，冬去春来，无论你到什么地方，一眼看过去，必定都是碧绿的。

就下雨数量而言，江苏南部要明显多于北部，苏南多春雨和梅雨，苏北多夏雨，苏中处于两者之间，或南或北。江苏的雨季正好与植物生长周期相吻合，因此农作物的收获十分理想，通常是丰收的年份占多数。万物生长靠太阳，江苏不仅降雨充足，日照时间也很充分，年太阳辐射总量大约在4476～5143兆焦之间，在地域分布上北多南少，在季节分布上夏多冬少，江苏太湖地区的日照时间相对最少，但是对于农作物的生长已经足够了。

地势平坦低洼

江苏的地势很平坦，是地势最低平的省份。如果中国是一个大斜坡，由许多级台阶构成，江苏基本上是最下面的那级台阶。中国的地势是西高东低，青藏高原平均海拔4000多米，越往东越低平。

位于西南的成都平原仰望西方，会觉得自己是块很低的洼地，它的平均海拔只有500米，不过与更低洼的东部江苏相比，成都平原简直就像是被搁在摩天大楼的天台上。一度是世界最高大楼的台湾101大厦，高509米，正好相当于成都平原的海拔高度，相对于高高在上的成都人，江苏给人的印象是住在底楼，最矮的甚至就像是住地下室。

很久很久以前，长江的入海口应该在镇江附近。也就是说，镇江和对岸的泰州以下，除了山陵，应该都淹没在水中。长江三角洲平原，滨海平原，有一个漫长的形成过程。江苏平原面积约占全省总面积的三分之二，比例之大，在全国占第一位。徐淮平原、里下河平原、滨海平原、长江三角洲平原的海拔都在50米之下，其中半数以上是在5米之下。

不要说很难与西部的高原相比，就是比较东北平原的海拔200米之下，华北平原的海拔100米之下，海拔5米之下仍然是个很低的数字。长江三角洲的某些区域，苏北的沿海地区，平均海拔都在2米以下，最低处是苏北射阳河沿岸，平均只有0.6米。

研究表明，近30年来中国沿海海平面总体上升了9厘米，其中，天津沿岸上升最快，为20厘米，上海次之，为12厘米，辽宁、山东、浙江都超过了10厘米，福建、广东较低，为5到6厘米。总体趋势为“北高南低”，天津沿岸和长江三角洲地区上升较快，福建和广东沿岸上升较缓。

根据预测，未来中国沿海海平面上升趋势，还将进一步加剧，与2000年相比，2050年中国沿海海平面，将上升13到22厘米。如果环境问题得不到改善，全球持续变暖，水平面不断升高，海水倒灌，在中国版图上，最先消失的很可能就是江苏的很多地方。

江苏境内没有大山，只有一些很矮的小山，有一些平缓的土丘，还有为数不多的丘陵，大都集中在北部和西南，约占江苏总面积的14.3%，比例之小，在中国也是第一位。江苏的地貌大势是南北高中间低，像一个倒放着的马鞍，最高的山在连云港，是黄海之滨的云台山主峰玉女峰，海拔625米。因为大多数的山峰海拔都不高，所以云台山基本上就是江苏的“喜马拉雅山”。

位于西南部的宜兴，也可以戏称为江苏的“青藏高原”，此地与安徽和浙江交界，是低山和丘陵地区，山体均作东西向延伸，绝对高度在500米以上，最高峰为黄塔顶，海拔611.5米。

水乡泽国

我们已经说过，在地理方面，江苏有两个数据值得注意，平原面积所占比例全国第一，低山丘陵面积所占比例全国倒数第一，喜欢登山运动的人显然不太适合到此地来玩。除了低平山少之外，江苏最显著的一个特点就是水乡泽国。

中国有“五大淡水湖”，江苏占了两个，分别是太湖和洪泽湖。此外还有高邮湖、骆马湖、白马湖、宝应湖、阳澄湖、滆湖，南京附近还有面积不小的固城湖和石臼湖。江苏共有河道2900余条，湖泊近300个，河湖众多，水网密布，长江横穿境内大约400多公里，大运河纵贯境内大约690公里。江苏的内陆水域面积达1.73万平方公里，占全省总面积的16.9%，是全国内陆水域所占比例最大的省份。

内陆水域面积大于低山丘陵面积，这在全国是绝无仅有的特例。除了江苏，其他省份都是山区面积大于内陆水域面积。在全球水资源越来越吃紧的大背景下，江苏丰富的水域面积是一份非常宝贵的资产。江苏的主要河流和湖泊，分别属于沂沭河、淮河、长江三大水系。京杭大运河和苏北灌溉总渠等人工挖掘的河道，将全省的主要河流湖泊连接成一个完整的水道系统，这不但方便了排灌和航运，而且其本身也是很好的水上旅游活动资源。

换句话说，只要旅游者乐意，你可以坐在船上，非常轻松地周游江苏，饱览沿途的秀丽风光。水路四通八达，这是江苏的奇异景观，长江、淮河、苏北灌溉总渠沟通东西，大运河连接南北，多年以来，这些水道一直是江苏境内最重要的交通动脉。来江苏可能不太适合游山，因为山太少了，却非常适合玩水，只要旅游者乐意，只要你的心情够好，时间充裕，可以像当年的康熙和乾隆一样，坐船观光江苏的绝大多数城市：你可以游览南京的内秦淮河和外秦淮河，游览徐州的奎河，浏览南通的濠河，还可以沿着大运河及其附属水道，周游苏州、无锡、常州，欣赏扬州、镇江，见识淮安、宿迁。

江苏的锦绣文章，始终离不开一个水字。由于西面高东面低，江苏的很多地方，譬如广大的里下河地区，完全可以利用水位落差进行自流灌溉。这好比到处都安装了巨大的自来水龙头，需要用水的时候，只要把开关拧开就行。

源源不断的水源，不仅是农业生产的命根，而且是相当一部分工业生产的必需条件。从种植业看，每公顷农作物生长期内的用水，小麦是23至34吨，棉花是22至27吨，甜菜是31至40吨，而水稻必须在水田里才能生长。从畜牧业看，生产1千克牛肉需耗水31.5吨。从工业看，生产1吨钢需耗水20至40吨，1吨纸需耗水200至400吨，1吨人造纤维需耗水1200至1800吨，生产1吨合成橡胶的需水量竟高达2.75万吨。

江苏东临黄海，有954公里的海岸线，隔海与韩国、朝鲜和日本相望。然而在这漫长的海岸线上，更多的是滩涂，真正适合建造深海码头的地方并不多。好在长江江苏段是深水航道，海船可以沿着长江一直进入江苏腹地，南京以下可终年通航万吨级的船舶，十分方便开展远洋和江海直达运输业务。

鱼米之乡的江南

江苏在习惯上分江南和江北两大块，这是以长江为界。江苏的北部又可以继续划分，分成苏中和苏北，大致是以淮河为界。很显然，它们之间有着很大的差异，然而正是因为这些差异，苏南和苏中、苏中和苏北，形成了一种文化上的多样性。

实际上，苏南最初只是一个行政概念，二十世纪四十年代末和五十年代初，江苏分别设置了苏南行政公署和苏北行政公署。没有几年，行政公署被撤消，苏南苏北的称呼被继续沿用，它基本上也就是个地理概念，所谓苏南，意味着大家都位于长江的南部。在苏南这个称呼出现之前，更传统的叫法还是江南和江北。

苏南的五个省辖市呈线状，由西向东，沿沪宁线依次排开，它们分别是南京、镇江、常州、无锡、苏州。虽然同属江南，西端的宁、镇和东端的苏、锡、常有着许多不同，在苏、锡、常的老百姓看来，南京和镇江差不多就是苏北，在当地尤其是农村随便找一个人询问，很可能就会弄错近邻镇江和南京的位置，会想当然地觉得它们应该是在江北。

这显然与方言有关，南京、镇江和苏、锡、常虽是邻居，却分别属于不同的方言区。吴方言区的苏、锡、常在经济上比较发达，特别是进入明清以后，此地已成为名满天下的鱼米之乡，成为国家最重要的粮食基地，对历代皇家粮库的供应有着举足轻重的地位。都说人一阔难免会变脸，感觉难免会良好，看人的眼光立刻不太一样，这当然也包括属于同一方言系统的上海人和浙江人，在他们不屑的眼神里，凡是吴语之外的人都是“江北人”。由此可见，苏南的差异就很大，文化上就有许多不同。

不妨在我们面前摊开一张唐朝的地图，看看那个时期的江南是什么样子，又会拥有哪些区域。当时的江南还非常大，大得离谱，大得难以想象，是自己江山很重要的一部分。在大唐的统治者眼里，江南就是在宽阔的长江南边，意味着巨大的南方。江南的那些地盘太大了，可以一分为二，基本上是以南京为界，南京东边叫江南东道，南京西边叫江南西道。

“道”代表着一种行政区划，相当于省，或者比省还大一点。江南西道称为江西，江南东道称为江东。于是就有了后来的江西省，江西省占据江南西道的很大一块。江东省却从来没有出现过，虽然后来又有了名不副实的江南省，前面已经解释过，这个江南省，名义上叫“江南”，其实就是今天的安徽和江苏的合体，它大部分区域并不在长江南面，与曾经同属江南东道的浙江，更是毫无关系。

看看地图大家就会知道，长江不只是从西向东流，而且还有些由南偏北。唐朝的统治者凝视江南，距离太过遥远，目光中很可能会带着一些不屑。相对于盛唐时的疆域，今天的江南或许还是小了一些，基本就是长江下游那一片。如果我们再往前推演，打开一张更为遥远的地图，看一看秦汉时期统治者眼里的江南，那么这个江南，更可能就不再是长江下游的吴越之地，因为那时候的长江下游，经济还不发达，文化还很落后。秦汉人眼里的江南，应该是位于长江中游，也就是后来清朝时期湖广总督的管辖区域，即今天的湖南和湖北，所谓“惟楚有材，于斯为盛”。

江南总是在不断变化和漂移，只是到了最后，才落实到了长江下游说吴语的这一小块地方。今天我们说起江南，基本上是特指江苏的苏州、无锡、常州，然后就是上海，包括浙江西部的杭州、嘉兴、湖州、绍兴。我们的目光不妨再回到唐朝地图上。以今天的江苏为例，当时江南东道只有三个州，即润州、常州，还有苏州。

因为南京是六朝国都所在地，所以为了打压它，在唐朝的时候隶属于最西边的润州，也就是归今天的镇江管辖。处在中间的常州稍小一些，管着无锡、武进、江阴。最东边的苏州很大，管着今天的苏州，管着上海，还管着浙江的嘉兴。除了江苏的三个州，应该还包括今天浙江省的杭州和越州。越州现在很少有人再说，它就是今天的绍兴地区。

晋楚更霸，赵魏困横，简单总结一下，往远处说，江南在一开始应该是楚国，重点是今天的两湖之地，也就是长江的中游地区。然后才沿着长江逐渐开始东移，越来越往东，终于到达了长江下游地区。时至今日，江南变得越来越小，江苏的苏、锡、常一带的老百姓，常常会误认为同属江南的镇江和南京位于江北，应该是有其历史原因的。

上有天堂，下有苏杭，一般人印象中，苏州和杭州才是江南的代名词。因此，江苏南部的苏、锡、常，只能说它们是说吴语的小江南的一部分，至于南京和镇江还算不算大家认定的那个江南，似乎还存在争议，专家们各持己见。

“苏湖熟，天下足”，说的就是江苏的苏、锡、常这一带。这个区域丰收了，饥肠辘辘的中国人就可能不会再挨饿。这里也是长江三角洲最富庶的黄金地段，人口密度之大，既是中国之首，也是世界上人口最稠密的地方。因为人多地少，向来都有精耕细作的传统。司马迁在《史记》中说过：“王者以民人为天，而民人以食为天。”多少年来，苏南一直享受着“鱼米之乡”的优越，并引以为豪，很多人更相信它与繁体字的“蘇”有关，因为在草字头下面，分别有一个“禾”和“鱼”，所谓天意合成是也。

这其实是拆字先生经常干的勾当，是典型的望文生义，似是而非。文字学家并不赞成这种观点，“蘇”的本义只是一种草本植物，“鱼禾”之解完全是想当然的附会。富庶在某种意义上也是一种传统，需要时间的积累，绝不可能一蹴而就。一个地区的经济发展，可持续增长非常重要，富庶说到底也还是一种文化，仅仅是着急，解决不了贫穷问题。

苏南已经有很漫长的富庶历史，在不同的时期，有着经营智慧的苏南人，更善于抓住机遇。今天，鱼米之乡的美誉，正在成为一段逝去的往事，一段不再重复的佳话。苏南显然已经不在乎把这顶戴了千年之久的桂冠，拱手送给江岸对面正在崛起，相比较而言还有些贫穷的苏北兄弟。在如何发家致富这一点上，聪明的苏南人总是走在观念保守的苏北人前面。

二十世纪八十年代的改革开放，彻底颠覆了苏南人引以为豪的农耕传统。新的“苏南模式”从乡镇企业起步，经过大胆甚至有些出格的招商引资，正把这里逐渐改变成世界工厂。经过这些年的骤变，田园牧歌似的江南生活早已不复存在。农业社会正迅速向工业社会转变，苏南板块按照人口划分的城市化水平，早已经超过60%，正快速逼近工业化国家的标准，或者说已经达到了这个标准。

很显然，对于苏南来说，世界工厂并不是一个最好的选择，甚至不是唯一的选择，也许在继续富庶的道路上，这只是一道必须经过的门槛，而且注定会有令人满意的结果。但是这个发展过程造成的环境污染、农业土地流失、可持续发展等等问题，都将有可能影响苏南人民未来的生活质量。

人祸天灾和江北

历史上的江苏北部，曾经比江南更富裕，今天富得流油的太湖流域，当它还是一片杂草丛生的沼泽时，江北的开发早已初具规模。以先天条件而论，江北的苏中和苏南一样，同属于长江三角洲，完全可以成为经济富庶地区，但是事实却如大家知道的那样，只是因为一江之隔，似乎要贫穷很多，根本就不是同一个经济水平。

资料显示，江苏13个地市中，苏南最好，江北的苏中其次，更北边的苏北，经济状态则更差。前面说过，苏南是指长江南部的省城南京、镇江、常州、无锡，还有苏州。苏中是指长江北部的扬州、泰州、南通。苏北是指徐州、宿迁、连云港，再加上淮安和盐城。位于苏北的五市总面积早已超过了江苏全省的一半，人口数量是全省的五分之二，GDP总量只占全省的五分之一，人均GDP还不到全省平均水平的二分之一。

造成这种巨大差异的历史原因，首先是人祸，天造孽犹可挽救，人造孽往往不可收拾。都说黄河是条母亲河，没有她就没有中华民族，没有她也谈不上五千年的中华文化。黄河之水天上来，奔流到海不复回。黄河中的滚滚泥沙，一方面给我们带来了大片黄金一样的土地，一方面也带来了无尽的灾难。黄河仿佛一位处于更年期的不安分女子，到日子就要泛滥，到日子必定成灾。

自古以来，三十年河东，三十年河西，黄河下游入海河道，像一条巨龙的尾巴，常常很任性地甩来甩去，一直是在河北平原上决堤和改道，每次决堤，每次改道，都会给当地老百姓带来灭顶之灾。黄河是一条纯北方的河流，在华北平原流淌，本来与江苏没有任何关系，毕竟中间还隔着偌大的一个山东。

到了1128年，南宋的东京留守杜充，为了阻止金兵南下，在今天的河南滑县西南扒开了河堤，结果黄河从此改道，经过豫东鲁西南，汇入泗水，最后再注入淮河，开始势不可挡地涌入江苏北方境内。黄河改道给江苏的北部造成了灾难性后果，横贯江苏境内的淮河，原本是一条很清澈的河流，在这之前，辽阔的江淮平原很少有什么大的水灾，可是因为人祸，黄河蛮不讲理地闯了进来，平静的江北便成了黄泛区，从此不得安宁。

可以这么说，黄河改道之前，江苏南部和江苏北部的经济状况虽然有些差异，但基本上还能算是同步；改道进入苏北之后，苏北和位于苏中江淮平原的经济立刻一落千丈。黄河在江苏境内横行了700多年，罪恶滔滔，直到1855年，才再次改道山东入海，它所造成的严重生态环境恶化，已经不可逆转。

在人为造成的灾祸中，必须一提的还有明朝的“筑堤束水，以水攻沙”。所谓“筑堤束水”，就是把堤坝尽可能地修高。这是个确保漕运的治水方针，它不仅没有丝毫改变江苏境内的黄河水患，反而使得河床越来越高，结果造成高悬在老百姓头上的黄淮之水随时都有可能决口为灾。

当时徐州至淮阴的运河，和黄河已成为同一条水道，为了确保大运河的畅通，确保每年数百万石的粮食和进贡物资能够安全抵达京城，这段河道成为一条高架在空中的天河，成为当时黄河最危险的一段。看一下南宋之前的中国地图就可以知道，历史上的洪泽湖远不像今天这样浩浩荡荡，它有幸能够排名中国第四大淡水湖泊，完全是因为人工。为了抬高水位，保持大运河的畅通，洪泽湖的大坝越修越高，终于成为世界上最大的“悬湖”。

在工程机械不发达的古代，治理水患可不是一件闹着玩的事。它意味着整个洪泽湖就高悬在江苏北部的头顶上，湖堰一旦决口，立刻“方数千里，滔天大水”，立刻“鱼游城关，舟行树梢”，老百姓家破人亡。长期以来，江苏北部的水灾罄竹难书，随着堤坝的不断增高，灾情也日益严重。江河横溢，人或为鱼鳖，从1575年到1855年的280年间，高家堰大堤共决口140余次。

康熙十九年的一次特大洪水，干脆把古老的泗州城给淹了，大水不仅冲毁了龙王庙，连朱元璋家的祖坟明祖陵，也一起淹没在了浩瀚的湖水之中。明祖陵里有朱元璋高祖和曾祖的衣冠冢，也是他祖父的实际葬地。都说财富是一种积累，水火无情，频繁的水患之下，连皇帝家祖坟都保不住了，江北的老百姓只能一次次忍受灭顶之灾，动不动就倾家荡产，由此带来的贫穷潦倒，自然也就不可避免。

水来成灾，良田顷刻间成为一片汪洋，水去了还是灾难不断，留下了大片长期不得宣泄的沼泽，结果土壤盐碱化日趋严重。众所周知，盐碱地是导致江北贫困化的另一个重要原因，多少年来，徐淮盐地区不得不和盐碱地做不懈的斗争。黄河重新改道后，连年的水患并没有随着黄河离境而彻底消除，它遗留的历史问题，一直是江苏北部的心头之患。

洪泽湖对下游的严重威胁始终存在，动不动就是洪水滔滔。此外，由于苏北东部地势低洼，水往低处流淌，除了要忍受上游随时会滚滚而来的洪水之外，从阜宁至海安漫长的沿海地区，还要经常受到海潮的侵袭，这同样是非常严重的灾害，伤害程度不亚于上游来的洪水。

从公元964年到1948年将近千年的时间里，江苏的盐城地区由于海潮冲击，引发的灾害就有65次，每次都是淹死人畜无数。清雍正二年，也就是1724年，巨大的台风将树木连根拔起，海潮势不可挡地冲进了盐城县城，成片的房屋被冲倒，淹死的人差不多有5万。1903年，如东县境内海堤溃决13处，这一次，被淹死的人似乎已没办法计算。

往事不堪回首。经过很多年几代人的综合整治，困扰江苏北部的水患以及盐碱化的趋势已经大为改善，基本上不再成为问题。特别是近年来，随着治理能力的改善，机械化程度的提高，科学手段的运用，贫穷落后的帽子正在被迅速摘除。放眼整个江苏的长江北部，以扬州、南通为代表的苏中，好过了以徐、淮、盐为代表的苏北。然而江北还是不如江南，在某些方面，在思想意识上，在改革开放的步伐上，与经济发展更快的江南相比，还有很多历史遗留的不尽如人意。

江苏北部的综合经济实力搁在全国，或许已经不能算落后，譬如苏中地区的南通，基本上已经可以跨入发达地区的行列，但是与相对风调雨顺、经济形势总是大好的江苏南部相比，显然还存在着相当大的距离。因此，从大局出发，尽快地改变江南和江北的差距，缩小苏中和苏北的差别，尽快地使整个江苏北部富裕起来，让江北成为江苏经济增长中非常重要和稳定的一个基本面，这正是江苏人还需要共同努力的奋斗目标。

一些被记录的数据

看看那些被记录在案的数据，看看那些所谓的排行榜，大家可以更直观地了解江苏，更容易了解江苏的各个城市。对于旅行者来说，首先关心的，很可能是一些5A级的风景区。

到了江苏，什么地方值得去看一看，各人有各人的想法，各人有各人的兴趣。5A级风景区不一定都货真价实，但毕竟也是一个相对标准，能评上5A级并不容易。哪个风景区最好，本书不予推荐，好不好，每个人的感觉不一样，挂一可能漏万，举一而废百也。截至2022年，全国共有319个5A级风景区，江苏排名第一，其中苏州独占鳌头，有6个：

中国内地各省5A级景区排名（苏州占6个，全省第一）

1. 江苏：25个	12. 湖南：11个	23. 辽宁：6个
2. 浙江：20个	13. 河北：11个	24. 黑龙江：6个
3. 新疆：17个	14. 重庆：11个	25. 海南：6个
4. 四川：16个	15. 福建：10个	26. 内蒙古：6个
5. 广东：15个	16. 山西：10个	27. 西藏：5个
6. 河南：15个	17. 云南：9个	28. 青海：4个
7. 湖北：14个	18. 贵州：9个	29. 宁夏：4个
8. 江西：14个	19. 广西：9个	30. 上海：4个
9. 山东：14个	20. 北京：8个	31. 天津：2个
10. 安徽：12个	21. 吉林：7个	
11. 陕西：12个	22. 甘肃：7个	

江苏（25个）

苏州园林（拙政园、虎丘山、留园）	苏州市周庄古镇景区
南京市钟山风景名胜区-中山陵园风景区	无锡市灵山景区
中央电视台无锡影视基地三国水浒景区	苏州市同里古镇景区
南京市夫子庙-秦淮风光带景区	扬州市瘦西湖风景区
常州市环球恐龙城休闲旅游区	南通市濠河景区
江苏省姜堰市溱湖旅游景区	苏州市金鸡湖景区
镇江市金山·焦山·北固山旅游景区	无锡市鼋头渚景区
苏州市沙家浜·虞山尚湖旅游区	苏州市吴中太湖旅游区
江苏省徐州市云龙湖景区	常州市天目湖景区
江苏省连云港花果山景区	镇江市句容茅山景区
江苏省常州市中国春秋淹城旅游区	周恩来故里旅游景区
江苏省无锡市惠山古镇景区	大丰中华麋鹿园景区
江苏省宿迁市洪泽湖湿地景区	

我们再看一下江苏各城市管辖的面积和人口，这里面有些细节也可以琢磨，譬如市区常住人口和城区人口，又譬如管辖面积和建成面积，它们是不一样的概念，有着不同的标准。江苏各城市的辖区面积，在这本书中会反复提到，用一个简单的图表来显示，最直截了当：

江苏各市区域面积排行

序　号	行政区	面积（平方公里）
1	盐　城	16931
2	徐　州	11765
3	南　通	10549
4	淮　安	10030
5	苏　州	8657.32
6	宿　迁	8524
7	连云港	7615
8	扬　州	6591
9	南　京	6587.02
10	泰　州	5787
11	无　锡	4628
12	常　州	4372
13	镇　江	3840

从江苏13个地级市的常住人口来看，截至2022年末，常住人口超过1000万的地级市只有1个，常住人口在500万至1000万之间的地级市有6个，其余6个地级市常住人口均在300万至500万之间。其中，苏州常住人口达到了1291.1万，是江苏常住

人口最多的城市，也是常住人口唯一超过了千万的城市。其次才轮到省城南京和徐州，常住人口分别是949.11万和901.85万。镇江的常住人口只有322.22万，是江苏常住人口最少的地级市。

一个城市的辖区人口，和辖区面积一样，并不能准确地表明这个城市的真实生活面貌。与常住人口相比，还有一个城区人口，也就是通常说的，住在城市里的实际人口。相比之下，城区的人口才是衡量城市规模的唯一标准，它又可以分为大城市、中等城市和小城市三个等级。

江苏省下辖13个城市，其规模大小，按照城区人口计算，依次为南京791万，苏州399万，无锡357万，常州309万，徐州206万，南通158万，扬州151万，盐城135万，淮安130万，连云港102万，泰州98万，宿迁83万，镇江80万。连云港城区人口为102万，高于泰州的98万。按照所谓城市规模的标准，有100万以上人口就是大城市，连云港因此很高兴入围，泰州则非常失意地落榜了。

说到这里，必须解释一下城区人口的定义，城区人口是指城区的常住人口，并不包括镇区和乡村。城区人口并不是简单地把市辖区县的人口叠加起来。换句话说，不是简单地改成“区”以后，就都算作城区人口，它只计算区和县城里的街道和社区，不包括区辖的乡镇和农村。

根据国家统计局制定的《统计用区划代码和城乡划分代码编制规则》，可以通过城乡划分代码，确认所在地域是城镇还是乡村。城乡分类代码以1开头表示城镇，以2开头表示乡村。譬如111表示主城区，112表示城乡接合区，121表示镇中心区，122表示镇乡接合区，123表示特殊区域，210表示乡中心区，220表示村庄。城区人口就是所有代码为111的人口总和，它小于市区人口，因为市区人口除了城区人口，还有镇区人口和乡村人口。

还有一个数据，也可以顺便说一下，这就是城市的建成区面积。建成区面积是衡量地区经济发展水平高低的一个重要标准。什么是建成区面积呢？就是指在城市行政区划内，实际已成片开发建设好的，市政公共设施基本具备的区域，当然也包括各自所管辖的区县。江苏各市的建成区面积，也有个列表，按照建成区面积大小，排在前十位的依次为南京823平方公里，苏州760平方公里，无锡557平方公里，徐州489平方公里，南通406平方公里，盐城365平方公里，连云港311平方公里，常州306平方公里，淮安302平方公里，扬州282平方公里。

江苏的GDP总量，在全国的排名一直都是靠前的，不用再过多强调。江苏各个城市的GDP排名，大家不妨了解一下。当然，最好是把历年的数据放在一起看，一起比较，而且更要看重人均GDP。2022年江苏各城市GDP如下：

城　市	GDP（亿元）	增速（%）
苏　州	23958	2
南　京	16908	2.1
无　锡	14851	3
南　通	11380	2.1
常　州	9550	3.5
徐　州	8458	3.2

（续 表）

城　　市	GDP（亿元）	增速（%）
扬　州	7105	4.3
盐　城	7080	4.6
泰　州	6402	4.4
镇　江	5017	2.9
淮　安	4742	3.6
宿　迁	4112	3.6
连云港	4005	2.4

江苏各城市的GDP和人均GDP是变化的、日新月异的，本书中难免会有一些前后矛盾，希望读者不要因此过于纠结。数据向来都是仅供参考，事实上，即使看上去很权威的数据，也还是会有些问题，会有差错，会打折扣。与GDP的总量相比，人均GDP显然更重要一些。2020年的全国人均GDP是7.2万元人民币，2021年人均GDP是8.14万元，江苏的数据则如下表所示：

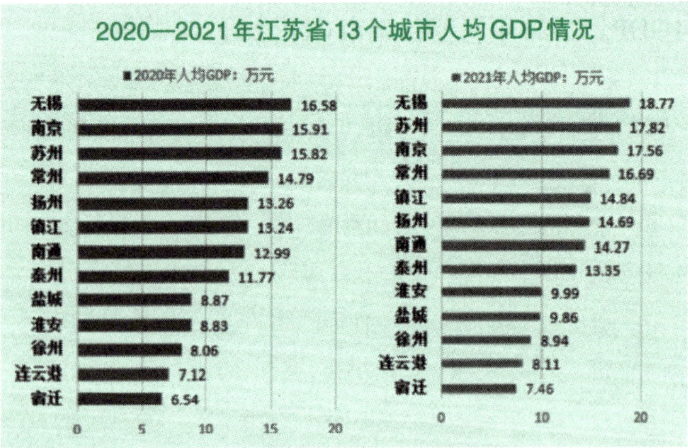

还有一些荣誉，譬如联合国教科文组织颁发的头衔，譬如南京是世界文学之都，扬州和淮安是美食之都，苏州是手工业之都。当然，江苏最应该引以为豪，可以拿出来炫耀的，还是来自基层的一些数据。譬如享誉全国的百强县排名，江苏基本上能够保证在前十位中，拥有六席。在百强县中，通常可以占有二十个以上的席位，在最新的2022年榜单中，江苏占据了二十五席，这些有点亮眼的数据，才是江苏经济实力真正强劲之所在。

第三章

文化这玩意

中原情结

什么是江苏的文化特征，这个很难回答，说不清楚。地理方位的不南不北，气候温度的又冷又热，显然还不能算是文化特征，但是江苏的文化，似乎又和这些分不开。

先说不南不北，因为兼有南方和北方的特点，任何对江苏文化特征的概括，都有可能失之偏颇。譬如一提到江苏的南部，一提到南京，熟悉一些古诗词的人，难免会想到写“一江春水向东流”的南唐李后主。可是非要说江苏人就像南唐小朝廷那样孱弱，那样“故国不堪回首月明中”，苏北的徐州老乡肯定会不乐意。“大风起兮云飞扬，威加海内兮归故乡”，刘邦故里的后人，一向以豪爽英勇著称，“孱弱”这两个字与他们根本沾不上边。

就算是被大家认定斯文的江苏南部的江南人，也不会简单轻易地对此全盘认同。根据班固《汉书·地理志》上的记载，吴越人“好勇轻死”，这说明历史上的苏南人并不孱弱。说吴王夫差好色可以，说他贪生怕死便有些过分。相比之下，倒是当时处于苏北的原住民，特别是徐州那一带的古人，胆子要更小一些，因为在同一本书上清楚地写着，宋地人“重厚多君子”，而被楚国征服以后，他们又被戴上了“怯懦偷生，信巫鬼，重淫祀”的帽子，“宋地人”恰恰就是徐州人的先人。

历史不是一天造就，文化绝不能信口开河。就中国的整体大势来说，北方人线条比较粗犷，性情豪放，南方人线条略细腻，更能忍辱负重。造成这种差异的历史原因，与北方游牧民族不断入侵有关。众所周知，黄河流域一向是中华民族的中心区域，古人要逐鹿中原，胜利者便可以君临天下。江苏的北部本来就接近中原，或者说已经是中原的一部分，从说的方言，到生活习惯，说徐州人和连云港人是北方人，大家完全可以接受，事实就是这样。

江苏境内的北方人，许多都是国家处于战乱时的移民，他们背井离乡，带着失败的阴影，忧心忡忡地来到江苏，逐渐向南扩散。历史上，江苏境内曾有过几次大规模的移民，譬如东晋，譬如南宋，原因都一样，都是因为中原王朝遭遇了失败，仓皇南迁。皇上都已经走了，老实厚道的老百姓，便诚惶诚恐地跟着一起逃难，一起做义民和难民。

文献上有这样的记载，东晋开始的北方移民，进入江淮地区约有30多万人。这在当时是个非常庞大的数字，因为那时候的总人口并不多，一个县很可能都不到1万人。一位东晋的指挥者在给皇帝的奏疏中抱怨，说中国南方的人口，甚至还比不上汉代一个郡。这个叙述显然有些夸张，但是说明了北方，或者说黄河流域的经济文化远远超过长江流域，超过长江以南的广大区域。同样根据当时的文献，汉代人口最多的州郡，也不过250万人左右。

就是在这个时期，大批以北方州名重新命名的侨州郡县，开始出现在江苏境内，出现在淮河以南或者长江以南，像南兖州、南豫州、南徐州。接下来，唐朝的安史之乱、北宋靖康元年的金兵大举南侵，都同样造成了大批北方移民南下。北方移民南下，通常先是在江淮一带流落，这里成了南迁侨民的过渡地带，随着战争形势继续恶化，又一次次地渡江而南。因此，一旦遭遇到这样那样的乱世，不仅江苏北部的江淮之间，在广大的江南地区，在长江以南，到处可见北方移民拖儿带女的身影。

这种大规模的移民现象，直接影响了江苏人的性格。来自中原地区的北方移民，不仅带来了失败的情绪，带来了沦陷地区的阴影，更重要的是还带来了北方文化，这个文化就是更为先进的原汁原味的中原文化。这一点非常重要，中原文化在江苏境内郁积沉淀，在江苏境内生根开花，在江苏境内传承和发扬光大。

长期以来，江苏地区一直是中原文化的副中心，在国家统一的时候，这里往往是听命于北方的，唯中央政府马首是瞻，耕读传家，安居乐业。当北方落入游牧民族之手后，这里便挺身而出，成为中原汉文化的政治中心，成为还我河山、收复失地的前沿阵地。

总体来说，认同北方的中原文化是江苏文化的一个重要特征。江苏是一个可以让外来移民生根的地方，考察中国的移民历史，有一个比较特殊的现象，就是发生了大规模的移民后，外来的移民很快就能喧宾夺主，很快就与江苏无缝对接，完美地融合在一起。江苏应该是中国最不排外的省份，它可以接纳来自全国各地的移民。

在中国南方的很多地区，往往会有一个很大的北方移民群体，或者说移民部落，那就是客家人。无论是在离江苏不远的江西，还是在海南，在福建，在广东和广西，都有过着群居生活的客家人，他们顽强地保持着客家文化，与土著居民总是或多或少地保持着距离。客家文化变成了中国很有特色的一种文化，然而到了江苏，此地的北方移民似乎从来就没有客家人这一说。北方移民来到了江苏，没有什么水土不服，很快就变成了地道的江苏人，无论他们是流落在江淮地区，还是最终到了长江以南一带定居。

事实上，今天已很少有人知道“南兖州、南豫州、南徐州”在什么地方。“永嘉之乱”时期，北方移民过了淮河，过了长江，建立了一个又一个侨郡。南朝宋文帝元嘉八年，也就是公元431年，改长江以北为南兖州，长江以南为南徐州，治所都在京口，也就是今天的镇江。

语言特征

江苏的语言基本上可以分成三大板块，由北向南，像一面法国国旗那样迎风飘扬。最上面的那一片，是属于中原官话的徐州全部，包括宿迁市区，包括连云港的赣榆和东海。中间那一部分，是属于江淮官话的扬州、淮安、盐城三市全部，南京、镇江、泰州三市的大部，连云港市区及灌云和灌南，宿迁的沭阳、泗阳、泗洪，南通市区及如皋和海安。最下面那一片，是属于吴语系统的苏州、无锡、常州，南通的启东和海门，通州的大部和如东的小部，加上南京的高淳，镇江的丹阳，泰州的靖江。

江苏的语言特点，最能反映中原文化一次又一次影响的是，越是靠近北面，人们说话的腔调就越像北方人。孟子曾经讥笑过南方人的发声，他认为南方人说话，就像一种叫伯劳的鸟的叫声那样难听。在孟老夫子眼里，操这种“南蛮鴃舌”的人，是谈不上有什么“先王之道”的。这种明显歧视南方人的观点，显然也影响了后来的中原地区居民，文化常常由政治和经济决定，在古代，黄河流域既是政治中心，也是经济中心，中原人自负自大，藐视非中原地区的人，这似乎早在情理之中。

江苏境内本应该大多数人都操吴语，这里是吴人的原住地，当然这个吴，应该是吴越春秋的吴。越国灭了吴国，楚国又灭了越国，本地吴人的基因还在。再往后，到了六朝时期，又首先成了三国孙吴的核心地区，此吴已非彼吴，接下来又是永嘉之乱引起的衣冠南渡，大量中原人士来到这里，虽然说起来都有些狼狈，都是落荒而逃的流亡者，却真正做到了反客为主，不拿自己当外人，反而视土著为落后，根本看不上本地居民。

秋高气爽，风和日丽，外来北方移民到南京的郊外新亭登高望远，享受着大江南北的美好景色，一方面为不能收复失地而痛苦悲伤，这就是成语“新亭对泣”的由来，另一方面又心安理得地把他乡当作故乡，乐不思蜀。北方来的移民，在江苏心安理得地成了土著，他们的生活习惯，又直接影响了当地的老百姓，原来操吴语的居民，也情不自禁夹起舌头学北方人说话。鹦鹉学舌的直接后果，就是江淮之间，包括江南的南京和镇江，产生了一种新生的半调子官话，既不南又不北。

在蒙古人为最高统治者的元朝，当时的中国人据说被分成了四等，分别为蒙古人、色目人、汉人和南人。关键是后两种人同根同源同宗同族，都生活在江苏境内，只是被降服的年份不同，待遇便完全不一样，汉人显然要比南人高一等。考察当时的文献，在官家文献中，似乎并没有这样的等级区分，但是大多数的民众更愿意相信是有区分的。

这正好形象地反映了南北文化的最大差异，长期以来，因为政治的原因，北方的江苏人总觉得自己离统治者更近一些，更接近政治中心，免不了跟着心高气傲，不把还操着吴语的南方江苏人放在眼里。但是风水轮流转，随着江南经济的日益繁荣，苏南人的社会地位逐渐提高了，心态也开始随着发生变化，此长则彼消，难免一阔脸就变，又开始不把苏北人当回事，觉得苏北人“侉”，苏北人“老土”，苏北人“穷”。事实上，老百姓之间的鄙视链始终存在，只是在不同的时期，在不同的环境下，有所区别而已。

具体表现在语音的认同方面，以近现代的民众心理而言，苏北人对苏南人的说话语音，更多的表示只是听不懂，苏南人则更容易流露出一种苏北话不好听的优越感。

江苏的面积、人口、近邻

相对而言，江苏的面积并不大，只有10.72万平方公里。这是最新的数据，它在全国的省份面积排名中，名列第24位。比江苏更小的省份，只有浙江、台湾、宁夏、海南。其中除了浙江，宁夏、台湾、海南的建省时间都要晚于江苏。由此可见，撇开了直辖市不说，建省的时间越晚，所属的领土面积就可能越小。不过需要强调的一点就是江苏面积虽然不大，但在经济方面对国家的贡献却不小，历史上就是这样，现在仍然是这样。人均GDP如果是按省份排名，江苏毫无疑问地名列第一。

一个省的面积是不会轻易改变的，江苏位于长江下游的入海口，统计显示，在2000年初，江苏陆地面积只有10.26万平方公里左右，短短的20年之后，增加了近5000平方公里，每年增加大约250平方公里。原因是水流携带泥沙堆积成河床，最终导致江苏省海滩和河滩的面积越来越大。前面已经说过，江苏是水资源最为丰富的地区之一，东临一望无际的黄海，陆上有大大小小近2000条河流。如果按阶梯分类的话，江苏基本上位于最低的阶梯上，是我国地势最低的省份，大量的河沙必然顺流而下。

河流携着大量的泥沙入海，不断地扩大了江苏的土地面积，好处也显而易见。首先，河流入海带来的泥沙淤积，增加了宝贵的土地资源。泥沙淤积的沙洲和滩涂，不仅可以防止海水侵袭，防止风暴袭击，还可以为渔民提供丰富的捕捞资源。其次，泥沙沉积在河口和海岸形成的新陆地，可以被直接用作农业生产用地，用作工业用地，甚至还可以开发旅游。

当然，负面影响也是难免的，有利必然有弊，坏处同样也是一目了然。泥沙淤积将导致海底水深变浅，航道通行受到限制，对进出口的海运交通产生了严重的影响，这也是江苏沿海没有多少深水港的重要原因。江苏有900多公里的海岸线，绝对是个沿海省份，可是并没有几个良港。此外，泥沙淤积还会造成河道和湖泊的淤积，导致水文环境恶化，破坏生态系统。因此，加强河流治理，进行科学的管理和维护，建立河流和海岸线的生态保护区，势在必行。

江苏的人口并不少，根据2021年的人口数字统计，在各省的排名中位列第四，仅次于广东、山东、河南。排名江苏之后的是四川，四川曾是人口第一大省，因为重庆直辖了，分割出去，这才退居到第五的位置上。江苏是华东地区人口最多的省份，最新调查显示，2023年江苏人口总数是8515万，比上年末增加了10万，增长0.1%。男性人口4320万，女性人口4195万，其中，14岁以下的人口1205万，64岁以下的人口5788万，65岁及以上人口1522万。全年人口出生率5.23‰，人口死亡率7.04‰，人口自然增长率为−1.81‰。

江苏省内城市人口的排名，据最新统计，苏州排在第一，1291.1万，省城南京排在第二，949.85万，徐州排在第三，901.85万，镇江排在最后，322.22万。江苏的人口密度排在全国第一，而江苏境内的人口密度，排在第一的则是无锡，然后是苏州，再然后是南京和常州。按城乡人口结构来看，2022年江苏省常住人口中，居住在城镇的人口为6335.16万，居住在农村的人口为2179.84万，城镇化率为74.4%，这个数字相当惊人，说明城市化程度在江苏已经非常高，与世界上的发达国家相比，并不逊色。

江苏的近邻有安徽，有上海，还有浙江。因为曾经都隶属于江南省，江苏与安徽的关系，割不断，理还乱。比如说江苏的省会南京，经常会被戏称为“徽京”，南京的禄口国际机场，距离安徽的马鞍山市，比南京城区的路程更短。江苏和安徽两省的交界，往往是犬牙交错，你中有我，我中有你。比如安徽的天长市，就像一个楔子一样，生生地插在了江苏的版图之中。结果江苏修高速公路，南京人开车去徐州，必定要经过天长。又比如说很著名的双沟大曲产地双沟这个地方，很长时期里，就属于安徽，直到二十世纪五十年代才划归江苏。

安徽对江苏的影响显而易见，富可敌国的扬州盐商，大都来自皖南。在过去的年代，大家耳熟能详的是徽商，安徽人不只是会做生意，读书也好。江苏当年的各大书院，尤其是两江总督所在地南京的书院，上课讲学的老师，很多都是桐城派的代表人物，像“桐城三杰”中的方苞，籍贯虽然是安徽，却出生在南京，在南京生活了四十多年。还有刘大櫆、姚鼐，都是在南京主持书院、讲学和著作，可以说桐城派真正的大本营都在江苏，基本上都与南京有关。

江苏与安徽是连体儿，是双胞胎，但与上海的关系更为紧密。前面已简略地说过，同样是近邻，上海是从江苏活生生地割出去的心头肉，它不是一次就被割走，而是一刀一刀，慢慢地被剜出去。最初的一刀只是租界，1845年11月29日，英国在中国的江苏松江府上海县设立了近代史上的第一块租界，大约是830亩。从此一发而不可收。三年以后，英租界的面积已经扩大至2820亩。然后还有美国、法国，上海的法租界大约是986亩。租界之外，应该还都属于江苏的地盘。

直到民国三年，也就是1914年，江苏按省、道、县三级的设置，将省内60个县划分为金陵道、沪海道、苏常道、淮扬道、徐海道共5个道。沪海道驻上海县，管辖如今上海市的松江、南汇、青浦、奉贤、金山、川沙、嘉定、宝山、崇明，以及今天仍然属于江苏省的海门县。再以后，到了1925年，当时的北洋政府发布文件，允准上海改为淞沪市。

又过了两年，国民政府定都南京，上海特别市正式成立，由中央政府直辖，开始有了直辖市的一级建置，上海市区从此与江苏说再见。不过今天的上海许多区，也就是市区之外，那些与上海县一样有着古老历史的县，当时环绕在上海周围的嘉定、宝山、松江、川沙、青浦、南汇、奉贤、金山、崇明，仍然隶属江苏省。直到1958年，以上说到的诸县，才正式划归上海市。

近现代以来，上海为江苏人提供了很多就业机会，大量苏北难民拥入上海，进入了服务行业，以厨刀、剃头刀和修脚刀为代表的扬州“三把刀”，风行一时，席卷十里洋场。苏南农民成为上海蓝领工人中的主力，因为掌握了很好的生产技术，告老还乡之后，为苏南的乡镇企业起步和发展起到了非常好的引领作用。

江苏还有一位近邻是浙江，仅以苏南的目光看，江浙更像是一家人，首先是语言接近，都说着相互能听懂的吴语。江苏跟浙江的关系，更像一对冤家。往最远里说，春秋时期吴越争霸，江苏的苏州和浙江的绍兴对着干，那时候也没有两个省城什么事，南京虽然属吴，但躲在遥远的后方，最多只是看看热闹。杭州当时也属吴，不在越国的地界里，也是跟着看热闹，不过它处于前线，箭矢就在头顶上飞。后来卧薪尝胆的一方赢了，大家都成了越国。

唐朝时期江南东道的一部分为浙江东路和浙江西路，钱塘江以南称浙东，以北称浙西，江苏的南部除南京之外，在那时候都属于浙西。再后来，到了五代十国的南唐时期，南京这边出了个文化帝王李后主，杭州那边是一位谈不上有多强悍的吴越国皇帝钱镠。两国之间的边界，在江苏常州一带，不止一次交过手，互有胜负，南唐曾经稍为强大一些，最后又都给宋朝灭了。

宋代有两浙路，跟唐朝的划分几乎一样，也就是后来的江苏省南部除南京之外，与浙江省的西部仍然还是一家。元朝又冒出来一个江浙行中书省，为直属元朝中央政府的一级行政区，简称“江浙”或“江浙行省”，其面积包括清朝的江南省南部，即今天的苏南、皖南、上海，还有浙江省和福建省，这个实在太大了，大得离谱，完全是蒙古人的风格，有点扯不清楚。当时江苏省城南京的归属很尴尬，虽然已升格为建康路，却一会隶属江淮行省的江东道，一会又隶属江浙行省江东道。而江苏的北部更乱，干脆都属于河南江北行省，同样是大得让人无法想象，今天长江以北的江苏和安徽，还有河南省的中南部和湖北省的大部，都搅和在了一起。

然后，终于到了明朝，江浙开始彻底分家。这是明太祖朱元璋干的好事，他自作主张地弄了个大南京，南京被无限扩大，从前朝的江浙行省中，挖了一大块直隶，江苏和浙江从此一别两宽。那时候安徽和江苏还是一家，都属于所谓的大南京，都是天子脚下的中央直隶，因此与西边的河南、湖北、江西诸省也进行了切割。

富庶之地

江苏是一个非常富庶的省份，无论是在过去，还是在现在，江苏的经济地位都不可动摇。

不过真要往远里说，江苏所在的区域，其实并不是很好，尤其是江南，与富庶这两个字几乎还挨不上边。中国最古老的地理著作《尚书·禹贡》中，中国被划分成九个地理区域，即陆游《示儿》诗中“但悲不见九州同”的九州，其中位于长江下游南边的大扬州，也就是今天我们所说的江南，曾被判定为最差的地区。

我们已经一再说过，隋唐以前的扬州，都是指的江南，也就是江苏的南部，与今天江苏北部的扬州市不是一回事。当时的土地分成了九个等级，长江以南的大扬州，是“厥田惟下下”，倒数第一。“厥”在这里是代词，是“其”的意思，也就是说“这块土地最差了”。

排在第一位的黄金地是雍州，位于秦岭以北的渭河谷地及陕甘黄土高原。今天的人听到这个排名，忍不住会有些吃惊，可能会不相信，但是当时的情形确实如此。为什么秦能统一天下，千万不要想当然地认为秦国只是落后和残暴，只是独裁，像小说上记载的那样只是一些善于打仗的野蛮人。经济在什么时候都是基础，汉朝和唐朝定都长安，为什么能够威名远扬，敢于自称是世界上最强大的国家，强大的经济实力不可忽视。

在古时候，黄河中游的自然地理环境还没有恶化，开发得也比较早。很长的时间里，中国的西部要比东部更发达，天下财富一度以关中为最多，这也难怪司马迁当年会说，关中之地占天下的三分之一，人众不过十分之三，但是财富竟然占了十分之六。不过形势渐渐就发生了变化，到了唐朝的时候，中国的政治中心虽然还在长安，皇上还在那里办公，但经济中心已开始逐渐东移南下。经济中心转移了，政治中心也可能会跟着走。

当时转移的基本线路，就是先沿着黄河向东走，向洛阳和开封转移。洛阳是唐朝的陪都，大家可能并不是很在意，事实上，武则天大权在握时，也就是从光宅元年开始，至唐中宗的神龙元年，近二十一年时间，洛阳是唐朝的都城。从唐昭宗天祐元年，也就是公元904年，至天祐四年，也就是公元907年，洛阳又一次成为唐朝首都所在地。为什么呢？因为长安已不太宜居，自然环境越来越差，不再是中国最富裕的地方，粮食已经快不够吃了。

这也就是为什么到了后来的宋元，包括再后来的明清，中央政府的所在地会东移，离开位于西部的长安。北宋的首都是开封，南宋的首都是杭州。与南宋同时期的金国，首都则是由最初的黑龙江省哈尔滨市阿城区南移到今天的北京，最后又继续南移，转到北宋的旧都汴京，也就是河南开封。这种首善之都的带头转移，通常强调的都是政治因素，是战事的成败，然而更容易被忽视的，其实还有潜在的经济原因。

大家千万不要被《清明上河图》的虚假繁华所蒙蔽，北宋的国力，北宋晚期的经济实力，已经相当不堪，难以维持。有一句话叫“经济基础决定上层建筑”，这是马克思主义的基本原理，没有了经济基础，什么都做不成。经济基础影响上层建筑，上层建筑同样也会反作用于经济基础。北宋暮年的政治腐败，皇帝之昏庸，宦官之弄权，官员之贪污，都到了令人发指的地步。大家知道的古典小说《水浒传》，它描写的梁山泊好汉起义，还有方腊领导的更大规模的农民起义，都是发生在北宋末年。

天作孽，犹可违，自作孽，不可活。改朝换代在中国的大历史上，可以说是经常发生，不可阻挡。落实到善良的老百姓身上，怎么改朝，怎么换代，本来是皇帝家事，只要皇上他老人家不把这世道糟蹋成民不聊生的乱世就行。由于古时候改朝换代的乱世，通常都发生在黄河流域，通常都是北方游牧民族南下，对位于长江下游的江苏来说，因为有了一定的距离，乱世反倒不失为一次崛起的机会。

昔日穷乡僻壤的大扬州，也就是长江下游的江南地区，能够扔掉倒数第一的落后帽子，一跃为冠绝中华的老大，成了最有钱的主，无疑是与北方的乱世有关。衣冠南渡直接造成了江南的大开发，这里很快不再是“厥田惟下下”，而是“腰缠十万贯，骑鹤下扬州”的富贵乡。汉朝时期还很贫穷落后的江南，到了唐朝的时候，经过了孙吴东晋南朝的大开发，长江下游成了经济最发达的地区。

也难怪古文八大家的首领韩愈要大发感慨，说天下赋税，已经是“江南居十九”，也就是江南占了十分之九。这时候，说“天下大计，仰给东南”也好，说“国之根本，仰给东南”也好，都表明了江南经济的举足轻重。唐朝以后的宋元，经济格局没有改变，对江南更为依靠。

到了明朝，仅仅比较一下南北两个直隶的赋税，就可以清晰地看清南北经济实力的巨大差异。根据张岱的《夜航船》记载，北直隶有8府17州116县，赋税60.1万，南直隶有14府17州96县，赋税599.5万，南直隶上缴给国家的赋税，将近北直隶的十倍。说是南方养活了北方，这话听上去有些刺耳，但是事实差不多就是这样。还是根据史料上的记载，明末清初，南直隶的赋税额占了全国总额的近三分之一。和安徽分了家后，江苏尤其是江南的赋税仍然居高不下，譬如长江三角洲，就一直享有“天下赋税尽出其半”的美称。

长期以来，江苏经济一直是国家财政的重要支柱。古时候是这样，现在还是这样，将来也难免。改革开放以后，特别是近年以GDP总量计算，江苏的排名略有些落后，落后于广东，一度也落后于山东，目前处在老二的位置上。但是若以人均GDP计算，以人均的贡献衡量，江苏仍然排在广东和山东的前面。

吃苦耐劳的性格

江苏人最能吃苦耐劳，这是十分优秀的传统。江苏非常富裕，富裕有时候只是一种表象，可以做多种分析。处在底层的老百姓，从来就不是乱花钱的主，与奢侈铺张的生活根本就不沾边。自古代以来，在赋税的重压下，吃苦的永远都是底层劳动大众，耐劳的永远是生活在底层的穷苦百姓。历史上，江苏的富庶照例只是多做贡献，是为他人作嫁，江苏的老百姓并不特别富裕。

文化首先由历史和地理决定，同时也难免受政治和经济的制约。和黄河流域的中原地区相比，江苏尤其是江南，开发虽然比较晚，但它的经济发展速度和发达程度，却是相当惊人。客观地说，高赋税既是江苏官员和百姓的沉重压力，同时也是促进生产发展经济的动力。长期以来，江苏所在的区域，不仅要为强盛的中央财政多做贡献，当国家处于弱势，不得不向敌国称臣纳贡的时候，也要在经济上为政府分忧解难。

南宋时期，朝廷每年要向金国进贡银币25万两，绸缎25万匹，这些白花花的银子和琳琅满目的绸缎，有很多都是出自江苏。富庶一词绝不是空穴来风，绝不会无缘无故，从来就是有成本的，它既意味着江苏一地对国家的巨大贡献，意味着一份荣耀，同时也意味着这里的老百姓生存艰辛，意味着他们有非同寻常的吃苦耐劳精神。

汤因比在《历史研究》中曾说过，中国人所要应付的自然环境挑战，要比两河流域和尼罗河流域严重得多。钱穆在《中国文化史导论》中，将古代中国与古埃及、古巴比伦、古印度相比，得出一个结论，那就是四大文明古国中，中国的地理气候条件最差。古代文明通常是在肥沃的区域产生，独有中国文化因苦瘠而发展。因为“苦瘠”，所以“不断有新刺激和新发展的前途，而在其文明生产中，社会内部亦始终保持着一种勤奋与朴素的美德”。

这种勤奋和朴素的美德，在江苏老百姓身上表现得淋漓尽致。江苏的人民与天斗与地斗，面朝黄土背朝蓝天，确实非常不容易。税熟贡新，劝赏黜陟，交粮纳税从来都是天经地义，谁也躲不了，干好了能受到一些表彰和赏赐，干得不好就要受到处罚，在江苏做老百姓不容易，当一个好官吏也不容易，所谓民也苦，官也苦，大家都很艰难，大家都要不断地努力。

历史学家考察中国的文明进程，发现一个规律，在古代，每隔五百年左右，中国就不可避免地会出现一次大动乱，发生一次大的分裂。所谓天下大势，分久必合，合久必分。通常都会把这些造成老百姓背井离乡的动乱，简单地归结为帝王的好战，游牧民族的入侵，或者是农民的起义。事实上，民不聊生，生活物资的匮乏，对生活必需品的追逐，扩张的野心，同样是引发战争的重要原因。江苏的北部地处南北交界之处，总是位于南北两大军事集团中间，常常是兵家必争之地，因此身受战争的祸害也最为严重。

这当然只是相比较而言，江苏北部的军事冲突，总是会更激烈一些，历史上很多著名的战役，都是在这里进行的。江淮地区饱受战乱的牵连，注定了政治上不会有太大前途，老百姓只能在历史的夹缝中逆来顺受、随遇而安。战乱引起的首要问题，便是人口的流失，江苏境内的移民多是战争造成的。人口流失引发了一次次大规模的移民潮，除了北方和外省移民的入境，每一次大的战乱同样可能引发本省境内新的人口大挪移。

譬如在元末明初，淮扬一带人口骤减，扬州城内的土著居民只剩了四十余户，淮安城中仅剩七家，而偌大的盐城地区，更是找不到一个土著。这样的描述有些耸人听闻，大家都会说自己来自苏州，根据专家的考证，在明朝的洪武年间，苏北地区接纳的外来移民多达65万，其中有很多人都是来自富庶的江南，来自苏州。这就是民间传说中的“洪武赶散”。如在涟水，有名的望族朱姓，就是明洪武年间“奉旨”迁来的，其中一族坐的是包铁头大船，后人便在涟水“九朱”中以“铁船头朱”加以区别。根据民国的《泗阳县志》记载，元末明初，由江苏南部迁来的有翁氏、朱氏、卢氏、吴氏等25个氏族，其中由苏州迁来的竟然有21个氏族。

劳动者创造财富的能力是惊人的，江苏境内的老百姓，似乎生来就不善于坐享其成。他们是天生的劳动人民，在哪里都可以生根，在哪里都能够开花，只要不打仗，只要没有动乱，无论是苏南还是苏北，到处都是他们忙碌的身影。事实上，江苏人的吃苦耐劳性格，并不是在一天里形成的，在连绵不断的战乱中，在天灾人祸的阴影里，他们要平静地面对动乱和死亡，面对流离失所，一旦战争结束，又要不遗余力地恢复生产，重新建设自己的家园。

从六朝的大开发开始，经过了一代又一代人的努力，经过了无数次的人祸天灾，江苏终于被建设成一个富庶的鱼米之乡，同时，也形成了自己吃苦耐劳的优秀品格。

及时行乐的生活态度

相对于平民百姓的吃苦耐劳精神，中上层阶级及时行乐的生活态度，在江苏境内一度也是相当普遍。当然，及时行乐的基础还是富裕，首先是要有点银子才行。世上的事常常互为因果，富裕后有了银子而没有了安全感，没有了政治前途，没有了远大抱负，很容易就会走到及时行乐的道路上去。

这是一条狭隘的羊肠小道，对社会的进步，对国家的未来，都谈不上有什么实质性的积极作用。今日既然有酒，也就不用等到明日再去买醉。天生我材必有用，千金散尽还复来。有好日子不管三七二十一地先享受起来再说。十年一觉扬州梦，这种穷奢极欲的及时行乐最典型的代表，便是当年客居在扬州的盐商。今天的人通常都知道盐商有钱，可是很多人想不明白他们为什么会这么有钱。

道理其实很简单，在中国古代，盐是专卖品，非法贩卖是重罪，能获得专卖权的商人，想不发财都不行。盐在今天的日常生活中，依然还是必需品，我们的身体离不了盐，可是它们的重要性，或者说它的地位，与我们眼下的水、电、煤气相比，与以彩电、冰箱为代表的现代家电相比，几乎已不可同日而语。“扬州繁华以盐盛”，事实上，我们也没必要去琢磨盐商为什么有钱，只要知道他们确实是曾经有钱，非同寻常地有钱就行了。

举例来说，当年的康熙和乾隆皇帝要下江南，巨额的接待费用就是盐商们凑份子出的。拿点钱出来迎接圣上不算什么，敢在万岁爷面前如此直截了当地露富，这就有些厉害了。历史上，有过钱的人很多，喜欢胡乱花钱糟蹋银子的，恐怕还要首推江苏境内的盐商。山西的晋商也曾经富甲天下，广东的粤商、福建的闽商、江苏的邻居浙商，都有过各领风骚的好日子，可是人家花起钱来，似乎都没有像盐商这样任性，这样胡作非为的。

盐商的暴富是官商勾结造成的，他们从来就不是个土财主形象，虽然大多数盐商来自安徽，曾经贫穷，或许因为客居的扬州城原本就很繁荣，或许亦儒亦商的传统过于强烈，反正盐商们在粗俗的同时，很快就又学会了风雅。“千家养女先教曲，十里栽花算种田”，关于盐商生活的奢侈豪华，很多故事被后人津津乐道，很多细节被写入影视剧中供人欣赏。盐商们饱食终日，会想出各种稀奇古怪的点子来玩，譬如用山珍海味喂养鸽子，然后再将鸽子宰了自己享用，这种自欺欺人的享受，不仅有些病态，而且极度荒唐。

盐商文化的消极一面显而易见，和盐商一起腐败的，还有那些负责盐运和漕运的大小官吏。这些职务不算太大、权力又实在不小的官员，和盐商厮混在一起，生活的豪华富贵，同样让大家难以置信。社会风气就是被这些人改变的，他们过着极度奢侈的生活，兴建园林，大玩古董，狎优伶，好宴游，斗靡争妍，醉生梦死。这种过一天算一天的处世哲学，造就了很坏的社会风气，不仅影响了当时的达官名宦、富商大贾，影响了当时的幕僚胥吏、游士食客，影响了贩夫走卒、倡优丐奴，甚至也影响了鸡鸣狗盗之徒。

相对于广大农村的苦难，相对于广大农民的吃苦耐劳，一般下层阶级的城镇市民，包括那些依附盐商而生的各色游民，竟然也都会跟着及时行乐起来。史书上说，明朝初年的扬州民风还非常淳朴，随着盐商的暴富和影响，吃喝嫖赌之风开始不可阻挡地兴盛起来。连睡懒觉的风气也开始在民间流行，扬州城里稍有点银子的人家，都时兴晚上胡闹，白天蒙头睡大觉。

“长夜欢娱日出眠，扬州自古无清昼”，这是郑板桥纪实的诗句。三竿红日尚高眠，昼眠晏起，刚开始只是在盐商的圈子中流行，渐渐地，老百姓也跟着模仿，并习以为常。这种荒唐可笑的陋习，甚至给路过此地的乾隆也留下了深刻印象，在早朝接见臣民的时候，皇帝吃惊地发现，竟然不止一个人哈欠连天。

盐商文化的另一面

自唐朝以后，运河成了沟通东西南北的交通大动脉，位于两岸的城镇开始迅速崛起。在铁路没有开通之前，运河沿线的淮安、扬州、仪征等城市，经济发达水平和繁华的程度，完全可以与今日沪宁线上的苏州、无锡、常州相媲美。近些年来，盐商文化一词经常被人提起，人们开始怀念起昔日的繁华，苏北甚至搞起了“盐商文化一日游”的活动。

其实所谓淮扬繁华天下闻，再风光，再淫靡奢华，也是古时候的事情，还没有熬到现代，盐商们的好日子便难以为继，已到了尽头。清朝道光年间的盐政改革，使得很多富贾大商转眼之间变成了穷光蛋，而那些依附盐业为衣食的人群，也跟着一起失业，一个个无家可归，生无以养，死无以葬。于是过惯了安逸享乐生活的游民，纷纷渡江而南，与因为天灾人祸不得不逃难的苏北农民一起，拥入了上海，成为生活在大上海最底层的老百姓。

观察二十世纪进入上海的江苏人群，不难发现苏南和苏北的移民，还是有很大的不一样。大量农村人口进入城市，进入像上海那样的特大城市，开始了所谓的城市化运动，这是社会发展不可逆转的一个大趋势。但是苏南移民去上海，更多的只是成为普通工人，进纺织厂和肉联厂，当铁匠和木匠，依然不改在乡间形成的勤奋朴素作风。相对而言，苏北移民却多数喜欢从事服务性行业，比如扬州师傅的“三把刀”，这显然与他们原先那种依附盐商为食的生活态度多少有点联系。

盐商文化对民风的影响十分巨大，元末明初，战乱造成了苏北的人口骤减，为了尽快恢复生产，明太祖朱元璋从苏南强迁了大量移民。在依诏令“自姑苏迁徙淮南安丰场”的老百姓中，有个人叫王伯寿，此人没留下什么故事，生平也谈不上显赫，唯一可说的是一百年后，他的一个叫王艮的后人，突然有了名声，开始光宗耀祖。

淮南安丰场在今日盐城的东台，这里的老百姓十有八九都要跟盐打交道，王艮幼时经历，和今天的民工十分相似，读过几天书，辍学，十四岁去盐场烧盐。到了十九岁，开始经商贩盐，不过三年时间，立刻脱贫致富。很快，王艮成了能够过上豪华日子的盐商，但他显然并不满足仅仅当个及时行乐的富翁，童年读过的经史子曰，渐渐起作用，二十五岁时途经曲阜，晋谒孔庙，王艮情不自禁地鄙视起自己的盐商生涯，说了句非常励志的格言：

“夫子亦人，我亦人也。”

孔夫子能做到的，为什么我就不能做到呢。王艮的文化程度并不高，用今天的话说，既不是书香门第出身，也没什么科举文凭，他的学问全靠自学。人不可貌相，海水不可斗量，王艮是“泰州学派”的创始人，他的中心思想是“百姓日用即道”。大学问一定深入浅出，一定是以人为本，这是哲学的最高境界。千万别小看了中国思想史上的这一学派，当年王艮在东淘精舍讲学，开门授徒，四方精英纷纷慕名前来就学，一时间，“家藏王氏之书，人传安丰之学”，竟然成为时髦。

中国的学问向来讲究师承，讲究来头，孔子所以厉害，就是因为他老人家有一大堆后来成了气候的弟子和学生。《王艮五传弟子师承表》中，共收录了487人，为大家所熟悉的有思想史上的狂人李贽，有写《牡丹亭》的汤显祖，有“公安三袁”的袁宏道，还有上海徐家汇最早的业主，后来成为天主教徒的徐光启。名师出高徒，没有好弟子和好学生的老师，就不能算是好老师。

王艮的例子充分证明，说盐商文化只知道及时行乐，只知道一味地腐朽，丝毫没有先进文化，绝对是想当然，是以偏概全。前面说的盐商那些腐朽低俗的东西，只不过是老百姓的喜闻乐见，盐商文化还有其非常正面的一些内容，有着非常积极的进步意义。或许，像王艮这样第一代暴富就幡然醒悟，最终还能成为大儒的人并不多，但是生活在运河沿岸的盐商在致富以后，开始重视文化教育，开始有意识地培养子孙走科举入仕之路的，却是十分的普遍。

为了整个家族的前途，为了光宗耀祖，洗濯粗俗，迅速将财富转化为科举及第，转换为仕宦上的成功，策略上既可以大大地获得社会声望，而且还可以自立为官商，以进一步保护自己的买卖权益。据何炳棣先生的研究，1371年至1643年之间，两淮盐商中出的进士多达106人，及至清代，1646年至1804年之间出的进士数为139名。

由于两淮盐商财富创造了高度发达的文化，使得有清一代扬州府的进士总数多达348名，而且还出过11名一甲进士。两淮成为国内重要的文化发达地区，换句话说，在经济繁荣之外，盐商对于江苏的苏北区域文化发展，有着不可抹灭的特殊贡献。

江南出文人的传统

江南出文人也是江苏一种有特色的文化符号，和江苏的经济大趋势一样，江南的文人也是相对起步较晚，然而发展十分迅速。我们已经说过，在六朝繁华之前，江南基本上就是一个没有文化的蛮荒之地，根本见不到几个像样的文化人。后来终于开始有了，开始出文人了，这可以到《世说新语》上去找，按图索骥，一抓就是一大把。

六朝的江南文人，对后来的中国文化影响很大，他们一个个才华出众，骈四俪六，锦心绣口，喜欢在文章里规则上玩些文字游戏，制定了一大堆文章辞赋的清规戒律，往好里说是名士气，挥霍才华，往坏里说，骨子里难免透着一些软弱，也就是苏东坡说文起八代之衰的“衰”字。清新庾开府，俊逸鲍参军，这种先天不足的软骨病，和他们最初都是来自失败的北方分不开。一句话，江南文人和北方文人，本来都是同一条根上的人。

唐朝出诗人，宋朝出词人，元朝的曲和小令独步天下。到了明清时代，诗词曲这些文化古董，都已发展到了尽头，这时候的文坛产出最多的，恐怕也就剩下江南的文人了。考察全唐诗，江苏籍的诗人并没有多少，属于大诗人这个级别的，像李白和杜甫这样的，像白居易和李商隐那样的，恐怕一个也见不着。古文的唐宋八大家中，江苏也是一个也没有。江苏人开始有文化地位，这都是后来的事情，都是经济高度发达了以后才有的结果，根据《中国大百科全书》的人名统计，唐朝人才分布的比例，排在前五位的是陕西、河北、河南、山西、山东。

很显然，江南文人只是到了宋朝南迁以后，才真正朝气蓬勃地兴旺起来。南宋定都杭州以后，汉文化的中心再次开始南迁，有人对《宋史》中的儒林人物进行统计，发现江苏的近邻浙江已一跃为人才最多的省份，不仅是在儒林，当宰相的，写诗作词绘画的，都是第一。此前，浙江的排名一直在江苏之后，差不多也可以算是一个落后省份了，这一次不但它捞了个第一，江苏的排名也跟着大大地往前挪移。

江南文人的兴起，说到底还是和科举制度有着直接关系。明清之前，江浙一向并称，在元朝时它们曾是一个省，明朝以后，江浙开始分家，开始成了科举考场上的长胜将军，能够列入《明史》的有名有姓人物，一直稳稳地占据着前两位，中状元的人数也都是第一第二。到了清朝恢复科举，一共出了112个状元，江苏开始把浙江远远甩在身后。江苏长江以南，仅仅是苏州地区，就出了25个，而这25个人，又几乎是江苏状元总数49个的一半。不算不知道，一算吓一跳，江苏的状元总数，差不多占了清朝状元的半壁江山。

状元能够如此，进士及第的人数，那就更是多得数不胜数。江南文人更习惯在考场上，通过试卷证明自己的人生价值，究其根源，还是和江苏良好的经济环境分不开，跟安分守己、耕读传家的传统分不开。学优登仕，江苏的文化风气很盛，人才辈出，除了科举的数据能够证明自己外，在官场上，在文学绘画以及其他艺术门类上，在教育科研方面，都有着非常显著的成就。

附带说几句，明清两代，江苏和安徽的读书人，最后都是在南京的江南贡院参加科举。江苏经常出状元，说明了江苏人会考试，同时也说明南京江南贡院的这个考场，高手如云，卧虎藏龙，能过关斩将非常不容易。譬如南通的张謇，他是江苏籍最后一个状元，也往往会被人误认为是中国的最后一个状元。其实并不是这样，在张謇成为状元后的十年中，大清还出过四位状元，只是出息都不大，都不像张謇那么有名，那么有成就。

张謇不是从江南贡院考出去的，在他之前的另一位庚辰科的江苏状元黄思永，也不是出自江南贡院。江南贡院的乡试十分厉害，用今天的话来说，内卷得可怕，龙争虎斗，竞争激烈，实在是太难考了，要想中个举人十分困难。《儒林外史》中的范进，因为中了举，过分兴奋，竟然发疯了，最后被老丈人胡屠夫一个耳光扇醒过来。大家都知道，乡试通过了才能叫举人，当了举人才能在北京参加殿试，才能谈得上能否中进士，能否中状元。张謇和黄思永都过不了江南贡院的这一关，他们都是“高考移民”，都是在北京顺天府参加乡试，在那里成了举人，然后再参加会试，最后高中状元。

事实上，江苏的科举成绩虽然优异，自1874年苏州的陆润庠中了状元后，一直到取消科举，整整三十年，江南贡院的考生，也就是说真正的考场上的江苏考生，并没有一个人获得过状元的光辉头衔。黄思永在1880年中状元，张謇1894年中状元，既可以说他们是江苏的考生，也可以说他们不算江苏的举子，这说明江苏人太会考试，善于从容应变，你不让他在江苏出头，江南贡院这个考场拦着他，他就会想方设法，绕道迂回，在别的地方冒出来。

此外，就算是科举考场上不得意的江苏文人，也一样能做出非同凡响的事情。比如明末屡试不第的冯梦龙，编纂了《喻世明言》《警世通言》《醒世恒言》，也就是中国白话小说史上有着极高地位的“三言”。又比如前面提到过的明朝的王艮，开创了泰州学派，清朝的吴敬梓，写出了《儒林外史》。

〔第四章〕

南京

省会南京

南京是江苏省的省会，所谓省会，其实也用不着再解释，就是省政府的所在地，江苏的领导都在这里办公。江苏经济和文化十分发达，在全国的省会中，南京城的历史非常悠久，但是就现状而言，省会南京的面积，并不像大家想象得那么大。与邻省相比，南京要比安徽的省会合肥小，要比浙江的省会杭州小，小很多很多。

同样是省会城市，南京面积大约只有合肥的一半，只是杭州的一个零头。杭州的面积是16000多平方公里，南京只有6000多平方公里。在全国的省会城市中，南京倒数第二，只比海南的省会海口大一点。作为省会城市，南京确实是小了一些，可以说是太小了。除了与其他省会城市相比外，与自己省内其他的十二个地级市相比，竟然也只是名列第九，它只是比长江南边的镇江大，比常州大，比无锡大，比长江北边的泰州大。

大家可能不会想到，苏州的面积和人口都比南京大很多。苏州的GDP在江苏排名第一，不过它的人均GDP并没有南京高。原因很简单，GDP的总量和人均是两个不一样的衡量标准，不能光盯着总量去看。现在说起的城市面积，其实只是代表着管辖范围，也就是说该城市的实际大小，并不是指真正的城区面积，而是与你管辖的那些县和区有关，如果管辖的县和区数量多，管辖的县和区面积又大，城市也就相应大了起来。

中国最大的县城面积，可以比一个省都大，比如位于新疆的中国第一大县若羌，它的实际管辖面积就比江苏省还大，差不多大了一倍。又譬如江苏境内的第一大县级市东台，它管辖的面积与地级市镇江差不多。因此，大小是一个怎么看的问题，江苏邻省的杭州确实很大，比南京大太多，然而它的面积，把很远很远的千岛湖都算进去了。

按照所管辖的面积看，南京要比上海大，要比深圳大。因此真要比大小，南京不应该是与其他的省会城市相比，这样的比较难免有水分，要比就要跟上海和深圳相对照，要看这两个城市创造的财富，按照这两个城市的标准找差距。在中国，就目前的水平看，上海和深圳才是货真价实的超大城市。上海拥有的国际化，深圳拥有的现代化，这两个城市的真正实力和活力，才是南京应该对比的地方。事实上，若从真实的城区面积看，南京比杭州大，比合肥大，当然也比苏州大，大得多，可是强调这些真是很没意思，非常小家子气。

城市化在中国的东部地区，在江苏境内，已势不可挡。追昔抚今，不得不让人惊叹，世界变化真快，发展得太迅速了。南京的主城区，基本上都被圈在城墙里面，若以古老城墙围起来的面积计算，南京是世界上最大的城市。但如果现在还是这样去宣传，还是这样去演讲，会显得有些夜郎自大。现代化的城市概念，早已突破了城墙范围，所谓主城区，只能是一个笼统的说法。从空中往下看，南京古老城墙里围起的那座城市，其实是很小的。

观察南京这座城市，不妨可以运用两个视角。一个是秦淮河视角，大家可以仔细琢磨这条河，划着船走进来。秦淮河是南京的母亲河，南京作为一个城市，是沿秦淮河展开的，没有了秦淮河，就没有南京城。这个城市最初的雏形，应该只是古秦淮河两岸的一些村庄，有几个能沟通两岸的渡口，加上一些美丽的传说。赤壁大战以后，天下三分，吴国的孙权为了向西发展，从镇江出发，沿着长江过来，进入了秦淮河，在这扎下根来，从此以后，偶然变成必然，才有了后来的南京。

不要太相信什么龙蟠虎踞，不要太相信什么金陵王气。南京与长江有关，是个典型的江边城市，可以这么说，如果没有长江，同样不会有南京城，不过它最初的发展，最初的存在，最初会选择这个地方，显然与秦淮河更有关系。“商女不知亡国恨，隔江犹唱后庭花”，只是一首好诗的后两句，前面的那句“夜泊秦淮近酒家”，才更有南京城的烟火气，才更让人感到欢喜。

南京虽然毫无疑问的是个江边城市，可是历史上的发展，有意无意地，多少有点远离长江。大家沿着长江过来，无论是从下游逆水而上，还是从上游顺流而下，都必须先拐个弯，进入外秦淮，绕道南京的西门水西门，或是南门中华门，进入内秦淮，只有这样，你才算是真正地到了南京，才可以算是真正地拥抱了这座古老的城市。

北边通往江边的城门，与长江近在咫尺，很多年来都是个摆设，不只是摆设，它甚至还被封堵上了好几百年。因此，南京的长江这个视角，总是被忽视，“王濬楼船下益州，金陵王气黯然收”，南京在大多数时间，总是很低调的，很内敛的。借古诗词来形容，套用古人的戏谑，那便是“已见楼船来蜀国，岂容帝座设南方”，“铁锁都应拦不住，滔滔，和雨和风卷六朝”。

南京城的开始，是由长江进入了秦淮河。历史上的南京城，偏偏会给人种种错觉，好像它与长江没多少关系。秦淮文化像一面旗帜，飘扬在这座城市的上空，而南京城的未来，最终或者说必定，也是要从秦淮河走出来，在浩瀚的长江上大做文章。

繁华的背影和金陵王气

南京是江苏省府的所在地。全国几个闻名的古都中，无论是四大古都，还是六大古都，它始终占有一个很不错的位置。金陵帝王州，十朝都会百代兴衰，要想了解江苏，要想知道江苏的名城，南京显然是个绕不过去的地方。

南京城的出现有许多偶然因素。文史学家对于它的诞生有过种种议论。一般的观点认为，应该是建于群雄争霸的战国，也就是公元前472年。历史上的南京最初属于吴国，但是在吴国时期似乎默默无闻。吴国和越国大打出手，吴国占了上风，越王勾践卧薪尝胆，最后反败为胜，来了吴国，便命令谋臣范蠡在靠近楚国的地方，建立一个叫“越城”的城堡，作为攻打强楚的基地。

结果却是打虎不成，反被老虎给撕咬了，没有多久，楚国就把越国给消灭了。楚威王兴致勃勃地来到南京，看这地方的地理形势险要，三面环山一面临水，所谓龙蟠虎踞，不禁心生畏惧，为了镇住此地的帝王之气，便按照风水师的主意，在狮子山的背面埋了些黄金，这就是南京又被称为“金陵”的由来。

当然这又是传说，经不起专家考证。其实以陵作为地名，是楚国最常见的命名方式。临水之高地，可以命名为陵，光是江苏境内，就有四个曾经以“陵”命名的城市，它们分别是金陵、延陵、海陵和广陵。金陵是南京，延陵是常州，海陵是泰州，广陵是扬州。检索先秦的文献，还可以看到东陵、西陵、郢陵、召陵、杜陵、零陵、夷陵、辰陵、桂陵、武陵、江陵、安陵、竟陵等包含“陵”的地名，楚地出土的战国竹简中，也包含着很多含有“陵”字的地名。

南京的兴盛与三国时期孙吴的建都有直接关系。在广大的长江中下游地区，适合作为都城的并不是只有南京这一个地方，孙权没有让自己发迹的镇江成为都城，虽然他是在镇江谋划了赤壁之战，没有这一战，三国也不可能鼎立。他也没有选择自己称帝并且已定都八年的武昌。当时的民谣是“宁饮建业水，不食武昌鱼；宁还建业死，不止武昌居”，这里的“建业”就是指南京，而“武昌”则是今天湖北的鄂州，与武汉三镇的武昌不是一回事，孙权最终顺应民心又回到了南京，他的这次选择，为六朝的繁华奠定了非常良好的物质基础。

南京最容易被人津津乐道的就是六朝繁华，关于这繁华究竟如何，我们可以到古人的文章里去寻找。自古以来，关于南京的文字记载汗牛充栋，名篇名句众说纷纭，琳琅满目。概括起来，绝大多数描述都是在访古怀旧，充满了一种伤感气息。譬如左思的《吴都赋》，形容当时南京的繁华，就是如果市民们一起挥袖子，扬起的灰尘可以遮天蔽日；如果大家一起擦汗，淌下来的汗水立刻让道路变得泥泞：

挥袖风飘而红尘昼昏，流汗霢霂而中逵泥泞。

文人的描述难免夸张，不过基调都差不多，都是怀念已逝去的昔日繁华。“吴宫花草埋幽径，晋代衣冠成古丘”。浏览南京的历史文献，我们所能看到的，似乎总是一个繁华都市的惨淡背影。“旧时王谢堂前燕，飞入寻常百姓家”，成了歌咏这个城市的基调。这显然和南京的特殊历史分不开，平心而论，国内恐怕还找不到一个城市，能像南京那样清晰地展现中国历史的轮廓和框架。

南京是一本最好的历史教科书，阅读这个城市，就是在回忆中国的历史。这个城市最适合文化人的到访，它的每一处古迹，均带有深厚的人文色彩，凭吊任何一个遗址，都意味着与沉重的历史对话。以风景论，南京有山有水，足以和国内任何一个城市媲美，然而这个城市的长处，还是在于它的历史，在于它的文化。

历史上的南京曾有过一大堆名字，如金陵、石城、秣陵、建业或建邺、建康、江宁、白下、蒋州、集庆、应天、上元、天京，每个名字后面都可能有一堆故事。名字被改来改去，一定有它的道理。能够为一个城市命名的人，自然应该是征服者，有人在这里登基做了皇帝，有人在这里亡国丢了天下，既然是改朝换代，那就先把名字改了吧。

形容金陵王气，诗人李白的两句诗最直白："地即帝王宅，山为龙虎盘"，就是说这地方应该出皇帝。金陵王气为那些想在南京这地方有一番作为的人提供了一个理直气壮的借口，它的潜台词就是老子受命于天，此地既然有了王气，那就不是我想造反，想斗胆在这称皇帝，而是天命不可违。三国时期，孙权最后一个称帝，迟迟不敢称帝的重要原因，是觉得自己还名不正言不顺。他耐心地等待着，一直等到曹丕和刘备都称帝了，时机已绝对成熟，才颤颤巍巍地建立了东吴，打出了自己的帝号。

相对于中原王朝，所谓金陵王气，其实就是觊觎天下，堂而皇之地想搞分裂。在中国的大历史上，长江流域向来受制于黄河流域，听命于来自北方的中央政府。金陵王气的提出，大有挟长江以自重，与黄河一决高低的意思。对于以黄河流域为中心的北方来说，金陵王气是一个潜在的不安定因素，是一个提醒，是一个警告，通常情况下，北方中央政权不太能够容忍这个所谓的王气。

好在事实上，金陵王气真正对北方构成威胁的机会并不多，南京虽然被誉为十朝都会，更多的也只是维持着一种偏安的局面。作为首都，南京真正能对全国发号施令，行使中央政府的权威，似乎也只有在明朝初年，以及国民政府定都南京的那几年。更多的情况下，南京政府只有半壁江山，要不就是流亡政府的所在地：西晋不行了，于是在这里有了一个偏安的东晋；明朝要完蛋了，又有了一个短命的南明。

东晋和南明以南京为首都，都是因为中原王朝遭受了北方少数民族的入侵，在这样的关键时刻，金陵王气已不仅仅是搞分裂，而是为了恢复失地，恢复汉人的天下。这时候，金陵王气成为汉文化的支撑点，南京也成了汉人政权的最后堡垒。长江文化和黄河文化的对立已不复存在，两种文化被迫在这里交流，不得不在这里融合，金陵王气实际上成了团结汉人的口号。

自古以来，金陵王气一直遭到大家的质疑。南京在历史上有过无数次保卫战，几乎没有一场以胜利告终。在这里住过六七年的诗人李商隐，为此大发感叹，“三百年间同晓梦，钟山何处有龙盘”。自从东吴的最后一位皇帝孙皓“一片降幡出石头”之后，一个接一个的亡国皇帝就再也没有间断过。

别处也有亡国皇帝，可是说起名气的响亮程度，怎么也没办法与南京的这几位相比，譬如搂着妃子一起跳胭脂井的陈后主，譬如能写一手好诗词的李后主。没有一个古老城市能像南京那样适合聆听亡国之音，也没有一个城市能拥有那么多的可以让人津津乐道的亡国故事。相对于金陵王气，亡国之音更像是响彻在这个城市上空的主旋律。

六朝金粉，秦淮风月，既然亡国不可避免，醉生梦死也就成了此地的历史常态。换句话说，醉生梦死既是亡国的原因，也是亡国的结果。

十里秦淮

秦淮河是南京历史的见证，传说中六朝繁华的活标本。秦淮河的古名叫龙藏浦，汉代起称淮水，唐以后改称秦淮。它有南北两个源头，北边是宝华山南麓，南边是溧水区的东庐山，二者在江宁的方山附近汇合，绕过方山，向西北从东水关流入南京城，由东向西横贯南京主城，从西水关流出，注入长江。

秦淮河全长110公里，有内秦淮和外秦淮之分，通常说的是内秦淮，也就是自东水关经白鹭桥和文德桥，蜿蜒向西南，穿过武定桥和镇淮桥，再转向西北，最后到达西水关的这一段，大约有十里路光景。前面已经说过，秦淮河是南京的母亲河，而这十里的秦淮，是南京精华中的精华。

这一段水路，自古就是南京最繁华的地方。所谓繁华，就是热热闹闹，沿十里秦淮，有许多古迹名胜，譬如桃渡临流，譬如乌衣晚照，譬如长干故里，但是一般游客来到秦淮河，往往顾不上这些。对于老百姓来说，这些古老南京文化的重要象征显得根本不重要，不就是一条有点文化含金量的河嘛。与秦淮河相比，更有名的是夫子庙。

说到南京，不能不说秦淮河，说到秦淮河，不能不说夫子庙。大家感兴趣的只是夫子庙，世界古城罗马不是一天建成的，夫子庙也不是一天建成的。夫子庙的中心是一座文庙，文庙并没什么了不起，在古代中国，只要是个城市，只要是个有读书人的地方，要祭拜孔子他老人家，就得有文庙。

南京的老文庙原来并不挨着这飘荡六朝金粉气的秦淮河，一旦搬到了秦淮河边，在老百姓心目中立刻变了味道。它不再叫“文庙”，也不叫“孔庙”，大大咧咧地就叫夫子庙，很严肃的称呼，到老百姓嘴里立刻世俗化了。夫子庙有个著名的牌坊，上面写着“天下文枢”，有了这四个字，南京城的文化气息立刻高傲地飘扬起来。

和夫子庙齐名的建筑群，还有学宫和江南贡院。学宫又名“泮宫”，始建于北宋，江南贡院是我国古代最大的考场，创建于南宋。夫子庙的最大特点是文化搭台，经济唱戏，它的文化是科举，经济便是吃喝玩乐。夫子庙的故事就是《儒林外史》，就是《桃花扇》。很显然，没有科举制度，夫子庙的很多故事都无从说起。没有了科举，就没有了那份热闹；没有了科举，就没有了那份悲欢离合。

随着三年一次的秋闱临近，桅杆上高悬着“奉旨江南乡试”的帆船，一艘接着一艘开了过来。夫子庙的狂欢节拉开了序幕，安徽的考生来了，江苏的考生来了，考官也来了，一大群蹭科举饭吃的人都跟着来了。江南贡院是江苏和安徽两省科举的考场，旅馆生意立刻兴隆起来，有钱的少爷，没钱的穷秀才，都得找地方住下，都得有地方吃喝。

科举是中国读书人的唯一出路，各种档次的旅馆客栈应运而生，做生意的个个喜笑颜开，卖文房四宝的，卖古书的，卖字画的，卖杂货的，看相算命的，经营典当行的，经营成衣铺的，包括人口贩子和媒婆，都迫不及待地打起考生的主意来。科举养活了一大批人，一大堆的配套服务产业，雨后春笋似的冒出来。石板小街，店招迎风，在科举的指挥棒下，夫子庙的商业气氛，像春天里的阳光一样灿烂。

乡试三年一次，许多考生早在一年前已在这周围住下来。还有更长期的，干脆这次秋闱落第，索性在秦淮河边上找个落脚的好地方，好好预习功课，准备三年后再考。三年考不上，再住三年，再考，再落第。秦淮河边读书人越多，商家生意越好做。赖着不走的落第秀才越多，商家越高兴。一家挨一家的店铺的老板非常高兴，比屋而居的妓院老鸨非常高兴。

夫子庙一带妓家林立，是落第秀才的最好去处，红粉佳人慰藉着失落的心，让他们意志消沉，让他们醉生梦死，让他们深陷在秦淮河边的灯红酒绿中不能自拔。天下文枢的夫子庙曾被誉为“欲界之仙都，升平之乐国”。有了这样的荣誉头衔，斯文早就扫地，文化品位也大打折扣。遥想当年，门卷珠帘，河泊画舫，秦淮河边到处都是玉软香温的旖旎风光。

站在文德桥上，人约黄昏后，但见两岸河房灯火通明，粉白黛绿者出入其间，征歌选色，通宵达旦。远远的一条画舫驶了过来，雕栏画槛，绮窗丝障，美不胜收。风吹过，一阵阵的酒肉香，一阵阵的莺歌燕舞。读书人住在秦淮河边，天长日久，难免风花雪月。有才子，自然就有佳人，才子和佳人相遇，没有故事，也会生出一些故事。桃花扇底看前朝，于是有了李香君的香巢，有了柳如是和马湘兰的活动场所。

青砖小瓦马头墙，庙堂挂落花格窗，夫子庙附近的秦淮人家，千姿百态。值得一提的是，这里的民居特色绝对不能忽视，除了大大小小的店铺，最具有秦淮文化的便是河房和画舫。河房和画舫是夫子庙最有活力的象征，是追随着秦淮河缓缓流淌的一道风景线。河房和画舫因为科举而产生，因为科举而发展和壮大，却没有与科举一起灭亡。

正是因为有了河房，有了画舫，科举被废除了，夫子庙依然生气勃勃，经久不衰。古往今来，秦淮河畔的夫子庙屡遭破坏，屡毁屡建。夫子庙的不断重建，反映了南京人的一种不屈不挠，毕竟这地方是南京历史文化的最好见证。

东南的重镇

作为江苏的省城，南京难免有一种失落情绪。历史上这里不止一次地做过首都，故都情结已经深深地埋入了民心。动不动就是六朝繁华，十朝都会，长期以来，南京一直是东南第一重镇，有着别的城市所无法撼动的地位。

远的不说，就说稍近一点的明清。在大明朝，皇城北京之后，就应该轮到南京了。到了清初，江南省地居藩首，南京是江南、江西、河南总督的所在地，署理今天的江苏、安徽、江西、河南四省的军政事务。再后来，又是两江总督所在地，管着江西和江南两省，江南省包括今天的江苏、安徽和上海，能在这里坐上头把交椅，那可就是一位地地道道的封疆大吏。

江苏和安徽在康熙年间分家后，安徽布政使曾长期寄居在南京，也就是说，虽然已经是两个省，但安徽的行政官员仍然对南京依依不舍。掌一省之政的布政使又称藩司，相当于今天的省长，主管一省的民政、财政和人事。很难想象安徽的布政使，竟然能赖在南京办了差不多100年的公差，在南京对安徽实行遥控管理，一直到乾隆二十五年，也就是1760年才搬到安庆去办公。

南京对安徽的巨大影响，就算是到了今天，仍然可以见到。很多安徽人都习惯到南京来购物，有了疾病也喜欢到南京来求医治疗，这颇有些像后来的苏州、无锡、常州一带对上海的态度。历史形成的认同感，绝不是一天两天可以形成的，一旦形成也就不会轻易改变。说南京是徽京，有调侃的意思，也有些戏谑，这很可能是来自苏、锡、常的讥讽，也可能是南京人的自嘲。

南京能在中国的大城市里占有重要地位，并不只在于它是十朝都会，有那么点金陵王气。隋文帝曾经下令将这里夷为平地，一把大火烧去了六朝的亭台楼阁，这是南京城历史上遭受的最惨重打击。类似的屠城毁城还有过好几次，但是不管受到了什么样的伤害，这个城市总是能在很短的时间里又变得生机勃勃。

南京的重要性在于，无论哪朝哪代，无论国家分裂还是统一，它都处于东南重镇的领导地位上。东南数省历来是北方中央政府的经济命脉，要想获得稳定的财政收入，东南地区的稳定和繁华就显得非常重要。而按照惯例，中央政府必定会派大员坐镇南京，然后通过南京，行使对东南数省的行政大权。

相对于自己的历史地位，近代以来的南京显然是走了一段下坡路。这其中很重要的一个原因，就是大上海的迅速崛起。看一看地图就可以明白，上海和南京离得太近了。通常情况下，无论是东南地区，或者现在大家更习惯称呼的华东地区，或者现在的长江三角洲地区，都只能有一个代表性的城市，此消则彼长，这个飞速发展了，那个便会相对延缓。

一百多年前，上海开埠有了租界，当时它还只是江苏松江府辖内的一个小县城，在级别上和南京相差很多。因为南京是两江总督所在地，便把省级机关基本上都迁到苏州去了。上海闹出点什么事来，县太爷管不了，先要请松江府的知府出面，知府大人管不了，上面还有省一级的巡抚大人。这些人都不能摆平，才敢惊动南京的总督大老爷。

很快形势就发生了变化，因为有了租界，有了洋人，上海开始变得洋气起来，再弄出点什么事，哪一级的官员也约束不了。上海以惊人的速度发展着，成为一个庞然大物，成为一个谁也不能不承认的国际化大都市。相比之下，同样是处于飞速发展中的南京，就只能望尘莫及。时至今日，只有南京军区，也就是现在的东部战区，还能管着上海，管着浙江，管着福建，管着江西和安徽，这多少给有点虚荣心的南京人增加少许心理安慰。一向自以为是的南京，早已把东南重镇的第一把交椅乖乖地送给上海，上海才是长江三角洲的领头羊。

南京是个非常宽容的城市，南京人好客，不排外，习惯于接受命运的安排。时至今日，虽然浙江杭州的发展势头很猛，同省的苏州的GDP总量更高，南京仍然是东南地区除上海之外最大的城市，它的城市活力还在，历史的文化积淀不容小觑。南京是中国唯一一个享有“世界文学之都”称号的城市，它的高校资源，它的教育和科研水准，在国内仅次于北京和上海，处于相当领先的地位。

从1983年开始，江苏实行了市管县的行政体制，这个也可以说是参照了“郡县制”的古法，有点复古的意思。只不过是把郡改名为市，设立了南京、无锡、徐州、常州、苏州、南通、连云港、淮阴、盐城、扬州、镇江11个市。到了1996年，扬州和泰州分设，撤县级泰州市，设地级泰州市；淮阴和宿迁分设，撤县级宿迁市，设地级宿迁市。2001年，淮阴市更名为淮安市。

南京是江苏境内唯一的副省级城市，截至2021年，分管11个市辖区和1个国家级新区“江北新区”，有95个街道，6个镇，其中江北新区还是江苏省唯一的国家级新区。11个市辖区中，江宁区、浦口区、六合区、溧水区、高淳区以前都是县，现在都改成了区，都已经通上了地铁，相互之间来往很方便。南京是南北长，东西窄，用图像来形容，很像一只海马，最南边的尾翼，是江南的高淳区，最北边的海马头，是江北的六合区。

南京成为江苏省政府所在地的时间并不长，1927年国民党政府定都南京之前，省会一直在苏州，后来又移到了镇江。1949年国民党政府垮台，江苏分为苏南和苏北两个行政公署，南京为中央人民政府直辖市，直到1953年，苏南和苏北再次合并，南京被取消直辖市头衔，开始成为江苏的省会。

南京成为江苏省的省会，放在历史的长河中，显得有点短暂。在开始阶段，它并不是很适应自己的这个位置。江苏已经有了三百多年，南京作为省会，从级别上来说，谈不上提拔，只能是下降。自1953年开始到现在，也不过只有七十年出头，与苏州的江苏省会历史相比，要短了许多。

南京似乎更适合，也更习惯扮演东南重镇的角色，你想让它不说说六朝的往事，几乎不太可能。要说的当然还有南唐李后主的诗词如何艳绝天下，还有大明王朝朱元璋的各种神奇故事。又譬如清朝政府的重要人物，所谓的中兴四大名臣曾国藩和左宗棠、李鸿章和张之洞，这些名角，电视连续剧上的大佬，都在南京当过两江总督，因为这个地方太重要，没那个身份，压不住阵脚。

当然还有更接近我们的民国，在今天，穿过南京的大街小巷，你仍然可能会看到许多民国遗迹。完全是在不经意间，有人会告诉你，这个地方过去就是国民党的中央党部，汪精卫曾经在这里被刺。很漂亮的一栋黄色大楼，有着高高的钟楼，再往前说，是辫帅张勋的提督府，辛亥革命爆发，张勋逃之夭夭，全国17个省的起义代表集中在这里，商讨成立中华民国，推举孙中山为临时大总统。

这里是中华民国的产房，中国现代史正是从这里翻开了第一页。同时，也是在这里成立了中华民国的临时参议院，它是中国历史上第一个立宪机构。辛亥革命在武汉打响了推翻清政府的第一枪，但是如果没有南京的这个临时参议院，如果不是这次历史性的选举，选举刚从国外回来的孙中山担任临时大总统，中国现代史很可能就是另外一种书写，中华民国还能不能成立，都要另说。

南京有许多地方可以树碑立传，稍稍有些来头的街区，哪条巷子都有故事，哪幢老房子都有说法。南京就像一座天然的历史博物馆，无论你走到哪里，都可能和过去的事件与传说迎面碰撞。很显然，你见的最多的一定还是民国遗产，这有两个原因。首先在时间上，毕竟民国离我们最近，六朝和明清的古建筑，因为隔得年代太久远，很可能会在这样那样的灾难中毁于一旦，考虑到南京历史上发生过的一次次毁城，古建筑又大多是木结构，很多遗迹荡然无存并不奇怪。

其次是因为民国的老建筑确实太多了，这些年旧城改造，许多很有价值的老房子被拆除，很多历史遗迹被破坏，可就算是这样，瘦死的骆驼依然比马大，国内任何一个城市的民国遗迹，还是不能和南京相比。在城市的现代化建设方面，南京是中国第一个按照国际标准，采用综合分区规划的城市。二十世纪三十年代，南京作为国民政府的所在地，曾有过一次规模浩大的城市建设。这不仅立刻让南京受惠，而且吃足了老本。

过去的很多年，谈到城市规划，谈到绿化和公用设施，大家都羡慕南京。对于一个城市的发展来说，这是一次十分难得的机遇。在国民政府工程师和公用事业官员的不懈努力下，宏观上采纳了欧美规划模式，微观上采用了中国传统风格，南京成为当时“中国最漂亮、整洁而且精心规划的城市”，并因此被哈佛大学的教授柯伟林写进他的教材。

另一位叫爱泼斯坦的美国人，早在抗战爆发之前，就对南京的市政建设赞不绝口，他把当时的南京城比喻成一座带有普鲁斯色彩的首府，与欧洲最好的城市相比毫不逊色。我们今天看到的民国遗韵，是一段辉煌历史的残存。虽然也遭受了战争的严重破坏，遭受了风风雨雨的侵袭，但是南京的实际受损程度，与欧洲名城伦敦和柏林相比，与日本的首都东京相比，要小得多，许多建筑物依然完好地保留着。

正因为如此，展现民国风貌成了南京一张很不错的名片。当然，除了大量的民国老建筑外，最值得一提的还有“浓荫蔽日”，南京有太多民国时期种下的树木，有太多的法国梧桐，前人栽树后人乘凉，南京是无可争议的绿色城市。在现代化高楼林立的今天，民国老建筑和绿油油的参天大树，已成为南京市容的最好点缀。

无法完成的一日游

对于一个旅行者来说，来南京观光最好能多少做一番准备。这里可不是个走马观花的地方，因为此地的旅游资源非常丰富，既有令人惊叹的湖光山色，更有让人追古抚今的人文景观。一个城市有山又有水，已经很不容易，难能可贵的是这些山山水水，在南京都有机地和历史文化交织在了一起。

说老实话，即使你的时间很充足，即使你已经做了细心准备，甚至还有一个很棒的导游和向导，也只能匆匆地把南京这座古城琢磨出一个大概。南京城的最大旅游资源是文化，是历史文化。这是一个深受读书人喜爱的城市，特别适合年轻人访学和游学。当然，南京的山水也很值得一看。

南京的山都不太高，最高的无疑就是紫金山，又名钟山。

巍巍钟山也就448米，由东向西，仿佛一把宝剑劈向南京城，高高拱起的钟山就是刀把，然后那些断裂的一截截刀身，插在了泥土里，形成了一个个连绵不断的高地小山丘。它们其实都是钟山的余脉，分别是富贵山、九华山、鸡笼山、鼓楼岗、五台山、清凉山。最西边的清凉山顶端，便是大名鼎鼎的石头城，唐朝以前，这里面对着滚滚长江，登高望远，让无数英雄感慨不已。

千万别小看了这一座座小山丘，它们是南京的脊梁骨，个个都是名胜，处处都有风光，所谓衣冠文物盛于江南，文采风流甲于海内，说的就是这些地方。南京有着世界上最长且保存最完好的古城墙，当然到南京来，免不了还要去看些名人陵墓。外地游客一般都不太知道，钟山脚下的梅花山埋葬着孙权，春天里漫山遍野的梅花盛开，这里是南京人最向往的去处。明孝陵和中山陵的气派，任何看过旅游图片的人都早已有了印象。

在阳光照耀下，钟山常会放射出一种炫目的紫色光芒，祥云环绕，紫气东来，围绕着这一片片的山陵，六朝的石刻便散落在原野间。说起六朝石刻，尤其是这个时期的雕塑，熟悉南京市徽的人立刻会想起那威武的石辟邪。当古罗马艺术随着庞大的帝国一起衰落时，六朝石刻在南京的周围正方兴未艾。经过专家的考订，具有极高艺术价值的六朝石刻，不仅传承了汉代风格，而且融合了佛教艺术，甚至很有可能受到了古希腊和古罗马雕塑的影响。

南京的山看不完，南京市区的水别有风情，除了一条蜿蜒流淌着的秦淮河外，玄武湖和莫愁湖的景色也是美不胜收。早在二十世纪二十年代末，有一项调查数据就显示，南京当时的城市公园面积，在世界大城市中名列前茅，远远地高于伦敦、柏林、纽约，和美国的首都华盛顿基本持平。这个数据的成立，很大程度上要归功于天工造化，归功于南京市内的山山水水。

随着城市现代化的全面铺开，南京的城市绿地面积受到了严重影响，绿化覆盖率一度大打折扣，但是凭借着历史的丰厚遗存，在国内大城市中，仍然有着不可比拟的巨大优势。早在十多年前，南京市政府就向市民许诺，在不久的将来，城市的绿化覆盖率将达到55%以上，主城区人均公共绿地面积要达到15平方米以上。2021年，南京的城市人均公园绿地面积已经达到16.18平方米，拥有公园176个，其中免费公园占比84.66%。

在2023年的统计中，南京绿化覆盖率是45.6%，虽然没达到既定目标，但是在中国城市绿化覆盖率上，已经占据了第一名，也就是说，在绿化方面，南京是做得最好的。

〔第五章〕

苏州

吴侬软语

苏州人和南京人最大的不同是他们总会想到自己是苏州人。南京人大大咧咧，遇事有些粗线条，咸的淡的辣的酸的，只要是自己没吃过的，只要是正在流行的，都恨不能品尝一下。南京人吃什么都觉得好吃，都能乐在其中，他们最难受的是自己还没有吃过流行食物，是不是美味不重要。苏州人正好相反，他们遇事永远认真，永远讲究，永远挑剔，苏州人对饮食有自己的独特风格和爱好，不合自己口味的就是异类，非我族类其心必异，因此苏州人喜欢把“这个怎么能吃”挂在嘴边。

上有天堂，下有苏杭，本来也就是句顺口溜，可是一向自大的苏州人，还真有些被这话给惯坏了。苏州之外的地方，似乎都不太能入苏州人的法眼。一百多年前上海刚开埠，面对大上海的迅速崛起，苏州人表现出了最大的不屑，远远超过了同样喜欢自以为是的南京人。当年上海租界里的妓女，不管本人的真实籍贯是不是苏州，有点品位的红角儿，都以能说一口带着苏州腔的吴侬软语为荣。这是一种时髦，也是一种姿态，表示自己是来自苏州府的人，说什么也要比上海县的土包子强。

在北方人的耳朵里，可能苏州话和上海话几乎没什么区别，但是这种观点在苏州人看来，简直就是莫名其妙，土得掉渣的上海话，怎么能和悦耳的苏州话媲美。上海人曾经因为自己喜欢说“外地人”和“乡下人”被大家诟笑，其实这种自大自恋的情绪，在苏州人那里有过之而无不及。今天的苏州人仍然有很多还会带着这样的偏见，他们习惯于把不是说吴语的人，统统称为“江北人”，江北是贫穷落后的代名词，根据这种似是而非的观点，南京人和镇江人的江南身份，自然而然地就被取消了。

在天真的苏州人眼里，过了江北，再远一些的居民都是山东人。这个山东人可不只是一个山东省，那意思差不多就是吃葱蒜的北方人了，包括整个中原地区。这个观点很有历史感，几乎和秦汉或盛唐时期关中人士的看法一致，那就是“崤”山以东，统统都是大山东。大家都熟悉的一句“每逢佳节倍思亲”，出自王维的《九月九日忆山东兄弟》，作者明明是山西人，为什么会说“忆山东兄弟”呢？因为在关中人眼里，山东和山西都是山东。

李白的《梁甫吟》中也有一句，“君不见，高阳酒徒起草中，长揖山东隆准公”。诗中的高阳酒徒，是西汉的名士郦食其，这家伙好喝酒，才高气盛。隆准公是指高鼻子的汉高祖刘邦，刘邦是江苏徐州丰县人，在唐朝，山西都是山东，江苏的丰县自然就更应该是。郦食其为人狂得离谱，见了皇帝陛下，竟然像平常人一样，只是拱拱手，很随便地打了个招呼。

苏州人和南京人的共同之处，在于他们都过于天真。南京人是大大咧咧，不太在乎自己，苏州人则是遇事较真，太在乎自己。南京人觉得自己的历史很有些来头，苏州人觉得他们的历史更早，肯定比南京还早。大家都喜欢往前面计算数字，都可以追溯到春秋战国时的吴国，都曾经是当时吴国的子民，是吴人的后代。

有一种观点认为，南京早在越国的"越城"出现之前，在今天的朝天宫一带，就有个"冶城"，相传是春秋末年吴王夫差铸造兵器的地方。冶城山下还有一座与苏州虎丘同样的"剑池"，时间大约是公元前495年，是一座规模较大的古代冶炼作坊，也是南京建城最早的地方，因而它被誉为"南京母城"。

可惜这种观点并不为专家认同，暂时也没有过硬的考古发现可以支持，而且就算是能够成立，苏州却早在吴王夫差他爹称王时，就已经建成了"阖闾大城"，时间是公元前514年，迄今已有2500多年的历史，尽管时间和地点还有些存疑，还有争论，但是书上一直都是这么写的。秦始皇统一中国后，苏州始称吴县，此后或称吴国，或为吴郡和吴州。反正一旦提到"吴"这个字，就不能不以苏州为代表。

吴方言区曾经是一个很大的区域，即使发展到了今天，吴语的地盘不断缩小，它的区域仍然包含着大半个苏南和苏北的一个小角，包括了浙江大部，包括了上海地区。吴侬软语也许是我们的一种错误印象，难免想当然，历史上吴地虽然“山温水软似名姝”，事实上，战国时的吴国能征善战，是著名的春秋五霸之一。中国古代的第一兵书《孙子兵法》，就是吴国的杰出军事家孙武所撰写的。

今天我们说起江苏，简称“苏”，很显然，大家已经习惯了用“苏州”的苏来代表江苏。因为繁体字的“蘇”既有鱼又有米，那么这个苏字是不是有鱼米之乡的意思呢？当然不是，前面已经初步解释过了，学者有研究后的结论，苏州的“苏”，其实和苏州胥门的“胥”有关，大家只要上百度搜一下就明白了，百度上是这么写的：

1. 吴的来历：商代末年，周国古公亶父有三个儿子：长子太伯，次子仲雍和幼子季历。亶父喜欢季历，但是按照制度，必须传位于嫡长子。太伯、仲雍为尊重父意，避让君位而到当时古越人聚居的江东，并随乡入俗。当时的江东人有个习俗，就是喜欢边跑边呼喊，太伯造了一个“吴”字代表他们。太伯被拥立为君长，国号为“勾吴”。“勾”是当时古越语的拟声词，无义。

2. 苏的来历：在夏代有一位很有名望的谋臣叫胥。胥不仅有才学，而且精通天文地理，因帮助大禹治水有功，深受舜王敬重，封他为大臣，并把江东册封给胥。从此，江东便有了“姑胥”之称。“姑”是当时土著吴越人的古越语的拟声词，无义。今苏州仍有胥江、胥门、姑胥桥等地名。周朝以仁政治理天下，“胥”义为狱卒，不祥。《诗经》“山有扶苏”的古字“蘇”由草、鱼、禾组成，象征鱼米之乡，且与“胥”发音相近。吴王故将“姑胥城”改为“姑苏城”。姑苏城西边的灵岩山就成了姑苏山。后来阖闾城筑毕，姑苏城逐渐被荒弃。但是“姑苏”这个名字在吴地留下了不可磨灭的印象。到了隋代，废“郡”设“州”，当时苏州所在的“吴郡”本来应该更名为“吴州”，但“吴州”当时已被绍兴用了，所以就改用“苏州”了。

说起吴语中的拟声词，还可以解释一下与苏州相近的城市无锡的“无”，过去有人说无锡的锡山，总是喜欢讨论这个锡山到底有没有金属“锡”，无锡明明有一个锡山，可是为什么又叫无锡呢？地质学家已经考证过，无锡的锡山不可能有锡，所谓锡被开采完了，只是一种想象，它的地质条件不可能有锡矿。其实无锡的无，也是古吴语的发声词，就跟老虎老鼠一样，这个“老”是没有意义的。

不管怎么说，苏州人都是文远胜于武，这一点不容置疑。变得文质彬彬，变得柔心弱骨，这是后来的事情。苏州出了数不清的文人，还出过大把的状元，有句俗话叫“姑苏文盛出状元”，这地方似乎没出过什么名气大的将军，古代没有，近代也没有。二十世纪的上半叶战争不断，乱世英雄起四方，苏州人中还真是没什么大名鼎鼎能打仗的好汉。

因为出过不少状元，在苏州到处可以看到状元这张名片，坊有三元坊，桥有状元桥，酒有状元红，连糕点也有叫状元糕的。苏州的状元钱棨更是考场得意，乡试会试殿试连中三元，一鼓作气获得了三个第一名。这是非常难得的事情，科举中能获此殊荣的绝对是凤毛麟角，好运气都到了钱棨一个人身上，结果不仅考生高兴，苏州人民高兴，就连皇上他老人家也手舞足蹈，当堂赋诗一首。

龙虎传胪唱，太和晓日暾。
国朝经百载，春榜得三元。
文运风云壮，清时礼乐蕃。
载咨申四义，敷奏近千言。
讵止求端楷，所期进谠论。
王曾如可继，违弼我心存。

这位忘乎所以喜欢做诗的皇帝就是乾隆，清朝立国已经137年，有考生连中三元，还是第一次。

连中三元既可以发生在一个苏州人的身上，像钱棨那样场场独占鳌头，还可以每次都出现在同一个地区。同样是在大清朝，同样是在乾隆年间，曾有过连续三科的状元都出在苏州的奇事。这又是一个绝无仅有，就好比轰轰烈烈的全国高考，连续三届的状元都让苏州人拿了。是可忍，孰不可忍，要知道，科举的难度远远要超过高考，而且还不是年年举行。通常每隔三年才举行一次，苏州人在科举上就是这么厉害，不服还真是不行。

考场上的春风得意，并不能完全说明一个地方的文化程度。文化从来就是多元的，如果苏州人仅仅是擅长科举，还远不足以作为江南文人的代表。根据文献数据，考上状元的人在官场上也不都是如鱼得水，譬如名噪一时、连中三元的钱棨，便没有什么特别好的仕途。学而优则仕只是相对的，会考试也并不意味着会做官，苏州在明清时虽然以出状元闻名，但是这不代表所有的苏州文人都把科举当作人生的唯一目的。

文才超群却无意仕途的苏州人大有人在，江南文人不只是喜欢在考场上厮杀，而且可以在别的领域做出更大的贡献。明末清初，苏州出过一个大才子金圣叹。关于他的传说很多，金圣叹是江南名士的代表人物，整日坐在贯华堂中读书写作，最被人津津乐道的就是他的批书。他批注过的书，有屈原的《离骚》，有司马迁的《史记》，有杜甫的诗集，最有影响的却是批《水浒》和《西厢记》。金圣叹独具慧眼，把不登大雅之堂向来不被文人看好的小说和戏剧，抬到了一个不同寻常的高度，在中国文学批评史上，有着十分重要的地位。

当然，苏州文人中最杰出的代表，应该是提出“天下兴亡，匹夫有责”的顾炎武。有了顾炎武，数不胜数的江南才子立刻会感到逊色。顾炎武少年时参加“复社”的反宦官权贵斗争，清兵南下，又参加了昆山、嘉定一带的抗清起义，失败后曾经十谒明陵，遍游华北和西北，学问广博，对国家典制郡邑掌故，对天文地理经史百家，都有很深入的研究。晚年的治学侧重考证，开创了清代朴学风气，对后来考据学中的吴派和皖派都有影响。

顾炎武著作等身，为后人所熟悉的有《日知录》《天下郡国利病书》《肇域志》《音学五书》《韵补正》《顾亭林诗文集》，他才是江南文人最好的表率，是后来一切读书人的楷模。

最是红尘中一二等富贵风流之地

“当日地陷东南，这东南一隅有处曰故苏，有城曰阊门者，最是红尘中一二等富贵风流之地。”这是《红楼梦》第一回中的描写，说到了古典文学名著《红楼梦》，就会联想到林黛玉，林黛玉便是苏州人。苏州的文人有名气，苏州的女人也是非常了不得。历史上与苏州有关的大名鼎鼎的美女太多，譬如那位在四大美女中名列第一的西施。

倾国倾城的西施本来是越国女子，可就是这位大美人，依靠玩弄美人计，彻底颠覆了强大的吴国。自从西施来到了吴国，美人与苏州的缘分，从此就再也分不开了。自古红颜多薄命，不许佳人见白头，苏州的美人似乎都难逃悲剧厄运，冲冠一怒为红颜的陈圆圆是苏州人，桃花扇底看南朝的李香君是苏州人，状元夫人《孽海花》的女主角赛金花，也是苏州人。

元朝时期，一个叫马可·波罗的外国人漂洋过海，曾经到过苏州。苏州给他留下的印象是十分富庶。他用“漂亮得惊人”来形容这座城市，人人都穿着昂贵的丝绸，人人衣食无忧。在西方人眼里，马可·波罗绝对算是一个中国通了，可是洋人毕竟是洋人，他完全弄不明白什么叫“上有天堂，下有苏杭”，对我们来说如此简单明了的意思，却被他曲解为杭州是“天上的城市”，苏州是“地上的城市”。更为荒唐的是，他认为苏州城外附近的山上，不仅大黄长得茁壮喜人，同时还盛产生姜，而且售价低廉，一个威尼斯银币可以买到十八公斤的生姜。

大黄和生姜显然不是苏州的特产，大多数的苏州人恐怕连大黄是什么玩意儿都弄不太清楚。不过有一个信息非常准确，就是那时候的苏州，确实已经是不同寻常的富庶。除此之外，苏州与马可·波罗的家乡威尼斯也有不少相似之处，它们都是人家尽枕河的水城，都是在水上大做文章，并且做好了文章。同样是出于人工，与威尼斯不一样的地方在于，苏州城并不是建造在一排排结实的木桩上面。

苏州城的基本格局，是借助了一条条人工开凿的河道。要想解释清楚这个城市的基本格局，举世闻名的宋《平江图》是一份最好的说明书。1129年金兵南下，原有的苏州古城几乎毁于战火，这是有文献资料以来，苏州城遭受的最大一次伤害。在其后一百年间，废墟中的苏州不断恢复和发展，很快又生机勃勃，当时的郡守李寿朋命人绘制了平江城地图，精细镂刻在一块石碑上。

苏州又名故苏，故苏之外，用的比较多的就是这个平江。《平江图》是我国现存最早的一幅古代城市规划图，绘图手法是以平面和简练的立体形象相结合，是国务院颁布的第一批国家重点保护文物。它形象地反映了当时苏州的繁华风貌，勾画出了宋代苏州人民的生活景象。这充分说明，好的城市规划可以让一个城市受用很多年，《平江图》功不可没。

苏州城充分利用了水这个自然条件，以城外的河湖为依托，十分大胆地引水进城，在城内有计划地开凿了一条条河道，构成了非常完善的城市交通系统。由于茫茫的太湖在城西，大海又在城的东面，湖水经苏州城潺潺东流，因此苏州城里的河道更多的是东西走向，而传统的中国民居是南北朝向，于是前街后河，家家临水。“水陆相邻，河街并行”，成了古代苏州老百姓的生活常态。

苏州人很在乎自己的排名，上有天堂，下有苏杭，苏杭并称，苏州排在前面。苏湖熟，天下足，苏州又排在前面。苏州人因此不能不得意，好事者觉得这些排名并不足以说明问题，不过是为了顺口和押韵。苏杭并称是在宋朝，源于北宋京都开封的一句流行俗语：“苏杭百事繁度，地上天宫。”杭州人认为自己是南宋的首善之地，是天子脚下的京城所在地，他们应该排在苏州之前。

苏州人不认这个道理，他们觉得自春秋以来，一直延续到北宋，杭州都是“僻在一隅未显”，它曾经作为京城是不假，那也就是南宋这个小王朝的事，风物长宜放眼量，考察经济指标，“若以钱粮论之，则苏十倍于杭”，况且早在吴越春秋时代，杭州还是吴地，属于吴国的领土。

当然，对于中国的老百姓来说，“天堂”不仅仅是应该有多富庶，它还有一个更重要的衡量指标，是能够远离战乱。苏杭排名之争，本来就没什么是非，相比之下，同属吴地的苏州和杭州一样，自古以来便是太平的时间居多。宋朝时期，中原地区战事频繁，民不聊生，大批难民纷纷避祸南下，他们来到江南，看到的是一片和平景象，看到的是这里的安居乐业，于是产生了一种恍若来到天堂的感觉。

对于老百姓来说，不打仗才是最好的，远离战争才是天堂。苏州的繁华自有其历史原因，整个江南曾经都很落后，真正能形成气候，非要等到东晋衣冠南渡。东晋是江南开始兴旺的转折点。苏州有两个古塔，一个是虎丘塔，一个是北寺塔。据说虎丘塔是整个江南地区现存的最早的古建筑物，建于五代，北寺塔则始建于南宋。由此可见，唐之前的苏州，也就那么回事，并没有富庶到哪里去。

苏州是一个非常善于抓住机会的城市，一千多年前，靠着一张深思熟虑的《平江图》中的城市规划，一举奠定了千年繁荣的基本格局。1992年，又是最先以“新加坡工业园区”形式，成为中国改革开放的一个重要窗口，国际合作的一个成功范例。2020年，苏州工业园区实现地区生产总值2907亿元。2022年，苏州工业园区完成的地区生产总值是3515.61亿元，这个数字还是很惊人的。

地区生产总值不能完全等同于GDP，它们并不是一回事。继苏州之后，新加坡在中国起码又有过10个工业园区，这些工业园区没有一个能与苏州相媲美，甚至加在一起也比不上苏州的工业园区。

园林之城

苏州除了水多桥多，最可以引以为豪的是私家园林。苏州是世界公认的“园林之城”，历史上究竟有过多少园林，一时还真说不清楚。二十世纪五十年代，由南京高校的教授出面，曾进行过一次调查，最终公布的结果，大小园林和庭院188处，现存142处。到了八十年代，苏州的政府部门又组织了一次普查，发现原有的园林应是227处，比上次的统计多了39处，至今尚存的有69处，比原来少了近一半，其中还包括半废的34处，实际保存完好的只有17处。

苏州园林的最大特点，是都属于私家花园性质。既然是私家花园，就难免一个小字，小是苏州的迷人之处，“小是美丽的”这句话用在苏州身上十分合适。苏州园林一般都不大，小的甚至只是占地几亩，用吴语的俗话讲就是“螺蛳壳里做道场”。小，从来没有限制苏州园林的发展，相反，恰恰因为小，反倒是做出了很多意想不到的文章。

苏州园林常常反映出一种江南文人的趣味和理想，虽然园主不一定是文人，或者说根本就不是读书人，可是在建园的时候，显然充分地听取了文人幕僚的建议。苏州园林是由建筑、山水、花木、书画组成的综合艺术品。陈从周先生对古建筑和园林有着非常深入的研究，他曾指出苏州园林一个最大的特点就是柔和，吴语所谓的“糯”。

大富大贵的豪门气派，并不太适合苏州园林。“虽由人作，宛自天开”，这才是苏州私家园林的最高境界。苏州园林就像写文章一样，必须充满匠心，要小中见大，要渐入佳境，要巧于因借，要有诗情画意。明朝园艺大师计成的《园冶》很有独到见解，在谈论园林艺术时，他曾一再提到了“壶中天地”。

“壶中天地”四个字，源于《后汉书》中的一个故事，说一个行踪诡秘的卖药老人，每天卖完药后便跳入葫芦中消失了。有人出于好奇，便秘密侦察，最后有机会与老人一并进入葫芦，发现葫芦中“玉堂严丽，旨酒甘肴”，竟然是一片神仙的境地。计成认为，所谓壶中天地，就是要有一种与人间隔绝的“世外桃源”气息，这也是私家园林自得其乐的命门所在，苏州园林在精神上是遁世的。

也可以用佛家故事“芥子纳须弥”来进一步说明苏州园林的风格。芥子是芥菜的种子，颗粒很小，根据佛教的解释，须弥是世界中心的一座高山，在山顶上有一个善见城，是帝释天所居之处。唐朝的江州刺史李渤问智常禅师："佛经上所说的'芥子纳须弥'未免太玄妙离奇，小小的芥子，怎么能容纳那么大的一座须弥山呢？"

智常禅师说："人的头颅只有椰子那么大，却能装下万卷诗书。"

李渤立即恍然大悟，原来微小的芥之种子，与传说中的须弥山，在物质意义上虽然有天壤之别，但在佛家眼里却是平等和相容的。换句话说，围墙里的苏州园林世界，尽管渺小如芥子，但是这些小小的人造景观，同样能够以小见大，以偏概全，在审美上拥有与大自然同等的重要意义。

今天，苏州园林正在成为旅游者的胜地，热闹非凡，人山人海，旅游的收入相当可观。不管旅行者出于什么样的目的，是作为一个凑热闹的观光客，还是作为一个对昔日繁华有着特殊兴趣的访问者，苏州园林都是大家必须去朝拜的地方。

人们很容易骛远而遗近，总是喜欢跑远一些。对于地道的苏州人来说，小巧玲珑的园林风景，更多的却是一种日常生活记忆，除非陪外地的客人游玩，大多数本地人敬而远之，事实上很少再主动走进身边的私家园林，一是因为人太多，二是因为门票太昂贵。

小桥流水的古老苏州，正被拔地而起的高楼大厦替代，太多的河流被填了，诗人笔下的"绿杨深浅巷，青翰往来舟"景象已不复存在，也许只有幸存的私家园林，还在悄悄地诉说着过去的风情。

水乡古镇

闻名世界的建筑大师贝聿铭是苏州人，他认为真正的苏州特色，就是“粉墙黛瓦，枕河人家，水道纵横”。自二十世纪八十年代开始，苏州的经济高速发展，城市面貌急剧变化，现代化正日新月异地改变着这个千年古城。

时至今日，想要重温当年情景，除了观赏苏州园林，很有必要到苏州周围的小城古镇去拜访一下。温故然后知新，在这些保留完好的小城古镇中，蕴藏着大量老苏州的影子。苏州附近区域是古城镇最多的地区之一，围绕在苏州的管辖范围内，具有悠久历史文化的名镇星罗棋布。根据1992年的统计资料，苏州境内共有200多个小城镇互相呼应，平均每42.4平方公里就有一个，比全国平均数的每160平方公里才有一个小城镇高出了3倍多。

苏州的古镇可以追溯到遥远的春秋战国时期，当时的木渎、长桥、太仓、千灯，还都是一些带有军事性质的部落。随着东晋的大开发，尤其是随着隋唐大运河的开通，江南的经济地位日益提高，漕运和盐运使得苏州周围的小城镇兴旺发达起来。其中非常著名的有“日出万绸，衣被天下”的盛泽镇，有号称“六国码头”的浏河镇，有花果和鱼米被大家所熟知的东山镇。除此之外，还有黎里、震泽、陈墓、沙溪、虞山等等，这些古镇的共同特点是在经济上十分富裕，文化上名人辈出。

当然，今天苏州最出名、最有影响力的古镇，无疑是周庄、同里和甪直，这三个古镇已成为江南水乡最具有标志性的代表。周庄历史上出过二十多位举人和进士，至今仍保持着大量明清时代的古建筑，以“沈厅”和“张厅”最为著名。沈厅为明代江南第一富豪沈万三的后裔所建，坐东朝西规模宏伟，是七进五门楼。张厅为明代中山王徐达之弟徐孟清的后人所建，潦倒后卖给了张姓人家，是前后五进，一条小河穿屋而过，有“轿从前门进，船从家中过”的独特建筑风格。

同里是江苏目前保存最为完好的古镇之一，建于清末的退思园非常有特色。1986年，美国纽约以退思园为蓝本，在该市的斯坦顿岛植物园建造了一座江南庭院，取名“退思庄”，由此可见它在全世界的地位和影响。同里水多，桥也特别多，其中那座被人们叫作读书桥的，桥上的桥联“一泓月色含规影，两岸书声接榜歌”，生动地记录了同里人的勤学苦读之风，同时也证实了当地自古以来的“科名”之盛。

角直境内有六条玉带似的河流三横三竖地从镇上穿过，吴淞江则沿着镇西流过，构成了一个天然庞大的“角”字，而角直镇也因此而得名。镇中央有个保圣寺，寺中的唐塑罗汉像，被誉为“东亚瑰宝”，相传是唐朝的雕塑家杨惠之所塑。杨惠之与唐朝的画圣吴道子齐名，曾被誉为“中国的米开朗琪罗”，不过杨惠之可要比米开朗琪罗早了好几百年。

虽然当地人觉得这些古镇千姿百态，有着很多明显的不一样，但在来自五湖四海的旅行者眼里，却仍是大同小异。旅行者千里迢迢地来到这里，看到的无非是江南水乡特色，是“粉墙黛瓦枕河人家”，看到的是青石板小径和木栅小窗，看到的是里巷幽长和弄回路转。在一个现代化的城市里，这些已逐渐消失的水乡元素，终于让游客清晰地看到了苏州的过去，一百年前的苏州城，应该到处都是这样原汁原味的水城景色。

经济和文化一样，必须要有相当长的历史积累才行。很多人都把江南的富裕简单地归结于改革开放以后的乡镇企业发展，简单地归结为一个政策的实施；造访了苏州周围的古镇以后，人们终于发现这里为什么会富裕的秘密。罗马的雄伟不是一天建成，苏州的富庶当然也不是一蹴而就。

首先，苏州城处在金字塔的最顶端，它的惊人富裕和繁华，建立在周围小城古镇强大的物质基础之上。说苏州城只是坐享其成有些夸张，但是如果没有来自下面的支持，苏州城的欣欣向荣便要大打折扣。隶属苏州管辖的各个县级市，每一个都是GDP的高手，常熟、昆山、张家港、吴江、太仓，个个都是实力雄厚，谁也不会在上缴利税方面示弱。在2023年的百强县排名中，前10名中江苏占了6席，前4位都来自江苏。居首的是昆山，张家港和常熟名列第二和第四，也就是说，苏州占了3个，而太仓则排名第六。

在军事上苏州甘罢下风，在经济上却敢自称老大。江南从来就不是在一夜之间暴富起来的，相对而言，这里远离战火兵乱，既不是兵家必争之地，也不是南逃的中原王朝可以建都临时避难之所。在乱世的时候，苏州并没有太多值得坚守的军事意义，也没有稳定民心的政治作用。通常情况下，只要东南重镇南京被攻克，此地传檄可定。天下也好，江山也罢，老百姓永远都是老百姓，给谁都是缴税纳粮，谁在朝廷里当皇上，跟苏州人没多大关系。

对于苏州人来说，耕读传家的思想，早已根深蒂固。种田、读书，勤劳、刻苦，追求一种和平澹定的岁月，这不仅是此地老百姓的一种生活态度，也成了他们的日常生活习惯。改革开放之后，苏州立刻快步发展，显然是和自己的文化传统有关。

『较大的市』

“较大的市”是个法律概念，为了解决地级市的立法权，于1982年创设。很多人不是很明白这个概念，很多人也不想搞明白，反正苏州人自己对它不是很在乎，不在乎的原因是它并不能改变苏州的良好形象。在江苏境内，南京是当仁不让的老大，唯一的副省级城市，老二又应该是谁呢，苏州人心里会想，就凭着自己的经济实力，毫无疑问应该是苏州。

1982年创设第一批“较大的市”时，江苏被选上的竟然不是苏州，而是无锡。到了1993年，已经评到了第四批，全国共有18个，这时候才轮到苏州，而且让苏州不太高兴的是，同时入选的还有徐州，也就是说，江苏除了省城南京外，还有3个较大的市。苏州心里的不痛快不难想象，毕竟在过去的二十年里，苏州经济似乎好得不能再好了，GDP排名江苏第一，是全国唯一一个跻身“2万亿俱乐部”的地级市，GDP总量已经超越了香港。

时至今日，苏州显然不可能满足于“较大的市”这个称号。因为经济的强大，苏州在过去的若干年获得了好多荣誉头衔，除了“中国历史文化名城”外，还有“国家园林城市”“国际花园城市”的称号，“2022中国活力城市百强榜”位列第七，甚至名列“十大如厕友好城市”。这些荣誉头衔，似乎是一些不重要的光环，早就不能让苏州当回事了。

苏州似乎已不再满足于“小是美丽的”这句口号，一些大手笔的庞然建筑接二连三地拔地而起。苏州正在变大，大得连自己看起来都有陌生之感。大量的外地人正在拥入苏州，作为一个古城，就城区而言，苏州还谈不上是个多大的城市，如果加上古城周围，加上新区、园区，加上自己管辖的区和县级市，苏州的经济总量非常惊人。

自江苏建省以来，苏州作为省府的历史，远远地长于南京。省府认为南京以后，苏州在潜意识中似乎没办法忘却自己曾经的领导地位。清朝以后改南直隶为江南省，江南省又拆分为安徽和江苏两省，从此江苏巡抚、江苏布政使、苏州府治，还有长洲、元和、吴县的三个县治，也就是县太爷，都同驻苏州一城办公。太平天国李秀成的部队进驻苏州，也以苏州为省会，建苏福省。清军攻陷苏州，太平天国失败，苏州又恢复建制如旧。

苏州并不觊觎南京的老大位置，多少年来，苏州的顶头上司都是南京，这个命苏州承认，不服也得服。让苏州不甘心不痛快的是，南京这个城市降了级，从东南重镇转为省城，苏州也跟着降级，和被自己过去所管辖的各府平起平坐，成为同一个级别的地级市。

“较大的市”这种提法，不仅不能让苏州感到满足，而且很可能直接引起不爽。它现在的面积和人口，比省府南京还大，GDP的总量也超过南京，虽然人均GDP还不如南京和无锡。苏州一直野心勃勃，仿佛是带着一群能征善战的集团军在作战，手下的一批小兄弟所领导的几个区和县级市，譬如工业园区，譬如昆山，譬如张家港和太仓，个个身手不凡，打遍天下无敌手，群殴诸雄，与当年风行一时的亚洲四小龙相比，可以说是毫不逊色。

〔第六章〕

扬州

从古邗沟说起

在地理概念上，扬州属于江苏的中部地区。仔细看一下地图就可以明白，省城南京偏于西南，苏州偏于东南，扬州基本上是在江苏的中心位置，但是在习惯上，大家更愿意把它称作苏北的一个代表城市。在江南人的眼里，江北就是苏北，江北都是苏北，他们很少有什么苏中的概念。扬州地处淮河和长江中间，在江苏属于既不南也不北，说它是苏中应该非常准确的。

我们今天的很多习惯思维都是明清时期形成的。明朝永乐皇帝移都北京以后，在今天的江苏境内设有七府，其中有五个府在江南，分别为应天府、镇江府、常州府、苏州府、松江府，只有两个府在江北，分别为扬州府和淮安府。很显然，“府”这个行政单位，更多的还是看重人口和经济。江北的地盘是江南的好几倍，从面积上看，当年的扬州府，几乎相当于江南五府，虽然大，但政治地位并不怎么显赫。

早在元朝的时候，按照当时的规定，只要人口达到三万户，就可以申请设县。因为江南人口的日益稠密，清政府曾把江南的许多县一分为二，结果便造成两县共用一个县城的情况，譬如苏州城里，就曾经同时出现过三个县衙门，分别是吴县、长洲县和元和县。清初改置江南省，设江南布政使统领上下两江，安徽为上江，江苏和上海为下江。这也就是为什么科举的时候，会在南京的夫子庙考场上分别设有上江考棚和下江考棚。

以后又设左右布政使，左布政使管辖安庆、徽州、宁国、池州、太平、庐州、凤阳、淮安、扬州九府，以及徐州、滁州、和州、广德四州。右布政使管辖江宁、苏州、松江、常州、镇江五府。左右布政使的分治，为江南省的瓜分做了准备。当时的右布政使驻扎在苏州，等到正式分省的时候，把位于江北的两府一州划归江苏，从此扬州府和淮安府，以及暂时还未升为府一级的徐州，开始成为江苏大家庭中的一员。

历史上的扬州和苏州相比，丝毫也不逊色。扬州人和苏州人在自我感觉良好上如出一辙，他们都很会过日子，都习惯于自得其乐，都积淀了非常丰富的文化。这是两个有着悠久历史，同时又是非常适合人居的古城，城市的规模都不太大，民风纯朴，生活悠闲。如果说它们还有某些不相同的话，那就是千百年来，苏州处于和平的岁月居多，和扬州相比，处于战乱的日子要少得多，受到的伤害也少得多。

地处江淮之间的扬州古城，并不是什么军事要塞，然而这个城市的建设，从一开始就与军事企图紧密相连在一起。在苏州开始建城的28年以后，也就是公元前486年，野心勃勃的吴王夫差为了北上伐齐，开挖了一条邗沟。千万别小看了这条邗沟，在此之前，长江和淮河两个水系并不相通，那时候的军队要走水路，唯一的途径便是出长江绕海进入淮河，这得绕很大一个弯子。

因为有了邗沟，行程大大地被节省了，同时，在半路上也有了一个城池邗城。根据专家的观点，这个古邗城就是扬州的前身。夫差为了北进中原争霸，无意中发展了这一地区的经济文化和航运交通。从此一直到汉代，当时的江苏境内，江南最大的城市是苏州，江北最大的城市是扬州，那时候的省城南京，根本还算不上什么，还是个不太知名的小县城。

先是越灭了吴，然后楚灭了越，胜利的楚国给扬州起了一个名字叫“广陵”，就像它给南京赐的名字“金陵”一样。广陵的名字用了很久，直到九百年以后，隋炀帝杨广成了这里的最高统治者，为了避自己本名的讳，改“广陵”为江都。现在的扬州辖区内也有个江都县，此江都并不是历史上的江都，历史上的江都就是今天的扬州。

就像今天的江都不是昔日的江都一样，今天的扬州也不是隋唐以前的扬州。前面已经粗略说过，中国的历史地名常常变来变去，望文生义弄不好就会造成笑话。“腰缠十万贯，骑鹤下扬州”，这个扬州指的是当时扬州刺史的治所建业，也就是今天的南京，跟今天的历史文化名城扬州毫不搭界。

隋唐之前的扬州，是“江南曰扬州”和“东南曰扬州”的大扬州，应该是一片很大的区域，仔细琢磨李白的名句“烟花三月下扬州”，如果是写实，那就是指今天的扬州城无疑，如果只是掉书袋用古义，很可能还是指南京或江南，相当于乾隆皇帝下江南的那个大江南。今天的扬州是在江北，与“江南曰扬州”没有什么关系。《楚辞·离骚》中有“思九州之博大兮，岂惟是其有女”，今天的扬州在古代应该是处于古扬州和古徐州的交界之处。

扬州和苏州最大的不同是，它处于南北两大军事集团的接合部。淮河是中国的南北分界线，位于江淮之间的扬州古城，曾经屡次遭受屠城之祸。譬如南北朝时期，也就是公元450年，北魏太武帝拓跋焘率步骑十万渡过淮河，直逼瓜步，“坏民屋宇及伐蒹苇”，准备造筏渡江，攻打刘宋的首都建康。到第二年正月开始退兵北撤，一路大肆杀戮，古城扬州首当其冲，受害尤烈，这是有文字记载以来，扬州遭受的第一次重大创伤。

过了九年，尚未从创伤中恢复过来，孝武帝的同父异母弟弟刘诞坐镇扬州，哥俩又同室操戈，大打出手。结果刘诞被杀，他在南京的亲友千余人被杀，母亲和妻子自杀，孝武帝还觉得不够解恨，迁怒于扬州的老百姓，竟然下令屠城。于是扬州居民无论大小，一律斩杀。经过这两次浩劫，扬州古城满目荒芜，当时一位叫鲍照的诗人旧地重游，无限感慨，写下了流传千古的《芜城赋》，从此以后，“芜城”便成了扬州的特指。

还是在南北朝，很快又遭遇了侯景之乱，城池被叛军攻陷，扬州城内的男女老幼全被半埋在土中，然后惨遭集体射杀，扬州因此成了一座空城。接下来，到了北宋建炎三年，也就是1129年，宋高宗由扬州经瓜州仓皇南渡，金兵进入扬州，城中烟焰烛天，死者无数。时隔四五十年，姜夔在著名的《扬州慢》中还发出了“废池乔木，犹厌言兵”的感叹，由此可见这场兵难伤害之深。再往后，1645年清兵南下，进行了令人发指的“扬州十日屠”，这个更是无人不晓。明末清初的吴嘉纪写下了《过兵行》，有诗为证：

扬州城外遗民哭，遗民一半无手足。
贪延残息过十年，蔽寒始有数椽屋。
大兵忽说征南去，万马驰来如疾雨。
东邻踏死三岁儿，西邻掳去双鬟女。
女泣母泣难相亲，城里城外皆飞尘。
鼓角声闻魂已断，阿谁为诉管兵人？
令下养马二十日，官吏出谒寒栗栗。
入郡沸腾曾几时？十家已烧九家室。
一时草死木皆枯，昨日有家今又无。
白发夫妻地上坐，夜深同羡有巢乌。

再往后，到了咸丰年间，扬州好不容易又繁华起来，经济已经恢复，结果太平军三下扬州，与清军反复交战，兵燹之余，楼台园馆，成黄土者十之八九，无辜老百姓死伤无数。

扬州城的顽强，在于每一次兵荒马乱之后，都能很快地从浩劫中恢复过来。作为一座历史文化名城，像扬州这样历经挫折，还能顽强地幸存下来，并且再次恢复繁华，并不多见。与充满了风花雪月的苏州相比，扬州古城不止一次被夷为废墟，不止一次变成芜城，男人被砍头，女子充军赏，很显然，两千多年来，扬州人民所走过的，是一条沾着血腥、艰苦卓绝的道路。但是扬州的繁华，扬州的风花雪月，并不输于苏州。

扬州和苏州老百姓的日常生活，虽然同样是繁华和闲适的，同样带着文人气，但在精神上有着很大的不同，扬州人的繁华闲适和文人气，更多的是带着一种沧桑感。野火烧不尽，春风吹又生，历代的文人墨客提起扬州，歌咏之，凭吊之，怀念之，眷恋而不忍去，去而不能忘者，绝不是什么偶然的事情。

隋炀帝和大运河

吴王夫差开挖了邗沟，目的是想称霸中原，结果出师未捷，被更有心计的越王勾践抄了后路，活生生把国家给亡了。一千多年以后，精明强悍的隋炀帝又在古邗沟的基础上，花了六年时间，挖掘了著名的京杭大运河，结果呢，把隋朝一个好端端的大一统江山给折腾完了。

大运河这样的丰功伟绩，不是在秦皇汉武这样的英雄人物手下完成，多少有些让人感到意外和遗憾。人们总是习惯以成败论英雄，失败者的功绩常常会被遗忘，被贬低。如果夫差北伐成功，称霸了中原，如果隋炀帝平定了叛乱，继续完成他的梦想，结局也许会完全不一样。当然，历史从来就不相信如果，历史也从来不以人的意志为转移。

事实只是，因为吴王夫差和隋炀帝，因为这两个既传奇又富悲剧性的人物，历史就此彻底改写了。隋炀帝三下扬州巡游，“玉玺不缘归日角”，老天爷不保佑，最终他只能客死在这里。历史与这位倒霉蛋开了一个不大不小的玩笑，由于忌讳扬州的原名广陵，本名叫杨广的隋炀帝，特地改了个地名，没想到自己最后还是被埋葬在了此地的雷塘，隋炀帝的坟墓最终还是在广陵。

“君王忍把平陈业，只换雷塘数亩田”，平心而论，隋炀帝真不能算是个没用的和无能的皇帝。想当初，他领着51万大军南下江南，活捉了醉生梦死的陈后主，结束了自东晋以来270多年南北分裂的局面，那是何等的辉煌业绩。隋唐是连在一起的，没有隋炀帝的功绩，后来的盛唐也将不复存在。还是那句话，历史是属于胜利者的，跟失败的人没什么道理好讲。

遥想当年，隋炀帝得意时，曾率领诸王和百官，带着后妃和宫女，一行十多万人巡视江都，也就是今天的扬州。船队长达二百余里，所经过的州县，五百里内都要贡献食物，挥霍浪费的情况十分严重，真所谓穷奢极欲。杨广的失败，通常会被归结为两个原因。对内修造大运河，营建东都洛阳，迁都洛阳，赋税征敛繁重，百姓怨声载道。对外好大喜功，频繁发动战争，攻灭吐谷浑，征讨琉球，三征高丽。

清朝的康熙皇帝其实也有过差不多的经历，他平定了三藩。澎湖海战，统一了台湾。又三征噶尔丹，挫败沙俄侵略军，签订了《尼布楚条约》，确保中国对黑龙江流域的主权。仗打赢了就没人再说他好战。康熙和他的孙子乾隆都是六下江南，同样是劳民伤财，同样是为了缓解南方的怨恨和怀疑，同样是为了加强对富庶的江南地区的控制，同样是为了榨取江南人民的财富，为什么康熙乾隆的下江南，就变成了一种粉饰盛世的大好局面，而隋炀帝的巡游、好战，就是滥用民力，导致了亡国，这并不是三言两语就可以解释清楚的。

不管怎么说，大运河的功都远远大于过。唐朝诗人皮日休甚至把隋炀帝修运河这件事，与大禹治水相提并论：

尽道隋亡为此河，至今千里赖通波。
若无水殿龙舟事，共禹论功不较多。

清朝的一位史学家也说，吴国和隋朝开挖运河，虽然是“轻用民力”，但是后人的享用无穷无尽。他引用了春秋战国时西门豹的话：

今天你们恨我怨我，百年以后你们想念我都来不及！

大运河以洛阳为中心，北起涿郡，也就是今天的北京，南至余杭，也就是今天的杭州，在江苏境内长约690公里，不仅从南到北贯通了江苏全省，而且四通八达，成了江苏与全国各地联系的大动脉。江苏境内的大运河，在京杭运河总长度中占有绝对比例。中国现存大运河全长约1794公里，在江苏境内的约占总长的五分之二。

大运河全程分为七段，其中有三段在江苏境内，它们分别是淮安以北的中运河段、淮安至扬州的里运河段、镇江以南的江南运河段。大运河依次流经江苏的徐州、宿迁、淮安、扬州、镇江、常州、无锡、苏州8市，江苏共有13个省辖市，大运河所经流域大约占了全省的三分之二。

江苏境内的运河沿线，也是历史文化遗存的主要地域。运河曾是中国最重要的交通命脉，江苏现有国家历史文化名城7个，运河沿线就占了5个，分别是徐州市、淮安市、扬州市、镇江市、苏州市，低一级别的省级历史文化名城有6个，运河沿线也占了3个，分别是高邮市、常州市、无锡市。

此外，江苏现有全国历史文化名镇10个，运河沿线就占了5个；省级历史文化名镇13个，运河沿线就占了11个；省级历史文化保护区2处，运河沿线占了1处。江苏现有各类地面文化遗存近万处，截至2006年的统计，被各级政府公布为文物保护单位的，有2890处左右。这些重要的文化遗存，相当一部分都位于运河沿线。由于江苏水系发达，许多河流都能与大运河产生联系，与大运河有关的物质文化遗产与非物质文化遗产，在江苏的历史文化资源中占有绝对比重。

大运河颠覆了江苏作为一个边远省份的落后地区形象，它所带来的好处显而易见。此地老百姓为了自己对国家财政上缴的利税，不免有些怨言，所谓“东南四十三州地，取尽脂膏是此河”。这是典型的目光短浅，知其一而不知其二，大运河的开凿，在当时确实产生了一些负面作用，劳民伤财，引发了很大的民生问题，但是它对江苏的经济建设，对江苏的繁华富裕，起到了非常重要的作用。

有人这么形容，在中国的大历史上，万里长城是“人”字的一撇，而大运河则是“人”字的一捺，有了这一撇一捺，中国人就站住了。

时至今日，大运河对于江苏的经济发展仍然起着十分重要的作用。和历史上繁忙的江南漕运已有所不同，现在再也不用船把粮食和财富源源不断地运往北方，而是把大量的煤炭和建筑材料送到南方。如果没有运河运输煤炭，华东地区的能源很快就会出现问题，而大量的建筑材料，则满足了快速发展的许多南方城市建设新城区的需要。

根据测算，过去的很多年里，运河的总运输量相当于两条京沪铁路加一条京沪高速公路的总运输量，运输成本却比铁路和公路运输都要便宜。这一点如果不加以说明，一般人恐怕做梦都不会想到，因为现在出门，走水路的机会已经越来越少。

唐朝的大上海

二十世纪三十年代，上海的一位大学教授在讲授《中国文化史》的时候，给学生提了一个问题，那就是在一百五十年前，黄浦江两岸蒲苇遍地，田野间偶见村落，很少有人知道有所谓的上海，诸位试想那时候中国最繁华的城市，应该会是什么地方。

同学们被这个看似不太难的问题卡住了，七嘴八舌，说了很多种答案。有人说是北京，有人说是洛阳，当然还会有人说是南京，却没有人会想到竟然是扬州。这位教授十分感慨，说尽管标准答案确实如此，确实应该是扬州，但是大家都没有想到，说明在过去的一百多年时间里，大名鼎鼎的扬州衰落得实在太厉害了。

落水的凤凰不如鸡，自西汉以来，特别是隋唐以后，曾经一直占据中国经济中心的扬州城，随着现代社会的到来，作为中国历史上特大城市的光彩，早已不复存在。教授苦笑着告诉他的学生，说这个就叫历史的变迁，今天的上海人，听到扬州话便想到江北乡下人，看到扬州人便想到穷瘪三阿木林，要是在一百五十年前，或者往前一些的康乾盛世，再往前一些的唐宋元明，扬州人眼里的外地人，清一色都是乡下人和阿木林。阿木林是流行于上海滩的洋泾浜英语，意思相当于今天的“土包子”和“土老帽”。

苏州人会觉得自己的城市是天堂，在心高气傲的扬州人看来，所谓天堂也不过就是一个满足温饱的小康社会。无非是小日子过得有点富裕，不愁吃不愁穿，和平和谐和睦。这样的岁月在扬州人心目中根本算不上什么，稍稍知道一点扬州历史的人都知道，如果说在六朝时期，南京算是当时最繁华的城市，那么到了隋唐，自从大运河通航以后，东南繁华的第一把交椅，恐怕就不得不让位给扬州了。

扬州那时候的来头要大得多，那年头，长安因为是京城，是皇上待的地方，是政治中心的所在地，其地位正好相当于今天的首都北京，而扬州便是今天的大上海，商贾如织，是不折不扣的经济中心。当然，还有一个夹在中间的河南洛阳，这里是东汉、北周、隋朝、唐朝的东京，是这些王朝的陪都，是政治中心在东移的标志。这个比喻不一定准确，就城市级别而论，当时洛阳的地位有点像南京，是一个政治副中心城市，是中央政府的备胎。

一千年前的扬州繁华，对于今天的人来说，实在是难以想象。可以这么说，今天作为国际化大都市的上海拥有的种种优势，当时的扬州已基本上全都具备。那时候的扬州就是一个国际化的大都市，唐代诗人眼里的扬州，是“天下三分明月夜，二分无赖是扬州”，是“十里长街市井连”，是“九里楼台牵翡翠”。当年扬州的繁华，可以说是南京和苏州无法想象的。

诗圣杜甫一生贫寒，他看到当时的外国商人一个个东下扬州做生意，不禁心生羡慕之意，也想顺势搭个便车，跟着一起去扬州见识一下，可惜最终还是没有能够成行。据说唐朝有些名气的诗人，有一半到过扬州，杜甫偏偏只留下一句“商胡离别下扬州”，这让扬州人民十分遗憾，好在同一首诗的四句话中，杜甫说到了“忆上西陵故驿楼”，根据这句话刨根问底，他当年也可能来过扬州，只是杜甫惜墨如金，没有留下其他更能让人咀嚼的诗句罢了。

在扬州的考古挖掘中，发现了一批唐俑，这批唐俑的最大特点就是高鼻深目，一望便知道是“胡人”。唐时的胡人不是今天的欧美人，大都来自波斯和大食，也就是古代的伊朗和阿拉伯。同时出土的还有与胡俑有联系的骆驼俑，骆驼有“沙漠之舟”的称号，它们显然是胡人长途跋涉的交通工具。

但是，更值得一提的是，中国历史上的对外贸易交流，最初都是沿着丝绸之路进行的，因为是陆路，形成不了太大规模。到了唐朝的时候，海上交通开始发达起来，我国的东南沿海对外贸易大盛，扬州是水路运输的重要枢纽，要想把海外的货物运到京城去，扬州是必经之路。要知道，丝绸之路不只是把自己的货物送出去，更重要的是引进来，把外国的好东西通过运河送到京城去，供那些有权有势的人享用。

形容当时扬州繁华的谚语，最有说服力的就是“扬一益二”，意为全国之富，当推扬州为第一，益州为第二。益州就是今天的四川成都，有理由相信，这样的排名显然不是扬州人的本意。按照中国南方人的传统习惯，一般不太喜欢自称天下第一，不喜欢太张扬。动不动就是一个吉尼斯纪录，就是创纪录，就是排行榜居首，这是近年来兴起的时髦。

传统中国人做事喜欢留有余地，喜欢我排第二没人敢说第一的境界，譬如说江南第二泉，又譬如说天下第二泉。扬州人才不在乎自己排名第几，“江淮之间，广陵大镇，富甲天下”，这话最好是让别人去说，让别人去羡慕。等到扬州人自己再津津乐道，再白头宫女说这些往事的时候，扬州城早已经彻底地败落了。

扬州学派和八怪

历史上的城市繁华，说明了两个最简单的道理，老百姓的日子要想好过，无非是和平共处与商业发达。从千古伤心的芜城，到繁华似锦的国际化大都市，看似地狱和天堂，其实也就一步之遥。扬州的繁华在清朝达到了鼎盛，也正是在这个时候，这个城市开始走下坡路。

首先，在封建社会，指望完全的贸易自由是不可能的。不妨解释一下当时的商贾如织，在古人看来，商是商，贾是贾，商负责贩运，贾负责销售。事实上，扬州耐人寻味的繁华，并不是因为商贾的竞争，而是因为货物的垄断，这一点到了明清时代，越为显著。

和苏州耕读传家、勤劳致富的传统不一样，扬州的富庶，主要还是靠盐商和垄断漕运。两淮的盐税一向是朝廷的经济命脉，所谓“关系国库，最为要紧”，因此直截了当地说盐商就是官商并不夸张，从官督商销，到官商一体，早已十分清晰地说明了这一点。而垄断运河的漕运，更是由于特殊的地理位置所决定，扬州的繁华，看似民间资本造成，其实还是官场在后面运作，官商勾结才是真相。

官商勾结，商最终是斗不过官的，两淮盐商在乾隆时代，已开始有了衰落的迹象。到了道光年间，各大盐商的资产屡次被抄没，被割韭菜，以抵积欠税课。盐商的黄金岁月，越是辉煌，越是危险，终于到了尽头。加上历年来的黄河水患，严重影响到了漕运，咸丰时黄河再次改道走山东，漕运水道更加梗阻，同治光绪年间在上海雇沙船运漕粮至天津，从此漕米不再走大运河，开始以海运为主。

进入近现代以后，由于远离了京沪铁路，远离了这条交通大动脉，扬州的经济地位一落千丈，当年的繁华立刻成了过眼烟云。从此，怀旧成了扬州人的日常心态，昔日的繁华成为一种回忆，成为一种谈资。诗词中有一个著名的词牌叫“扬州慢”，又名“胜胜慢”和“朗州慢”。扬州人的生活节奏本来就慢，慢曾经是种非常美好的享受，时代的发展越来越快，扬州也就不可避免地越来越慢了。

经济繁荣必定会带来文化的兴旺，说到扬州的辉煌历史，最容易被人提起的就是盐商文化。今天我们都知道的昆曲和四大徽班进京，它们的发源地虽然不在扬州，但是能够兴旺和发展，都是因为有了扬州盐商。可以毫不夸张地说，没有扬州盐商的豢养，就没有昆曲，就没有四大徽班进京。事实上，盐商不仅对文化娱乐界贡献巨大，对清代的学术和书画艺术，也有着非常深远的影响。

清朝的学术思想集封建文化之大成，达到了前所未有的境界和高度，而扬州学派占有了十分重要的地位。乾嘉年间考据学盛行，在整理校订古代文献方面，高邮的王念孙、王引之父子做出了重大贡献，成为乾嘉学派中最具影响力的人物，所谓“一家之学，海内无匹”。二王之外，还有功力深厚的“扬州二刘”，宝应的刘宝楠精研群经，仪征的刘文琪则把精力放在《左传》的旧疏考证上，他们的研究成果都很辉煌。

扬州学派有突出成就的人物中，还有汪中、焦循、阮元，他们不仅学问做得好，文章也写得漂亮，都是可以入文学史的人物。当然在老百姓的印象中，俗名更大的是扬州八怪，相对于艰深冷僻的学术考据，以“八怪”为代表的扬州画派，很显然会有更大的影响。据《扬州画舫录》的记载，清代康乾盛世之际，生活在扬州的画家多达四百多人，这是一个让人瞠目结舌的数字。

由此可见，曾经的扬州不仅经济非常发达，而且十分艺术化。和西方印象派画家的遭遇一样，扬州八怪在一开始并不是什么好词，而是带着贬义，所谓怪，最初还是一种贬义，他们在艺术史上的名声，是后来才确定的。根据《瓯钵罗室书画过目考》，“八怪”为金农、黄慎、郑燮、李鱓、李方膺、汪士慎、高翔、罗聘，也有人把华嵒、高凤翰、陈撰、边寿民等列入八怪名单。

因此，“八”并不是一个实数，它代表着一批“怪”画家的风格，代表着一种流行，代表着一种时尚，代表着扬州在文化艺术上曾经有过一个欣欣向荣的辉煌时代。

扬州是一个有文化的城市，说起它，大家谈论更多的很可能是过去，是它灿烂的辉煌历史。扬州曾经傲睨过身边的所有城市，在它最风光的日子，六朝古都的南京，鱼米之乡和天堂的苏州，在扬州人眼里都算不上什么。放在历史宏大的语境中，当年的扬州早就是中国的一线城市，当年的扬州就已经是国际化大都市。

扬州城在一开始，好像就是要在江苏这块地盘上称王称霸。秦汉之际，陈胜吴广造反以后，革命的果实落入刘邦和项羽手中，这两个人打来打去，继续争夺天下。江山最后属于刘邦，由于惧怕江东人士不服自己的皇权，刘邦便封了个王位给自己的侄儿刘濞。这个王位就是吴王，统辖东南三郡五十三城，定国都于广陵，也就是扬州城最早的前世今生。

历史总是越往前，越糊涂，越说不清楚。在广陵国之前，还有个春秋时期的邗国，通常认为这才是今日扬州的源头。邗国，又名干国，当时长江北岸的一个小国，后为吴国所吞并。这个观点向来是有争议的，古人就有不同的看法，现在的学者还在讨论。扬州曾经属于邗，这一点应该无疑，可是邗国城池究竟在哪，并不能确定，与今天的扬州城未必有关。

吴王刘濞后来与陈胜吴广一样，也谋反了，自称东帝，差一点要打到长安去。他的造反至少可以说明两个问题：首先，前面就说过，秦汉之前的江南还是非常落后，不只是江南，整个华东地区，也就是“江南曰扬州”的大扬州，都非常落后。落后到什么地步，就是管辖这些区域的地方政府，甚至都要放在江北。在广陵的吴王刘濞，他的任务就是替中央政府看管好江南，虽然人居住在长江北边，他管控的主要还是江东，也就是长江南边的大片领土。

其次，也说明了封建制还是有安全隐患，刘邦得了天下，封赏有功之人，封自己的子侄和亲信为王侯，然而中央政府的权力一旦失控，有野心的封建诸侯，就很有可能犯上作乱。刘濞的谋反被镇压了，到公元前117年，汉武帝第四子刘胥又被封为广陵王，其城池就在今日扬州市西北的蜀冈上。

没想到刘胥与刘濞竟然相似，渐渐也有犯上之心。汉昭帝时，刘胥认为昭帝年少无子，便请巫师玩巫术诅咒。正巧昭帝很快死了，接下来是昌邑王刘贺征召入京立为皇帝，刘胥又让巫师继续诅咒。结果刘贺在位二十七天被废。刘胥越来越相信诅咒的神力，汉宣帝即位，刘胥继续让人这么玩，继续玩巫术诅咒，于是事情败露，刘胥畏罪自杀，广陵国被废除。

7年后，也就是公元前47年，汉元帝复封刘胥太子刘霸为广陵王。刘霸死后传位给儿子广陵共王刘意，刘意传给儿子广陵哀王刘护。公元前17年，刘护死后无子，广陵再度绝王。又是6年后，也即公元前11年，汉成帝又封刘霸的儿子刘守为第五任广陵王，即广陵靖王。刘守死后传位给儿子刘宏，王莽篡汉后，刘宏被废为庶民，广陵国也再次被取消。

由于扬州城所处位置的重要性，接下来，在广陵这个地方，也就是在扬州，历朝历代，东汉、西晋、北魏、刘宋、南齐、唐朝和宋朝，共封过17位广陵王。作为封建制的一段段插曲，鉴于刘濞和刘胥的教训，封建诸侯的权力得到严格限制，这王那王，只不过是中央集权下的一个特权阶层，可以在王府里作威作福，有监视地方政府之责，同样也被地方政府所管控，比如在汉朝时期，广陵已属于徐州刺史部，它对于江南的管辖之权，早就被剥夺了，江南归于南京的扬州刺史部管辖。

长期以来，扬州都是一座极为特殊的城市，地理位置优越，身居长江和淮河两大水系之间，东西来往的航运十分方便。京杭大运河穿城而过，又沟通了中国的南北。自然环境也优渥，四季分明气候温润，一句“烟花三月下扬州”的古诗，让它足足享用了上千年。说起来，古代的扬州城池，起码经历了三个繁荣时期，即两汉、隋唐和明清。扬州城曾经的繁华程度，江苏其他城市无可比拟。

特有的交通便利，直接造就了商贾的繁盛，经济因此发达，文化因此先进。几乎也是同样的道理，让扬州开始变得落伍。因为运河开始阻塞不再畅通，因为海运和京沪铁路远离了扬州，曾经有过的交通优势，几乎在一瞬间消失殆尽。交通的便利既然不复存在，扬州的繁华也就立刻拉下帷幕。过去的一百多年，扬州古城盛极而衰，不得不从华座上跌落下来，大有一蹶不振之势。

走着下坡路的扬州，难免会沮丧，繁华阅尽，终究也就变得淡然起来。扬州不只是在经济上落后，它也变小了，曾经的扬州府管辖面积，相当于整个苏南地区。可是现在它所能管辖的范围，只比省城南京略大一些，在整个江北地区，扬州仅大于从自己板块中分割出去的泰州，在长江北边的八个地级市中，排名倒数第二。现在扬州的人口还不到南京和苏州的一半，经济总量和GDP也相对差很多。

世界上没有永恒的富裕，唯有变幻莫测的时势和机遇。还是回到“扬州慢”的这个慢字上，在快速发展的现代，慢似乎又有了别样的文化韵味。事实上，改革开放以后，扬州一直处在飞速发展之中，扬州的现代化同样惊人，只不过是放在经济高速发展的江苏，尤其相对苏南的发展速度，稍有迟缓之嫌。快和慢总是相对的，很显然，扬州因为慢，反而更有了它的优势和特色。

扬州是联合国教科文组织评定的“世界美食之都”，同时它还有一个“东亚文化之都”的头衔。正是因为这个难得的慢字，扬州古城不仅适合老百姓定居，是中国十佳宜居城市之一，而且非常适合旅游者造访。到了扬州，旅游者既可以品尝美食，尝一尝淮扬菜的招牌“狮子头”，尝一尝大煮干丝，尝一尝文思豆腐，尝一尝软兜长鱼，又可以随处访古，追寻以盐商文化为代表的扬州历史，还可以游览扬州的园林。扬州园林大都出自盐商，更富贵，更华丽，也更有市民气，和苏州园林雅淡的文人趣味相比，可以说是完全不同的风格。

如今的扬州也有了铁路，结束了没有火车坐的历史。有了高铁，且未来在京沪之间通行，可以不再绕道南京，而是直接从南通过江，经过扬州直插北京。扬州的现代化将不可阻挡，“扬州慢”的慢，终将在发展的洪流中令人遗憾地消失。凡事都有好有坏，有利有弊，历史的发展，从来就不是简单地以人的意志为转移，以后会怎么样不知道，对于还没有去过扬州的人，真应该抓紧时间去拜访一次。

〔第七章〕

徐州

五省通衢

古代中国号称九州，江苏的城市地名竟然占了两个，一个是扬州，一个是徐州。月儿弯弯照九州，江苏是个面积不大的省份，能九居其二，也真是不容易。当然大家都知道，古代的扬州和徐州，与今天的扬州市和徐州市，并不完全是一回事，它们有着这样那样的联系，要想三言两语说清楚，却几乎不可能。关于大小扬州的种种概念，前面已经反复说过，这里不再重复，现在只简单说一下徐州。

《尚书·禹贡》说，“海岱及淮惟徐州”，意思是说，西自济水，东至大海，北到泰山，南达淮河这一大片区域，都属于徐州的范围。司马迁的《史记》屡次提到了“徐州”，像《齐世家》和《鲁世家》提到的徐州其实都是在今天的山东境内，与江苏的徐州市并不搭界。

东晋成帝以后，因为淮北被后赵占领，在江南设立了南徐州。历史上还曾有过北徐州、东徐州、西徐州。南北朝的时候，无论是汉人统治的南朝，还是少数民族的北朝五胡十六国，许多政权都有徐州这个建制，比如后秦的徐州，在今天的河南境内，后燕的徐州，在今天的山东境内。

对于这种名不副实的混乱，清代同治年间的《徐州府志》进行了梳理，指出历史上的徐州，“或为国名，或为地名，或以统辖，或以侨置，错综移徙”，这其中只有彭城和下邳为徐州实土。换句话说，遇到史料记载中的徐州，都必须小心验证才行，否则就有可能闹出笑话。比如南徐州，很可能说的就是江苏江南的镇江，衣冠南渡，大量侨民到了镇江一带，南徐州的治所在京口，京口就是镇江。

江苏的徐州市历史悠久，它显然是一个比苏州和扬州更古老的城市，早在6000多年前，徐州的先民就在此生息劳作。原始社会末期，尧封彭祖于今市区所在地，为大彭氏国，徐州称彭城便是从此开始。春秋战国时，彭城属宋，后归楚，秦统一后设彭城县。三国时，曹操迁徐州刺史部于彭城，彭城从此又开始称作徐州。

历史上，彭城和徐州曾经多次互易，好在换来换去，也就这两个名字，不像江苏的省府南京那样，动不动就换一个全新的称呼。徐州不仅是苏北最大的城市，在淮海地区也是首屈一指，是苏鲁皖豫边区组成的淮海经济中心。它“东襟连港，西接中原，南屏江淮，北扼齐鲁”，素有“五省通衢”之称。

京沪和陇海两大铁路在此交会，京杭大运河傍城而过，贯穿徐州南北。公路四通八达，北通京津，南达沪宁，西接兰新，东抵海滨，为全国重要水陆交通枢纽，是地道的东西南北经济联系的“十字路口”。古代扬州所拥有的交通优势，现代的徐州可以说是有过之而无不及。

进入近代以后，古城扬州因为交通的劣势，它的城市地位一直在走下坡路。因此，新的振兴扬州计划，便是兴修铁路，将新城区往南移，向长江边靠拢，走沿江发展的道路。与扬州相比，徐州在交通上的优势得天独厚，东部沿海要与中西部的内陆产生联系，上海经济区要与环渤海经济圈进行交流，徐州都是必经之路。

同时，作为一个区域经济内的大都市，徐州虽然不能像苏州那样，把自身的崛起依附于周边一个更大的超级城市，比如借力于上海的高速发展，比如作为首都北京的副中心，正是因为附近没有特大型都市，没有比自己体量更大的城市，徐州也就可以得天独厚，当仁不让地自己做起老大。

新的徐州都市圈计划显得野心勃勃，它充分利用了自己在交通上的便利，以现在的徐州城为圆心，半径一百公里为圈层，包括江苏的徐州、连云港、宿迁，包括安徽的宿州和淮北，包括河南的永城，包括山东的枣庄和微山。这个都市圈计划的实现，对江苏北部地区的经济增长，对整个江苏的未来发展，有着十分重要的意义。

在经济十分发达，能源却相对比较贫乏的江苏，徐州一直还是本省的能源基地，考虑到新世纪的经济活动，能源是可持续发展的重要保证，这一点又是江苏境内其他城市所不具备的优势。

帝王之乡

苏州人文气，文质彬彬，说起他们的过去，喜欢谈论自己在科举上如何得意。扬州人曾经很阔，吹嘘当年的繁华，动不动就是盐商怎么争奇斗艳。徐州人十分不屑，他们没这些本钱，既无文人的才，也没有商人的财，然而却有自己的骄傲，那就是此地的地气殊异，风水独特，能够接二连三地出帝王。

与号称天子的帝王相比，文化人中个状元，盐商赚得盆满钵满，这些实在都算不上什么。出水再看两腿泥，天子才是第一号的人物，仅此一点，徐州人不但把苏州人和扬州人给比了下去，也让自以为是虎踞龙蟠帝王州，动不动就吹嘘有什么金陵王气的南京人哑口无言。

徐州出帝王一直让当地人引以为豪，“父老能言西楚事，牧儿谁解大风歌”。要说徐州与中国那些真正的古都，根本没办法相比，虽然紧挨着中原，北边有北京，南边有南京，往西有洛阳，有开封，有长安，在徐州可以称王称霸，但是这里显然不是一个南面而王的好的首都所在地，它所能夸口的，只是这个地方货真价实地出皇帝。

还是从秦始皇统一中国说起，那时候流行过一句话，“楚虽三户，亡秦必楚”，意思是别看秦朝现在不可一世，最后一定会有楚国的英雄好汉站出来，将强秦给灭了。以今天的观点望文生义，这堂堂的英雄好汉，势必应该出现在楚地的中心区域才合适，不是湖南人，就应该是湖北人。然而大家都知道，首先起来造反的陈胜和吴广，他们都是河南人，可以算是楚人，不是出于两湖地区。陈胜和吴广以陈县为都城，“号为张楚”，也就是立国号为“张楚”，意思是要张大楚国。

最终推翻秦朝并争夺天下的项羽和刘邦，则是地道的楚人，与陈胜和吴广一样，他们既不是出自湘，也不是出自鄂，都是江苏人，或者说都是徐州人。徐州基本上已经处在楚地的边缘，说此地能出帝王并不是信口开河，而是有实实在在的数据支撑。“千古龙飞地，几代帝王乡”，徐州出过的开国皇帝，最有名的就是从沛县走出来的汉高祖刘邦。

汉朝在中国历史上有着十分重要的地位，我们今天还要说自己是汉人。徐州说起自己的文化渊源，喜欢说楚风汉韵，因为有了刘邦，无论直系的西汉，还是号称刘氏后裔的刘秀的东汉，刘备的蜀汉，追根溯源谈祖籍，追究其老祖宗的来历，自然而然地都与沛县分不开。中国人最讲究祖籍，与祖籍相比，出生地似乎已经不重要。

南北朝时期，出身贫穷的刘裕，生于晋陵郡丹徒县京口里，也就是今天的镇江，然而他的祖籍，却是徐州的彭城郡彭城县绥舆里。刘裕曾两度出师北伐，灭南燕，亡后秦，金戈铁马，气吞万里，在公元420年，取代了晋朝司马氏的名号，建立了南京六朝时期的宋朝，成为开国皇帝。为了有别于后来唐朝和宋朝的“北宋南宋”，史称南朝宋或刘宋。

唐朝末年，当时属于徐州的砀山，出了个叫朱温的家伙，他跟着黄巢一起造反，朝秦暮楚，浑水摸鱼，依靠乱中取胜，接受唐哀帝李柷的禅让，称帝建国，这就是五代十国中的后梁，庙号是“太祖”，朱温既是后梁的开国皇帝，也是五代十国时期的第一个朝代。同时期，徐州彭城人李昪孤愤成才，忍辱负重，巧借各种权势，最后建立了南唐，是南唐的开国皇帝。

与名声远扬的刘邦开创的大一统汉朝相比，后面三位徐州人创建的王朝，格局要小了许多，都不过是半壁江山，但是有一个算一个，毕竟大小也都是皇帝，也是个万岁爷。若以数量计算，其他地方恐怕很难能与徐州竞争。同样，都说英雄不看出处，又不能不问祖籍，很难想象写出“问君能有几多愁，恰似一江春水向东流”的李后主，南唐开国皇帝李昪的孙子，竟然与高唱大风歌的刘邦一样，也是徐州人，虽然他出生在南京。

还有许多赫赫有名的英雄人物，都能与徐州沾得上边。比如西楚霸王项羽，与刘邦相比，他显得更加顶天立地。项羽是江苏宿迁人，而宿迁在历史上就属于徐州。又比如曹操，他的祖父曹腾是个宦官，是大名鼎鼎的汉相曹参之后，《史记·曹参世家》说："平阳侯曹参者，沛人也。"

又比如明太祖朱元璋，大家都知道他生于安徽凤阳，并不知道他家"祖居沛县"，据说朱元璋做了皇帝以后，曾派人到沛县寻根，因此明史专家吴晗的《朱元璋传》，直截了当地称他是"沛人"。

淮海古战场

关于徐州的“徐”字，有一种说法是“徐，舒也”，所谓“土气舒缓也”。《公羊疏》引李巡的话，“济东至海，其气宽舒，禀性安徐”。

事实上，徐州这片舒缓神奇的土地，一点都不太平。据不完全统计，有史以来，这一带发生的大小战事，共有一千多次，其中较大规模的有四百多次，产生重大影响的有二百多次。“春秋无义战”，弱肉强食，齐攻萧，楚攻宋，吴伐楚，秦灭楚，刀光剑影争杀不断，徐州的历史就是一部战争史。

徐州自古就是兵家必争之地，得徐州者得天下，古来的军事家都认为，由于它所处的特殊地理位置，既是东西要冲、中原屏障，又是北国门户、南朝锁钥，因此敌对双方往往会选择在徐州决战。徐州是陈胜和吴广起义的发祥地，项羽当年宁愿丢弃长安都城，心里最放不下的也是徐州。无论是三国时期，还是南北朝，徐州都是交战双方的首选之地，是谁也不敢失去的桥头堡，南征也好，北伐也好，古代的冷兵器时代是这样，近现代的热兵器时代也是这样，徐州是重中之重，徐州不在手，兵马粮草不敢行，占徐州者得天下，丢徐州者失江山。

在徐州附近发生的战斗，常常是规模巨大人数众多，比如公元前203年的项羽和刘邦决战，双方投入的兵力接近百万人。又比如二十世纪四十年代末，众所周知的淮海大战，或者说是徐蚌会战，国共双方投入的总兵力，也差不多超过了百万，而有一个更让人震惊的数字，仅仅是解放军阵营，就组织动用了民工543万人，当时主要是用扁担和小车运输物资，仅以运输的粮食计算，如果是用小车装运，每车二百斤，把这些小车一辆接一辆地排列起来，可以在南京和北京之间连接成五个来回。

中国历史上很多重大的战事，都在徐州周围发生，三国时群雄割据，徐州是反复争夺之地，曹操攻陶谦，刘备战吕布，袁术攻下邳，曹操终于攻破徐州。晋末的两次北伐，徐州是发动攻击的前沿阵地。北宋末年，宋金在徐州地区征战激烈。再往后，朱元璋以攻打徐州北取中原，清兵以徐州为据点力阻太平军。到了民国时期，蒋冯阎新军阀中原大战，中日台儿庄会战，仍然是以徐州为中心。

“九里山前作战场，牧童拾得旧刀枪”，说徐州是一块刀剑耕耘过的土地，一点都不夸张。徐州引南牵北，难守易攻，守城者很难守住，却不敢不守。攻城方不止一次攻破，攻破之后又依然难守，增援如果跟不上时，也不敢轻易弃城，常常是不得不硬着头皮死守。攻城一方更不敢绕城而去，徐州不拿下，战事就不可能结束。

徐州太适合成为古战场了，首先由它的自然地形决定。徐州周围群山环绕丘陵绵延，西部是豫东大平原，由北向南自西向东，有沂、沭、泗、汴诸水，加上大运河、古黄河贯通经过，襟山带水，极易大兵团的集结和展开。说到集结和展开，作为“五省通衢”的徐州，是运送兵力与物资的最好通道，古时走水路，近代还可以加上铁路，津浦和陇海两条铁路都必须从徐州经过。当年国共两军对垒，蒋介石提出的观点是“党国存亡，在此一战”，毛泽东则说“淮海一战，江南无大仗”，双方都是决战姿态，这么大规模的战斗，也只有在徐州周围才能进行。

其次，这里的气候似乎也适合打大仗。徐州虽然已经算是北方，可它应该算是北方中的南方，年平均气温是14℃，没有北方特别的寒冷，也没有南方漫长的雨季，大部分时间都适合军事行动，适合屯兵作战，适合大规模的运动战。这对于交战双方来说，也比较公平，谁都没有什么主场之利。谁的智商更高，谁更能赢得民心，谁的军事水平更厉害，谁就能赢得战场上的主动。

数千年来的频繁战乱，给徐州人民带来了无尽的灾害，也积淀了丰富的战争文化资源。一将成名万骨枯，发生在徐州周围的战事，不仅影响了中国的历史进程，而且持续不断地影响着我们的日常生活。以楚汉相争演绎派生的中国象棋，早就成为人们所喜爱的棋类项目，棋盘上的“楚河汉界”也成为战争文化的标志。十面埋伏，四面楚歌，霸王别姬，作为成语早已脍炙人口。

徐州城乡有着众多的战争遗址，每一处都是重要的历史见证，都有着丰富的内涵，和非常生动的故事。因此旅游者来到徐州，不妨去看看高祖故里，登歌风台，听听斩蛇起义的传奇。当然，你更应该去访问九里山古战场，听导游跟你说说十面埋伏，说说吹箫散楚子房山，说说霸王戏马台，说说张良为黄石公“三进履”的圯桥旧址，说说辕门射戟亭，说说白门楼，说说关公降曹的土山镇关帝庙，这些地方有着太多的历史信息，它涉及的人物和战事，几乎都是我们所熟知的。

除了遥远的古代，保留更完好的还有近现代的战争遗迹，如中日台儿庄大战旧址，李宗仁当年的指挥部，淮海战役战场旧址，双方的集结地，在这些遗迹中，淮海战役的三大围歼战旧址，如碾庄、双堆集、陈官庄，地形地貌依然保存完好，相关的历史资料真实完整，不仅可以供历史学专家进行研究，而且可以满足一般旅游者的访古兴趣。

地下的奇观

不管你相不相信，江苏最古老的城市，不是六朝古都南京，也不是吴文化的发源地苏州，更不是“广陵大镇，富甲天下”的扬州，而是人们印象中淳厚朴实的徐州。不管你相不相信，事实的真相就是这样。徐州是江苏最北方的一个城市，它的古老似乎也印证了中原文化的影响力。显然，越接近中原地区，开发的时间也会相对早一些。

在汉朝之前，今天江苏的淮河以南，尤其是长江以南，基本上还是一片蛮荒，并没有太多的文明值得恭维。汉朝既是中华文明的一个黄金时代，同时也是世界文明中耀眼的一个亮点，当时在西方，正是古罗马帝国的兴盛时代，而在东方，汉朝的威仪名震天下。徐州虽然不是汉朝的都城，可是汉朝的皇帝毕竟是从这里走出去的。

徐州是汉代楚国和彭城国的治所，西汉时在徐州共封了十二代楚王，东汉重设楚国，至第二代改封彭城国，也传了六代。楚王的威严不能与京城长安的皇帝相比，但是与扬州广陵国相比，显然要更进一步。徐州汉王陵墓中发现的兵马俑，不能与西安的秦兵马俑相比，不过作为汉文化的遗存，它具有十分珍贵的历史价值。

汉文化是徐州非常重要的一张名片，这里有很多汉代楚王陵墓葬群，通常都是依山为陵、凿洞为藏，气势恢宏，雄浑壮丽。楚王陵墓群体现了汉代建筑的伟大成就，它们犹如一座座地下宫殿，不但设有庭院、前堂、后室，而且还有武库、仓库、乐舞厅、水井、厨房、柴房、厕所、浴室。

著名的龟山楚王墓精确度极高，长达56米的甬道，经现代激光检测，其中心线误差不到1厘米。这不能不说是个奇迹，古人究竟是用什么样的仪器和设备，打凿了这两条世界上最直的甬道，至今仍然是个待解的谜。墓葬东西全长83.5米，南北最宽处达32米，总面积差不多有500余平方米，几乎掏空了整个山体。

西汉时期徐州地区流行岩洞墓，东汉则盛行画像石墓。汉画像石是汉代人刻在祠堂或墓室壁上的图画，徐州是全国汉画像石集中分布地之一，现已发现有1000多块，完整的汉画像石墓20余座。汉画像石被称为“绣像的历史”，在中国美术史上占有极其重要的地位，因此，徐州汉画像石，与南京的六朝石刻和苏州园林，被誉为“江苏三宝”。

徐州是江苏地下宝藏最多的城市，从锋利如初的钢剑，到长袖飘逸、舞姿婆娑的女俑，以及嵌满宝石的鎏金兽形铀砚，此地的文物在海内外有着广泛影响。披金戴银是汉代贵族的时尚，因此，徐州出土的汉代金银器数量很多，大到金银缕玉衣，小到憨态可掬的金银龟纽印，应有尽有，琳琅满目。

即使平时用于洗浴的沐盘，也是通体鎏金，熠熠生辉。除了金银之外，玉器是徐州汉代文物中的华彩篇章，仅狮子山楚王墓就出土了200多件玉器，其中的金缕玉衣，是我国目前玉质最好、片数最多、时代最久、制作最精的玉衣。该墓出土的玉棺长2.8米，高1.07米，使用玉片2000多片，是目前我国唯一复原的汉代玉棺。

当然，徐州的地下奇观，绝不仅仅是楚王陵墓葬。位于今天徐州市中心的古彭广场下，保存着一段长20多米的古城遗址断面。在这个断面上，可以清晰地看到5个层面，从上至下，依次为近现代堆积层、清代堆积层、河沙淤泥层、明代堆积层，还有唐宋以前的堆积层。

在距地表5米的明代堆积层中，可以看到几处建筑遗迹和一层青石板路面，石板厚约15厘米，显然是一段街巷。这个地下城遗址是1987年兴建地下商场时发现的，在考古挖掘中，发现了大量的文物，如明代的瓷器碎片，有围棋子，有石雕观音菩萨像，还有唐代的黄釉粗碗和汉代的五铢钱。毫无疑问，这里曾经是一个十分繁华的城市，顷刻就被洪水淹没了，如同古罗马的庞贝城被火山灰吞噬一样。

事实上，这种古今两城重叠在一起的景象，自二十世纪以后，在徐州城内已经多次发现。历史上因自然灾害，曾经掩埋了一些古代城邑，如庞贝古城、楼兰古城、开封古城，但是在毁后重建时，将新旧两城，将过去和现在，如此巧妙地重合在一起，可以说是绝无仅有。

根据史料记载，经过洪水浩劫后的新徐州城，就完全叠压在旧城址之上。也就是说，我们常年漫步的街巷下面，很可能就是一条完整的明代街巷。我们精心保护的清代府衙之下，还有一座明代府衙，而经年打水的那口水井下面，还是祖先饮用过的那口井，只不过一个在上，一个在下。

户部山

徐州有一个户部山，外地人想不太明白，户部是中国古代的官署名，掌管户籍和财经的机关，属于六部之一，长官为户部尚书，也称地官、大司徒、大司农。徐州这个地方为什么会有个户部山呢？

徐州本地人可能也搞不太明白户部山的由来，不过大家都知道，户部山是个好地方，久负盛名，是黄金宝地，过去是有钱人住的地方。户部山有很多大户人家，非富即贵，不是平常百姓住的居所。户部二字也是有来历的，古代徐州水患频繁，宋代以后，黄河夺泗入淮，流经徐州，动不动就泛滥，把徐州城给淹没，给百姓带来了巨大的灾难。户部山这里地势较高，1624年，徐州户部分司署的主事张璇，为避水患，将办公的地方迁到了户部山上。

户部山原来肯定不叫这个名字，户部分司署迁了过去，也就因此而得名。这地方靠近徐州城池，于是有势的官宦之家，有钱的富贾豪门，便纷至沓来，成为大家争相趋居之地。久而久之，在户部山居住，便成了富贵和身份地位的象征，所以徐州人会有“穷北关，富南关，有钱人住户部山”的说法。

说白了，户部山就是一块高地，既然徐州常常遭到水灾，而且还都是没顶之灾，那么也就真应了一句“人往高处走”的俗语，搬到淹不到的地方去。有钱人住在这，当官的也住在这，于是在过去的三百多年里，户部山渐渐就成为徐州的经济核心区。户部山变得越来越热闹，徐州南关一带，成了十分活跃的商业区。周边的上街，也就是今天的彭城南路下街，今天的解放南路前街，今天的马市街后街，今天的坝子街，逐步发展成重要的商贸集散地。

名噪一时的徐州中枢街、大同街、铁货街、丰储街，这些市民耳熟能详的地名和街道，都出现在以户部山为中心的附近。近现代徐州的许多作坊和店铺，如民国时期苏鲁豫皖接壤地区最大的干货流通中心“洪昌顺”，徐州酱菜业的龙头老大“李同茂酱园”，都还完好无损地保存着。它们是徐州历史的见证，记载着这座城市兴旺发达的商贸流通史。

就历史的遗存而言，除了商业的繁华，户部山一直还是明清以及民国时期徐州的文化中心。提起户部山，说起这里的文化人，徐州人更愿意说到两个才子，其中一个是状元李蟠。明清之际，江苏出个把状元并不稀罕，但是徐州也就这么一个独苗，物以稀为贵。说到徐州的状元，不妨顺带说一下，因为徐州是在淮河北面，中国处于分裂状态时，它基本上都属于北方朝廷。北宋亡了以后，金朝在1124年开科取士，彭城人张介成为状元。还有一个叫邵世矩的，是沛县人，金代伪齐的阜昌六年，也就是1135年科举，中了状元。这两个状元几乎没有什么含金量，徐州人不是不知道，而是不愿意提起。

徐州人更愿意向大家介绍的，是与户部山有关的张竹坡，他评点了《金瓶梅》，把一本很有争议的小说抬到了一个相当高的位置上。张竹坡的评点可以说是眼光独到，在中国文学批评史上，与批注《水浒》的金圣叹各有千秋。可惜他在户部山的故居“皋鹤草堂”，已经很难找到。好在李蟠的状元府，以及另一位让徐州人骄傲的崔焘翰林旧居，还保持着旧日的大致格局。

今日的户部山是以一个古建筑群的风貌展现，因山就势，参差错落，构思巧妙，建筑形式以传统四合院为主，既有北方四合院的规整划一，又有南方民居的曲折秀美。户部山像迷宫一样，院院相挨，巷巷相通。外表都很内敛，内部却十分张扬，漫步时，大院小门，稍不留意就会错过。其中的崔焘翰林府大客厅，是徐州地区仅存的最能代表当地传统工艺特色的砖木结构厅堂建筑，具有很高的研究价值。

户部山古建筑群的墙体，大多是青石与青砖，梁架用材硕大，雕梁画栋，琢刻精细，风格独特。它是苏北乃至苏鲁豫皖接壤的地区，十分罕见的一处古民居建筑群，反映了古城徐州明清两代数百年的建筑风貌。这些古院落和街巷，负载了风雨沧桑，是徐州古代和近现代政治、经济以及文化的缩影，也是古城徐州最后的历史遗存，游览户部山对于了解徐州有事半功倍的效果。

在户部山的最高处，还有一处戏马台，可以说是徐州最负盛名的古迹。公元前206年，项羽灭秦，自立为西楚霸王，定都于彭城，在城南的南山上，也就是后来的户部山，因山为台，以观戏马，检阅自己的部队。以后各个朝代，又在戏马台营建了不少建筑，有台头寺、三义庙、名宦祠、聚奎书院、耸翠山房和碑亭。世异时移，随着岁月的流逝，昔日的建筑物湮没殆尽。现在见到的仿古建筑群，都是后来重新建设的，因为它和历史藕断丝连，仍然值得一看。历史这玩意儿，从来就是心里有就有，心里没有就是没有，文物古迹的真假，并不会妨碍大家的思古之情。

徐州的户部山展现了这座城市文化的另一面，就是徐州人对和平的热爱，对太平的向往。希望能够远离战争，能够远离水患，安居而且乐业，老百姓的最大愿望不过如此。

今天的徐州和历史上的徐州，已经有很大的不同。首先是区域变得更大，明朝时期，徐州是南直隶下辖的徐州直隶州，相比于南部的凤阳府与淮安府，徐州的管辖面积要小得多，只有丰县、沛县、萧县、砀山四县。截至2022年底，徐州市下辖5个市辖区，3个县，代管2个县级市，总面积11765平方公里，是江苏第二大市，常住人口901.85万。

徐州铜山区的汉王乡盛产玫瑰，每年盛夏季节，是采摘玫瑰的旺季，山山岭岭，沟旁渠边，房前屋后，到处都是花的世界，万紫千红，浓香袭人。汉王乡以汉王庙而得名，汉王庙遗址在丁塘山下，附近有“汉王拔剑泉”，据说当年汉军曾以玫瑰花充饥，由此可见，此地出玫瑰的历史由来已久。

汉王乡的玫瑰，具有花型好、花瓣多、出油率高三大优点。全乡的玫瑰种植面积曾经达到11000多亩，年产花量50万公斤，每年可向国内外市场提供数量可观的玫瑰油，玫瑰油价值很昂贵，汉王乡因此有“玫瑰之乡”的美名。

属于徐州管辖的县级市邳州，则有成片的银杏林，邳州的银杏早已经是森林的规模，银杏种植总面积约50万亩，成片林达到30万亩，年产银杏果8000吨，干青叶2.5万吨，在圃各类苗木有2.6亿株，银杏盆景的存量是300万盆，拥有全国最大的银杏苗木交易市场，市场年交易额超过了30亿元。

邳州的银杏种植，最早起源于汉代。在邳州北部的尤村汉代文化遗址中，发现了银杏叶化石。四户镇的白马寺有一株古银杏树，是北魏正光年间所植，距今约1500多年，属于徐州最古老的银杏树，被国家林学会评为“最美十大银杏树之一”。邳州不但有银杏节，有世界银杏博览馆，还定期召开国际银杏峰会，并将国际银杏峰会永久会址定在了邳州。

徐州的丰县果树面积有50万亩，其中红富士苹果有30万亩。这里的大沙河牌红富士苹果色泽艳丽，爽口多汁，甜脆味美，可溶性固形物含量高，并且极耐储藏。从二十世纪八十年代起，丰县红富士苹果在市场上就有很好的销路，当地果农正是依靠果木脱贫致富，改变落后面貌，每年的梨花节都是热闹非凡，人山人海。

徐州位于黄河故道，曾经饱受黄河之害。现如今，风调雨顺，境内很多区域都适合花木、果树和树林的生长。铜山汉王乡的玫瑰，邳州的银杏森林，丰县的红富士苹果，虽然都非常美好，既有良好的经济效益，又能够改变日益恶化的生态环境，但是仅凭这些，显然还不足以完全改变徐州的形象。相对于苏南的经济发展，徐州仍然显得落后。

历史上的徐州似乎离不开金戈铁马，900多年前，苏轼在这里做知州，给皇帝上疏时曾这样描述徐州人："其民皆长大，胆力绝人，喜为剽掠，小不适意，则有飞扬跋扈之心，非止为盗而已。"苏轼的意思是说，徐州这地方不止一次出过皇帝，当地人以此自负，于是"凶桀之气，积以成俗"。据说乾隆皇帝给这地方下过一个很坏的评语，就是"穷山恶水，泼妇刁民"。这话不要说本土的徐州人听了不高兴，换了谁都会生气。

乾隆一生到过四次徐州，每一次都是为了阅视河工而来，即实地考察黄河水情和河防工程。他对徐州完全是一种盛世皇帝的心态，那就是并不把这里当作一块战略要地，毕竟他爷爷康熙已做了60多年的皇帝，他的爹雍正也做了13年的皇帝，轮到乾隆爷，国泰民安，天下太平了许多年。

对于徐州，乾隆首先想到的是民生和吏治，在他眼里，徐州老百姓的日子太糟糕了，必须赶快让他们的生活好起来。"即景都弗减愁怀"，"为民筹济为民伤"，乾隆的诗不算太好，意思倒是非常实在。他警告督抚大臣，说你们一个个别蒙事，隔个一两年“朕”还要来徐州，到时候还是这样，别怪我不客气。

毛泽东一生曾七次到过徐州，和乾隆皇帝不一样，他经历的是“城头变幻大王旗”的乱世。在1936年的延安窑洞里，毛泽东告诉美国人斯诺，说自己年轻时曾登过《三国志》上有名的徐州城墙。众所周知，毛泽东对中国历史有着浓厚的兴趣，对徐州的过去了如指掌。很显然，他更看重这里的军事意义。

终其一生，毛泽东都没有忘记要“准备打仗”，1965年11月，他最后一次到徐州，谈到外敌入侵的时候，仍然提醒大家注意，敌人很可能从连云港登陆，然后直扑徐州。二十世纪的很长时间，准备打仗的思维一直左右着徐州的经济发展。四十年代末五十年代初，徐州一度曾属山东管辖，1953年重新划归江苏，理由便是徐州的煤和铁对江苏的建设十分重要。战时状态建设的重要思路，必定是优先发展重工业，有了煤和铁，其他的工业也就都好办了。

多少年来，徐州为江苏的基础建设做出了应有的贡献，是本省经济繁荣不可或缺的一部分。不过在自身的经济总量方面，苏北的龙头老大徐州，始终没有达到应有的高度。一方面，徐州潜力不可小看，有着太多得天独厚的优势，另一方面，优势还必须落到实处，必须要让老百姓获得真正的实惠才行。

徐州的未来发展，是江苏经济发展的一个重要增长点，换句话说，这里将出现一个玫瑰花似的前景，还是值得大家期待的。

〔第八章〕

无锡

落榜的历史文化名城

一看到无锡，一看到太湖，就知道我们已经又回到江南。细看造物初无物，春到江南花自开，说完了南京，说完了苏州、扬州、徐州，这时候再回过头来说无锡，显然已经有些晚了。

无锡向来是个自负的城市，特别是进入近现代，在经济和文化方面做出了很大贡献，成就非凡。中国地图出版社出版的《中华人民共和国分省地图集》，介绍江苏的主要城市，无锡赫然排在了第二位。当然，这个排名也不能太当回事，多少年来，无锡似乎一直在为排名努力，譬如汽车牌照的编号顺序，无锡一直以自己的汽车牌照为荣，因为它是苏B，紧排在省府南京的苏A后面。

按照其他省份的惯例，通常都是在省内排名老二的城市才可以享用“B”的头衔，广东的深圳、山东的青岛、辽宁的大连、浙江的宁波，无一例外都是这样。可是因此就说无锡在江苏排名老二，恐怕连它自己也会信心不足。

1982年公布的第一批国家级历史文化名城，江苏有三个，分别是南京、苏州、扬州。对于这个名单，无锡人没有话说，排排坐吃果果，南京是省城，是六朝古都，苏南的代表是苏州，苏北的代表是扬州。到了1986年，第二批名单又出来了，这一回江苏占了四个，苏南是镇江和常熟，苏北是徐州和淮安。这一次，仍然让无锡人无话可说，区别在于，上一次是不能不服气，这一次却是根本就不服气。

不服气也没用，名单都是专家评出来的，有着相对严格的评选标准和程序，合不合理另说，不承认也得认，不服也得服。最让无锡人心中酸楚的是，国家级历史文化名城之外，还有相应的低一级别的省级历史文化名城，也是很认真地评了两次，名单最后出来了，一共有五个，仍然没有无锡。

无锡在历史文化名城评选上的走麦城，无疑是一个非常深刻的教训。千万不要以为无锡人不在意评选，不在乎排名，或者说不擅长拉选票。事实上，在过去的许多年，无锡是地道的排名大户，几乎横扫了所有与城市实力相关的奖项与头衔，却唯独与“历史文化名城”的称号一再失之交臂。特别是国家历史文化名城的数量已经超过100个，无锡甚至连省级历史文化名城都还未沾边，是可忍，孰不可忍。

这其中最主要的原因，当然不是无锡没有历史，没有文化，只能说是没有保护好历史，没有利用好文化。自改革开放以来，无锡的经济增长，一直处于高速发展状态，它的人均GDP，始终位于江苏的前列，不是第一，就是第二。无锡一直在和自己的老对手苏州竞争，一直都在对着干。苏州地大人多，说自己的GDP最高，无锡拼不过它，便在人均GDP上下功夫，在这一点上超过苏州。

中国的城市在过去有个特点，就是农村包围城市，县城包围城区，原因很简单，城市是从“县”中间脱颖而出的。就地盘而言，县要比市大得多，譬如上海曾经被上海县包围，苏州被吴县包围，常州被武进县包围，镇江被丹徒县包围，南京被江宁县包围，无锡则被无锡县包围。在县级市这个概念还不被大家熟悉前，曾经的无锡县后来的锡山市，连续三年占据百强县第一的位置。锡山市后来又一分为二，变成了锡山区和惠山区，这把排名老大的座椅，才很不情愿地交了出去。

在最新的2022年县级市百强排名中，苏州的昆山名列第一，属于无锡代管的江阴市名列第二，而在此之前，江阴排名一向稳居最前列。无锡现在辖六个市区，有两个县级市江阴和宜兴，宜兴看上去好像略微差一点，但在最近几年，也是连续进入了百强的前十名。必须要说一句，宜兴出产茶叶，有绿茶，也有红茶，还有价格不菲的紫砂壶，这个地方藏富于民，在百强县排名上，虽然落后于昆山和江阴，老百姓或许会更加富裕一些，实际收入可能会更高。

历史文化名城的落榜，让无锡人感到大丢脸面，改革开放以来，在经济发展的主旋律下，在先富起来的锣鼓声中，无锡可以说是得风气之先，纵横驰骋，成果辉煌。然而历史文化名城，不仅仅是一个荣誉，它还是一座城市的历史印记，是荣誉和个性的综合体现。很显然，一座没有辉煌历史的城市，一座没有优秀文化传承的城市，一座不能汲取先人精华的城市，就像现代化河流之上的浮萍，在竞争日趋激烈的国际舞台，很难站稳脚跟，更谈不上能够持续地大显身手。

痛定思痛，既然有那么强大的经济实力，为什么不能在历史文化方面多下些功夫。时至今日，省级历史文化名城的头衔早已经落入无锡囊中，经过紧锣密鼓的申报，认真的展示，国家级的历史文化名城也拿到手了。亡羊补牢犹未晚，当年的一位文化官员在谈到未来的理想图景时，曾信心十足地对外界宣布："以后漫步在无锡，一个个充满历史底蕴、有丰富内涵的博物馆、纪念馆、名人故居、历史街区和文化遗存会不时地呈现于眼帘，我们这座江南古城将充满浓郁的人文气息。"

包孕吴越

无锡有史籍记载的历史，可以追溯到3000多年前，据说当时的周太王想立自己的小儿子季历为继承人，长子太伯为成全父意，借口南往衡山为父采药，带着二弟仲雍远奔江南。太伯作为一个外来者，赢得当地土著居民的拥戴，被推为领袖，于是筑城于无锡的梅里，号“勾吴”。

太伯奔吴的故事，可以看作中原跟江南的一次文化沟通和融合。相传太伯是一位很不错的领导人，他带领百姓兴修水利，发展农耕，开凿了长数十公里的太伯渎，还栽桑养蚕制陶冶铜，“数年之间，民人殷富”。太伯史称吴太伯，他死了以后，其弟仲雍继承其业，史称吴仲雍。周灭商后，大封同姓诸侯，因太伯无子，周武王追封仲雍的五世孙周章为吴伯，建吴国。从太伯至阖闾共24世，前后600多年，这期间，无锡的梅里一直是吴国的都城。

苏州人说起自己的历史，不外乎“阖闾大城”，要不就是吴王夫差，仿佛这吴文化的代表非己莫属，谁也别想过来争抢。不管怎么说，相对于卧薪尝胆这样的故事，太伯奔吴实在太久远了一点，而且也没有什么戏剧性。唯一可说的，就是太伯的弟弟季历是周文王的父亲，周武王的爷爷，周武王把商给灭了，如果太伯不带着二弟仲雍奔吴，“周灭殷商”的故事就要改写了。

这就是无锡人提到自己的过去，可以自豪的地方，苏州人再牛，毕竟你的祖先吴国，还是从我这里起家的。无锡的梅里是吴文化的发源地，这个可是谁也抹杀不了的一段历史。在无锡鼋头渚公园的绝壁上，有一块著名的摩崖石刻，上面写着“包孕吴越”四个大字，这是由清朝的书法家廖纶所书，用心十分明显，在无锡人心目中，太湖流域不仅孕育了江苏的吴文化，也孕育了浙江的越文化，吴越曾经是一家，而无锡的地位有点特殊。

无锡这两个字，最早出现在战国末，当时这里是楚春申君黄歇的封地，《越绝书》中有春申君“立无锡塘，治无锡湖”的记载。无锡正式成为地名，是在汉代，在汉高祖五年设县，也就是公元前202年，那时候，无锡县是会稽郡的26个县之一。

迄今为止，关于无锡这两个字的来历，仍然没有最权威的解释。无锡有一座山叫锡山，“无锡锡山山无锡”，是当地流传甚广的一句老话。根据文献记载，历史上的无锡曾经有很多锡矿，居民竞相开采，祸乱不断，最后直到锡被开采完了，才恢复了太平。晋代周处的《阳羡风土记》中说："昔有谶云，无锡宁，天下平；有锡兵，天下争。"由此可见，对于老百姓来说，有锡就有祸，没有锡反而是件好事。

在介绍苏州的姑苏时，我们已经讲过一次，根据现代科学勘察，无锡的锡山根本就不具备产生锡矿的地质条件，因此可以肯定，无锡从来就没有过锡，所谓"有锡兵"，不过是以讹传讹。语言学家的研究认为，无锡二字很可能是古越语地名，是越国征服了吴国之后的产物，与江浙地区的许多地名一样，譬如姑苏、余杭、夫椒、句容，都是属于"齐头式"地名，冠首字写法虽然不同，但古音相合或相近，都是古越语的发语词，并没有什么实际意义，仿佛老鼠和老虎、老鹰和老鸦。

这些地名随着古越族与华族的融合，原义渐至湮没，有一部分却因汉字记录了同样的声音而保存了下来，后人因为不知其由来，往往会望文生义，妄加解释。也有人认为无锡是"吴墟"的音转，因为太伯建都城梅里，梅里又称吴墟，当然，这也只是一种猜测。王莽篡汉后实施了新政，他做的一件荒唐事，就是在全国范围内大改地名，毫不犹豫地将无锡改成了有锡，变成了有锡县。

在封建社会，当权者常常喜欢玩弄这些改换名称的把戏，王莽是想通过改变地名来改变汉家天下在人们心目中的地位。后汉的刘秀恢复了汉室，他立刻又将无锡的地名再一次改了过来。从此无锡几起几落，这地名基本上就没有再变过，三国时，孙吴曾一度废除无锡县治，到晋太康元年又恢复无锡县建制。元朝时无锡由县升为州，到了明朝又降州为县。清雍正二年，无锡被分为无锡和金匮两县，进入民国以后，两县又合而为一，重新复称无锡县。

1927年国民政府定都南京，无锡县直属江苏省。1949年中华人民共和国成立，城郊分置，市区部分为无锡市，郊区部分为无锡县，市属于省里直接领导，县则由苏州地区管辖。1983年3月1日，开始实行市管县体制，无锡市开始管辖无锡、宜兴、江阴三县，这以后，三县先后升为县级市，无锡县更名为锡山市，后来又拆分为锡山区和惠山区。

关于太湖的形成，地质学家有不同的观点。持泻湖说的观点认为，远在5500多年前，长江三角洲基本上还不存在，那时候长江是在镇江一带入海，钱塘江则在杭州附近入海，江南的海岸线是在今天的奔牛、金坛、溧阳、宜兴至浙江的长兴一线。

随着长江和钱塘江携带的大量泥沙形成了冲积沙嘴和三角洲，长江南岸与钱塘江北岸的沙嘴逐渐合拢，中间低洼的地方囤积海水，上游的淡水不断涌入，慢慢淡化，便形成了古太湖。古太湖应该是个巨大的湖，现在江南的有些湖泊，离太湖已经很遥远，譬如太湖以东的淀山湖和阳澄湖，以西的滆湖和洮湖，在当年与古太湖曾经是同一片水域。

与泻湖说认为太湖由大变小不同，构造说的观点是太湖由小变大。持构造说的学者强调地壳运动，他们认为随着新构造运动，本区破碎的地壳一直处于振荡的轻微升降之中，在断裂破碎比较厉害的地方，形成了小洼地，也就是说太湖平原缓慢下沉，先后形成了几个小湖，即司马迁《史记》中提到的游湖、贡湖、胥湖、莫湖、菱湖，由于新构造运动继承性的影响，这五个小湖进一步扩大，终于不复存在，消失在茫茫的太湖之中。

太湖古名震泽，是中国的五大淡水湖之一，长约68公里，最大宽度56公里，湖水总面积约2338平方公里，平均水深1.9米，蓄水量为44.3亿立方米。江苏的苏锡常三市，还有浙江的湖州市，都拥有太湖辽阔的水面，但是在这四个城市中，显然无锡与太湖的关系最为密切，更像是无锡的象征。虽然从占湖面积来看，苏州占据得更多，但是大家还是更习惯于把无锡与太湖捆绑在一起。

太湖美呀太湖美，美就美在太湖水，一听到这旋律这歌词，就知道说的是无锡。太湖是无锡的招牌，太湖是无锡的名片。1982年评出的第一批国家级的风景名胜，全江苏境内只有两处，一处是南京的钟山风景区，另一处就是太湖风景区。太湖风景区其实是环太湖的，以上提到的各个城市都有份，不过大家想得最多的，认定的，还是无锡。相比较之下，南京钟山风景区有中山陵、明孝陵、灵谷寺，多少还有些文化景点，不像太湖景区虽然也有人工建筑，更多的还是依靠自然山水。

都说无锡之美，美在太湖，太湖之美，美在鼋头渚。鼋头渚是茫茫太湖岸边一块突出去的大石头，站在高处，36000顷的浩瀚烟波奔来眼底，浓淡相宜的七十二峰缥缈可辨，山外有山，湖中有湖，仿佛一幅天然的图画。天下之山，得水而悦，天下之水，得山而止。宋人曾经说过，“山以水为血脉，以草木为毛发，以烟云为神采，故山得水而活，得草木而华，得烟云而秀媚，登鼋头渚观太湖，山不高而秀雅，水不深而辽阔，帆影鸥飞”，显然再也找不到比这更好的观景点了。

在中国的帝王中，最喜欢游山玩水的恐怕就是乾隆了，他六下江南，在无锡均驻跸惠山寺，曾七次漫游寄畅园。顺便说一句，乾隆的爷爷康熙也是六下江南七到寄畅园，在不到一百年的时间里，寄畅园竟然接驾十四次。与苏州园林的小家子气相比，建于明朝的寄畅园要古朴清旷许多，也苍凉宛转许多，这当然要归功于此地的奇特自然风光，难怪乾隆到了这会诗兴大发，前后一共写了二十几首诗。

乾隆常被后人讥笑诗写得太多，可是像寄畅园这样一个景点，让万岁爷留下这么多笔墨的地方，委实也不多见。除了一个劲地写诗之外，乾隆还郑重其事地题了词，康熙留下的墨迹是“山色溪光”，直白浅露，写眼睛所能看到的美色，乾隆便掉了回书袋，题的四个字是“玉戛金枞”，写耳朵听到的流泉淙淙，如击玉撞钟的声响。

无锡的惠山上还有一个唐代茶圣陆羽评定的“天下第二泉”。第二泉的泉水享有盛名，四方茶客不远千里前来汲取二泉水，达官贵人更是闻名而至。唐朝武宗时，宰相李德裕嗜饮二泉水，责令地方官派人通过“递铺”，用快递的方式把泉水送到三千里之外的长安。苏东坡也曾高度评价过它，说“独携天上小团月，来试人间第二泉”。

当然，到了今天，无锡惠山的天下第二泉还能被大家所熟悉，不仅仅是因为它排名第二，更重要的是瞎子阿炳的《二泉映月》，这首优美的二胡独奏曲，被誉为“东方的命运交响曲”。

在一般人心目中，无锡人更像北方人所认定的典型“江浙人”。当然，这个江浙要打上引号，应该将江苏的苏北排除在外，再细一些，还应该与同样是在苏南的南京和镇江分开。说白了，无锡人就是那些“跟上海人说话差不多的人”。

苏州人、无锡人、常州人，跟上海人、浙江人一样，同属吴语派系，他们自己觉得说话的口音差别很大，但是北方人听起来都差不多。无锡人不像苏州人那么感觉良好，没有苏州人那种强烈的优越感，毕竟在大上海崛起之前，苏州一直是吴语世界的老大，苏州府是毫无疑问的江南第一府。苏锡常并称，苏州总是排在最前面，一想到自己的历史，一想到自己的政治地位，无锡人就难免感到郁闷。

苏州人掰起手指算算，会说我们什么时候都高你一头，当年康熙皇帝刚置江南布政司的时候，苏州是府治和省治的所在地，辖苏州、松江、常州、镇江四府及太仓一州，那时候，不要说堂堂的苏州，就是苏州下属的县级市太仓，也要比无锡牛气许多。

历史上的无锡比不上苏州，甚至也比不上常州。多少年来，无锡曾一直归常州管辖，汉高祖五年，也就是公元前202年，析吴县和毗陵县两地置无锡县，属会稽郡。这是无锡市建制的开端，汉王莽新始建国元年，也就是公元9年，改无锡县为有锡县。到了东汉建武元年，也就是公元25年，复名无锡县。三国时期，分无锡县以西为屯田，置毗陵、典农、校尉，毗陵就是常州。

这以后，直到元明清，每一朝都这样，常州总归是无锡的顶头上司。终于到了民国，无锡才有了自己独特的地位，直接归江苏省管辖，但是它的编制，仍然还是一个县。由无锡县变成无锡市，那还是1953年的事情，苏南和苏北两大行署区合并成立江苏省，无锡市为江苏省省辖市，当时把无锡市区与乡村做了切割，市区部分成为无锡市，乡村部分却仍然称无锡县。

在此后的三十年里，无锡县像被寄养的孩子一样，划归于江苏省苏州专区。1958年7月，划归无锡市管辖，1962年7月，又改属苏州专区。1983年江苏推行市管县，无锡县再由无锡市领导，重新回到无锡市的怀抱。1995年，无锡县改为县级锡山市，仍然由无锡市代管，2000年锡山市撤销，分割成锡山区和惠山区。无锡县作为县的历史到此终结。

无锡的土产艺术品中，最富盛名的是泥娃娃，而无锡人念大学，用钱钟书先生的话形容，是最喜欢读土木工程。在长篇小说《围城》中，说到自己的家乡人，钱先生说他的老乡最擅长干三件事，分别是打铁、做豆腐、抬轿子。小说免不了会戏说，不过“铁的硬，豆腐的淡而无味，轿子的容量狭小，还加上泥土气”，就当作是无锡人的民风，也算不了什么大错。

无锡人很容易给人留下一种憨厚老实的印象，二十世纪的前五十年，无锡的荣家可以说是上海滩上最有实力的企业家，荣氏家业的根本，说出来十分可笑，很接近原始，是两个最最基本的东西，就是面粉加工和纺织业。荣氏的创业者坚信，无论时代如何变化，吃饭和穿衣永远是基本问题。荣氏家族把最复杂的做生意和做实业完全给简化了，因为简化，因为最接地气，反而大获成功。

真相当然不完全是这样，在那个时代，既不是什么人都可以去做面粉和纺织，也不是什么人都能做好。无锡荣氏能在上海滩站稳脚跟，打出一片天地，这里面有着深厚的学问和门道，绝非三言两语就能说清楚。无锡人的憨厚从来就是一个假象，在苏锡常一带，流行的一句俗语是“江阴强盗无锡贼”，只有当地人才明白它的确切含义，才会知道它的精华所在。一般人看字面解释，总以为江阴是守在江边，长江到这里突然变窄了，近水楼台，很容易抢劫得手，因此便出“强盗”，而无锡人胆小，打家劫舍的活不敢去做，只能小偷小摸。

必须要强调的是，无论是“江阴强盗”，还是“无锡贼”，都不应该是恶毒的骂人话。这里面更多的只是一种戏谑，就仿佛说一个人贼坏一样，是一种善意的玩笑，它想确切表明的意思是，江阴人说话太快性子太急，而无锡人呢，则太精，太精明了。无锡人的这种“贼”，不是偷东西的那个“贼”。在苏锡常一带，要说无锡比苏州好，苏州人不会答应，要说无锡人比常州人厉害，常州人不会答应，可是如果说无锡人最精明，这个怕是不会有什么疑问。

有人比较无锡人和苏州人、南京人的区别，苏州人是理性大于激情，做事沉稳有板有眼，会想好了再做，要做就一定要做好。无锡人激情大于理性，敢想敢做，说做就做，先做了再说，历史都是创造出来的。南京人则让人捉摸不透，标准的大萝卜，一会儿是理性大于激情，沉稳得让人受不了，动不动就躺平，一会儿又是激情大于理性，什么事都是“多大的事”，不管三七二十一，什么都敢乱来。

苏南模式的佼佼者

在八年抗战之前，无锡荣氏家族的领袖荣德生，曾在风景绝佳的太湖边购地1200亩，想把上海的复旦大学迁到无锡。这是个很有野心的计划，因为荣德生相信“事业之成，必以人才为始基也”。要办学，首先得有经济实力，荣氏家族既然愿意出钱，经过蒋介石的首肯，当时的国民政府教育部已经同意迁校，可惜抗战爆发了，这造福于无锡乡民的大好事，活生生地给耽误了。抗战胜利以后，情况发生了变化，因为各种原因，复旦大学再迁无锡已无可能。

这件事情充分说明了无锡人对教育的重视，有两个比较确切的数据，能够形象地说明无锡人的素质，一是江苏城市的文化程度，一是城市的职业人口比重。先说文化程度，1982年的统计数据表明，无锡有大学学历的人，领先于南京之外的其他城市，不仅高于苏州和常州，而且领先了徐州差不多一倍。

到了1992年，基本情况还是没有改变，无锡仍然处于领先，每1000人中，拥有大学学历的人是21.07人，比徐州的9.18人还是高了许多。大学的创办要有各种条件，有相关的政策和相对的程序，并不是谁想办就能办。因为历史原因，南京高校比较多，应该另当别论，无锡与其他城市相比，在高校数量上并没有优势，它拥有大学学历的人数多，只能从一个侧面说明这座城市更重视教育。

其次是就业状况，城市人群对职业的选择，既是一种生活态度，也反映了一个城市的面貌。统计资料表明，在1982年，除了省城南京，无锡市内的各类专业技术人员、商业工作人员、服务性行业人员包括公务员，在数量上都高于其他城市，而在生产工人和运输工人这一栏上，它的百分比甚至超过了南京。

与之相反的却是，在农业人口的数量上，无锡比南京之外的其他任何城市都低，远远低于全省的平均数。到了1990年，无锡公务员和服务行业人员的百分比，甚至已经超过南京，达到全省最高水平，这说明起码是在二十世纪的九十年代，无锡的城市化程度，在江苏境内已经是相当高的，它是苏南最早实现城市化的城市。

二十世纪初，上海经济迅速发展，人口开始爆涨。当时的上海还没有完全独立建市，大量的江苏人不断涌入。一份人口调查的资料显示，在1900年，上海公共租界里有14.19万江苏籍人口，到了1935年，已增加到59.12万人，35年间增加了45万人。1950年1月的统计数据表明，全上海498万人，江苏籍人口有239万，占48.06%，上海本地籍人口75万，浙江籍人口128万。这个数据还无法精确显示究竟有多少无锡人在上海打拼，但是有一点可以肯定，无锡人在上海的一定不会占据少数。众所周知，无锡人在上海办厂或者做工，曾经是非常普遍的事情。

数据虽然有些枯燥，但往往可以简单明了地说明问题。二十世纪八十年代以后，苏锡常同时进入了一个经济迅速发展的时期，这其中有个很重要的原因，就是借助于上海的辐射。这期间，在上海的大量江苏籍人员，开始用各种方式回报乡里，或提供相关技术，或直接退休回乡发挥余热。苏南模式中举世闻名的乡镇企业，没有上海的技术支持，显然要大打折扣，或者说根本就不可能。

当然，无锡的优势，其实也就是苏锡常的优势，就像语言上的差异一样，在外省人看来，甚至在苏北人看来，他们的不同并不是太大，差异也是微乎其微。在上海的江苏籍人士中，苏南的打工者中，有很多都是技术工人，他们掌握着工业时代的先进技术，正是因为有了这些技术，这些游子们回报家乡父老的美好愿望才变得完全有可能。

苏锡常三强鼎立，这是江苏经济发展史上的一个奇迹，而且几乎成为常态。虽然苏南一带是传统的发达地区，长期以来，依靠的都是农业，只有在改革开放以后，靠乡镇企业打开缺口，获得可持续发展的第一桶金，苏锡常才谈得上是真正的快速发展。苏锡常之间互相竞争，只是无锡在某些时间段，显得更突出一些，享受的“苏南模式”的成果更多一点。

江阴和宜兴

江阴和宜兴是无锡代管的两个县级市，历史上，它们并不归无锡管辖，在级别上也一直都差不多，都曾经是不太起眼的小县城，都紧挨在一起，都属于常州府管辖，又都有过各自不同寻常的成长经历。若不是近现代无锡的发展迅速，紧靠着大运河和沪宁铁路，它们之间的差距被逐渐拉大，江阴和宜兴可能还真轮不到由无锡来代管。

江阴简称澄，古称暨阳，商代末年，周太王之子太伯和仲雍南奔，建立了勾吴。到了春秋时期，江阴属吴国延陵，为吴公子季札的封地。战国时，楚相春申君黄歇迁封于江东，江阴属其封地。因为先后为吴季札的封地和楚黄歇的采邑，江阴有“延陵古邑”和“春申旧封”之称。汉高祖五年，延陵乡改为毗陵县，在县境东部置暨阳乡，此为江阴古称之由来。再往后，西晋太康二年，也就是公元281年，置暨阳县。

南朝的梁敬帝废暨阳县，置江阴郡，为江阴名称之始。从一开始，江阴二字就是以“郡”起步，下辖江阴、梁丰、利城三县。陈朝永定元年，也就是公元557年，南朝的最后一朝陈霸先称帝，封梁主萧方智为江阴王，在江阴郡建江阴国。此后江阴分别为县、为郡、为军、为路、为州，建置数经变化，置废分合无常。

江阴北靠长江，与江北泰州的县级市靖江隔江相望，南近太湖，直接与无锡市区接壤，东邻苏州的县级市张家港和常熟，西连常州市。由于地处江尾海头，长江咽喉，历代为江防要塞，是长江南北的重要交通枢纽，也是江海联运的天然良港。改革开放以来，江阴的经济日新月异，截至2022年底，江阴户籍人口为126.97万，常住人口为178.40万，外来人口接近三分之一，由此可见其城市化的活跃程度。

与江阴一样，宜兴也有自己的古称，叫荆邑。秦始皇统一天下，改荆邑为阳羡县。汉高祖十二年，也就是公元前195年，阳羡县改称为阳羡侯国。汉文帝十二年，也就是公元前168年，复称阳羡县。西晋太安二年至永嘉四年，也就是公元303年到310年，为表彰周玘三兴义兵平乱之功，设置义兴郡。北宋时，为避宋太宗赵光义讳，改为宜兴县。从此，宜兴两个字便固定下来。

宜兴人相信自己的风水好，此地山多水多，“山主贵，水主富”，地灵则人杰。宜兴不止出茶叶，出紫砂壶，还是文化重镇。历代贤臣名将不绝如缕。据史料统计，宜兴出过548位进士，状元4人，榜眼5人，探花1人。在朝廷中担任宰相一职的，竟然多达10人。1949年以后，宜兴堪称“中国院士第一县”，短短数十年时间，宜兴籍院士已有30位之多，有近百位全国各大高校校长，有一万多名教授。截至2022年末，宜兴户籍人口106.59万，常住人口128.80万，城市化程度也是非常之高。

江阴和宜兴是无锡手下的两员猛将，大家看好无锡的经济前景，看好无锡的活力，千万不能忽视它们的存在。江阴上市公司的数量，宜兴的人才数量，都有着现象级的意义。如果说苏州城只是把“小是美丽的”这句话发挥好了，那么江阴和宜兴是把这句话做到了极致。作为县级市的江阴和宜兴，它们显然不能算是一个大的城市，然而仅仅是这两者联手，其经济的总量，已经超过了好几个落后省份，甚至光是江阴一家，就可以和排名在后面的省份叫板了。

自从实行市县代管的制度，江苏以及全国的经济考核，又有了与以往完全不一样的标准。各市管辖的县，管辖的县级市，它们的经济实力，直接影响到该市的经济。苏州在江苏为什么会最好，因为它拥有了一群非常强的县级市。无锡和常州为什么觉得委屈，因为它们代管的县级市在数量上明显少于苏州。南京管辖的五个县，是江南地区为数不多没经过县级市过渡的县，除了南京的这五个县，还有一个是镇江的丹徒县，大家都知道，只有经济到达一定水平，县才有可能升级为县级市。

在改革开放以后，强劲的县级市扮演着非常重要的角色。像无锡的江阴，苏州的张家港，如果它们能够联手长江对岸泰州的靖江，建立一个像武汉三镇那样的超级大城市，几乎是件很轻而易举的事。这三个县级市三角鼎立，紧靠在一起，历史上都归常州府管辖，本来就是一家。

〔第九章〕

常州

八邑名都

过去的许多年里，在大致相同的背景下，苏锡常一直处在激烈的竞争之中，互不相让各有胜负。邻近城市的相互博弈，相互竞争，已成苏南富庶地区的重要特色，苏州因为离上海最近，近水楼台先得月，常常是获得先手。当然，有得就会有失，离上海近既是苏州的最大优势，同时也是它的症结所在，一方面，大树底下好乘凉，可是另一方面，大树的阴影下，也很难再长出真正的大树。

常州和无锡一样，显然都已看到了苏州的这个破绽，但是它很在乎无锡的态度，无锡把向苏州挑战，看成自己既定的战略目标，它一直在悄悄地努力，根本就不把另一个强大对手常州放在眼里。无锡人忍不住会抱怨，觉得苏州只是强在面积大，人口多，它的总面积几乎是无锡的一倍，手底下的县级市太多，帮手太多，不像无锡，只有江阴和宜兴两家。苏州的面积几乎是无锡的一倍，人口更是多出来540万。要知道，在江苏的十三个城市中，有一半的城市都没有达到这个数目。

这也让常州人感到很郁闷，因为常州的面积比无锡还小，人口比无锡还少。苏州比无锡多出来的那些人口，恰恰就略等于常州的人口。无锡人可以抱怨，常州人更应该抱怨。都说瘦死的骆驼比马大，常州是近代中国民族工商业的发祥地之一，以工商比翼飞而著称。在大家同时起步的二十世纪八十年代，得改革开放风气之先，常州一度执全国中小型城市经济发展之牛耳，经常被当作典型和样板。

二十世纪八十年代，常州是闻名全国的工业明星城市，是全国最早的“经济体制综合改革试点”和“对外开放”城市。和无锡一样，常州也是在以乡镇工业发达为时代特征的“苏南模式”中大显身手，它的农机制造业，它的输变电设备制造业，它的汽车及配件制造业，它的新型纺织服装业，曾是自己赖以生存的四大支柱产业。在电子信息方面，在新型材料工业方面，在生物医药及精细化工产业方面，常州仍然占有一定的优势。

十个手指伸出来总会有长短，说后来的经济形势还是无锡更好，常州人无话可说，暂时领先是常有的事情。硬要说无锡强于常州，怕也不完全是事实。常州人说起自己这些年的委屈，肯定会抱怨它的先天不足。就仿佛率军队作战一样，与苏州和无锡相比，常州不得不感慨自己的帮手，明显地有些孱弱。苏州共辖四个县级市，面积几乎相当于常州和无锡的总和，而且个个县级市都是经济实力超强大，富得流油，吴县和吴江，已经改成城区不说，其他如常熟、昆山、张家港、太仓，都是在百强县中能进入前十的县级市。

无锡人的不满，也是常州人的不满，他们都对苏州不服气。大家都是省辖市，凭什么你就比我多几个集团军。常州只代管一个县级市溧阳，原有的武进和金坛，都变成了区。武进和无锡县一样，本来就是包围城区的郊区，常州若要扩大，武进不变成“区”，则完全没有出路。金坛也变成了区，与苏州的吴江变成区一样，都是因为行政命令，虽然各有各的想法，各打各的算盘，最后也只能服从命令听指挥。

江南无弱旅，在苏锡常的下面，早就没有了县长这个称呼，都是县级市，都是市长副市长。因为都处在发达地区，经济水平自然不会太坏，只是强中更有强中手，常州和无锡比拼，就算武进能与相同级别的锡山勉强打成平手，相对于咄咄逼人的江阴和宜兴，溧阳和金坛明摆着实力不如人家。

无锡可以不把常州放在眼里，常州却不能不把无锡放在心上。什么事都离不开大历史，苏锡常并称毕竟还是这些年的事情，想当年，说起苏南，总是常州府和苏州府，作为低一级别的无锡，根本就不配与常州和苏州并称。中国向来都是讲究级别的，自西晋以来的许多年，常州仿佛永远都是无锡的顶头上司，无锡称县，常州是郡，无锡在元朝曾一度称“州”，可是它还得归常州路管辖。明朝无锡又降为县，仍然归常州府领导，清雍正年间，无锡一拆为二，曾分为无锡和金匮，依旧属于常州府。

常州号称八邑名都，也就是说在很长的时间内，它一直管辖着八个县，分别是武进、阳湖、无锡、金匮、宜兴、荆溪、江阴、靖江，疆界东起苏州府常熟县苑山，西抵镇江府丹阳县吕城。其中的阳湖是从武进分出去的，荆溪是从宜兴分出去的，后来它们又都重新回归到旧的编制，重归武进和宜兴。

也就是说“八邑名都”中有五个后来都属于无锡，对于怀旧的常州人来说，无锡几乎是从他们身上活生生挖去的一块肥肉。而常州现在管辖的金坛和溧阳，明清时代却都是隶属于镇江府。

中吴要辅，齐梁故里

说起苏南，说起苏锡常，有两个故事难免反复说到，一个是太伯奔吴，一个是东晋南渡。不了解这两个典故的来龙去脉，就没有办法叙述江南的历史。

常州南郊约7公里处，有一处江南古城叫“淹城”，这是中国目前保存最完整的古老地面城池遗址，距今已有2500年以上的历史。关于淹城的来历，学术界众说纷纭，至今尚无定论。一说是周初山东曲阜以东的奄国君主，为了和周对抗，率残部逃亡到此，凿沟为堑，堆土为城，因为古代奄和淹通用，故名淹城。

另一说要晚一些，是吴公子季札为阖闾刺杀王僚夺去王位，决定“终身不入吴国”，便在封地挖河筑城，以示“淹国”之决心。淹城故址出土了大量珍贵文物，有几何印纹硬陶器，有青铜器，最惊人的发现是独木舟，用一棵质地坚硬的楠木挖凿而成，船身显然经过火烤后再用斧凿，这正好可以与《易经·系辞》中的“刳木为舟”的记载相印证。

常州的历史，自然也应该是从太伯奔吴算起，然而常州的古称延陵，最早见于古籍，则是在公元前547年。在漫长的历史中，常州曾有过许多名称，这一点与苏州和无锡完全不一样。它的名字像玩戏法一样变来变去，其中沿用二百年以上而又不为人们所熟悉的就有延陵、晋陵、毗陵、兰陵、阳湖。有一些很短暂的名字，譬如毗坛、尝州、长春、京临、永定，因为年头太短，早已被人们所淡忘。

在东晋衣冠南渡之前，长江南边仍然是“火耕水耨”，处于“田多恶秽”的原始落后状态。南渡以后，逃难的北方人带来了先进的农业技术和生产工具，经过三百年的辛勤劳动，终于把荒芜的“沮湿之区”，开垦成“良畴美柘，畦畎相望，连宇高甍，阡陌如绣”的鱼米之乡。

这期间，常州发生了一个很大的变化，就是在其境内，出现了北方地名的州郡，譬如兰陵，刚开始，这些州郡还是虚设，很快就有了货真价实的领土，大量北方士族和百姓在这里相聚而居，反客为主，都简单地沿用中原的原地名。在侨居兰陵的北方士族中，有个人值得一提，他就是来自山东峄县的萧整。萧整是汉朝萧何的二十四世孙，萧何月下追韩信，成就了刘邦的大汉伟业。

萧整自己并没什么太大的出息，但是他的后人给他争了光，南朝的齐高帝萧道成、梁武帝萧衍，都是萧整的后人，按辈份算，萧道成还应该是萧衍的族叔。一门之中出现了两位拥有半壁江山的开国小皇帝，常州虽然不能与帝王之都的徐州相比，可是称自己为齐梁故里，毕竟也算是掷地有声。省城南京一向以六朝古都为豪，他们必须记住，六朝中有两个王朝是从常州走出去的。

在隋朝以前，常州总是和一个“陵”字分不开，最早叫延陵，然后是晋陵和毗陵，又因为侨郡兰陵而得兰陵之名。山东峄县原名兰陵，此兰陵与常州的兰陵，有联系却不是一回事。没有人会说南朝的两位皇帝是山东人，当然，一般也不说齐高帝和梁武帝为常州人，只说他们是兰陵人，因为常州别称兰陵，或者说南兰陵。中国很有名的一部小说《金瓶梅》，因为是匿名的，只写了“兰陵笑笑生”，这个兰陵究竟在何处，是南是北，至今也没有定论。

最有趣的是常州这个名称，凡事都得讲究一个出处，常州的“常”，原来还是从隔壁邻居常熟那里借来的。隋朝重新统一中国后，对南北共称的地名感到很不舒服很不习惯，于是废掉了江南的一些侨名，“重置州县”，在现在的常州这一区域设州治。刚开始，因为州治设在常熟县，所以命名为常州。后来常熟县自身不保，被重新割让分配到了苏州辖区，而州治则移至晋陵，于是今天的常州，就正式获得了自己的名字。

玉局风流

1101年，中国历史上最有文化也是最窝囊的一位皇帝宋徽宗登基了，新皇帝继位，按照惯例都得大赦天下，于是流放在海南岛的苏轼喜出望外，终于有机会从海外回归内地。

那年头，海南岛就是地地道道的海外，就是天之涯，就是海之角。最现实的选择问题，放在了已风烛残年的苏东坡面前。这位悲欣交集的66岁老人，是叶落归根回归四川故乡，还是去“淡妆浓抹总相宜”的杭州西子湖畔；是去扬州与曾共过患难的好友为邻，还是去黄州与旧朋重游于赤壁之下；是去颍昌和弟弟子由联床细语，还是去自己曾经十分向往的常州养老，让人拿不定主意，最后凭着一阵冲动，苏轼毅然决定卜居常州。

苏东坡一生多灾多难，动不动就受排挤遭贬黜。要说与常州还真是有些缘分，他一生中共到过常州11次，停留时间较长的竟然有6次之多。早在40多岁正当壮年的时候，苏东坡就给皇帝写过《乞居常州表》，他的那封信写得十分可怜，说自己“禄禀久空，衣食不继”，全家“二十余口，不知所归，饥寒之忧，近在朝夕”，“与其强颜忍耻”，还不如老老实实找个地方归隐算了。他希望皇帝能够开恩，就让自己在常州养老，因为他曾在宜兴买过一块薄田。

朝廷稀里糊涂地批准了他的请求，苏东坡闻讯欣喜万状，觉得自己的理想就要实现了，“十年归梦寄西风，此去真为田舍翁”，然而事情很快发生了变化，上面突然又改口了，重新起用苏东坡为登州太守。或许天生不是当官的材料，这以后，苏东坡宦海沉浮，上上下下，做过杭州太守，做过颍州太守，做过扬州太守，做过定州太守，做过大学士，做过吏部尚书，做过兵部尚书，做过礼部尚书，所有这一切，都不能说明官场得意，恰恰相反，“江上秋风无限浪”，他的倒霉事接二连三，到了垂暮之年，还被流放海南。

常州人为此耿耿于怀，如果他没有被重新起用多好，如果他一直就安安稳稳地定居在常州多好。现在，终于拨乱反正，他终于从流放之地回来了。常州的老百姓万人空巷，聚集在古运河旁，迎接苏东坡的到来，这情景让苏东坡非常感慨，因为天气太热，竟忘了整衣，袒胸露腹地就走了出来，伫立在船头上，频频向常州父老兄弟拱手致意，还对同船的人说：

“这样欢迎，折煞人也！”

苏东坡到了常州便一病不起，生命已经到了尽头，在病中，他给皇帝写信，请求辞去自己的玉局观负责人头衔。玉局观是远在成都的一个道观，宋朝有个很荒唐的制度，官员退休后，会被任命为寺庙的官员，这是个很闲的职务。当时有一种迷信，认为官员一旦病了，如果辞去官差，将有助于痊愈，而且还能延年益寿。

苏东坡希望借此帮助自己度过厄运，可惜已经来不及了，一个多月后，一代大文豪在常州顾塘桥头的藤花旧馆匆匆辞世，这是好友钱世雄为苏轼临时租的一栋房子。苏东坡的逝世，让常州人感到十分遗憾，这个城市在他生命中最后的日子里接纳了他，可是他留给常州人的时间，实在是太少太少。

“出处穷达三十年，未尝一日忘吾州”，为了纪念这位伟大的文人，常州人在古运河边建了一个舣舟亭，舣舟是“系舟”或“停船”之意。在舣舟亭北面，有东坡洗砚池，池用青石凿成，长约一米，宽半米，积水盛夏不腐，据传是当年苏东坡洗涤笔砚之物，原来在苏轼终老之地顾塘桥一株老的紫藤下，常州府台为了讨好乾隆皇帝，专门将洗砚池搬了过来。

乾隆皇帝一生特别景仰苏东坡，他曾经四次题诗，并赐“玉局风流”匾额挂在舣舟亭上，可惜现已失传。玉局观负责人是个非常不起眼的头衔，不过是个挂名的主持罢了，它最后竟然成了苏东坡的代称，后人知道苏东坡一生无意功名，不会在乎别人怎么称呼，便直呼他为苏玉局。

“生有高世名，既没传无穷”，乾隆的这次题匾，显得很有文化，非常得体。很显然，苏东坡能够名扬海内，绝不是因为他做过什么官。

文笔夕照

常州红梅公园有一座始建于南齐的文笔塔，迄今已有1500年，相传每当塔顶祥光腾现，常州地区必有文人中状元。文笔塔最初叫太平寺塔，北宋大观元年，常州一地竟然高中53名进士，差不多占了全国的五分之一，据说皇帝因此心动，遂下令改名。

因此，文笔塔声名远扬，成了文人心目中的笔魂，考生的吉祥物。在中国古代，对于读书人来说，没有比科举更重要的事情。因此每次赴京赶考前，必来此登塔祈祷，沾一点仙气。有好心人做过统计，自文笔塔建成之后，常州先后出过15位皇帝、9名状元、1333名进士。

说常州出过15位皇帝，实在有些勉强，不能这么计算，不可以。因为15位皇帝加在一起，一共才60年，平均4年一个，这只能说明南北朝时期的齐梁王朝，实在是太不景气。况且苏锡常并称，苏州仅仅是在一个清朝就出过25位状元，那么一千多年来的常州，总共出过9名状元，也谈不上什么大出风头。独占鳌头的状元固然可喜可贺，这也得看是出在什么地方，多了就不再稀罕。

譬如乾隆二十六年，常州的赵翼是殿试第一名，本来就应该是个状元，可是乾隆在发榜前，突然改了主意。为什么呢，因为过去的多少年里，“历科鼎甲皆为军机处所占”，为了避免开后门的嫌疑，于是就找了个借口，说大清朝立国以来，陕西还没有出过状元，干脆做个人情，把这个名额就送给陕西老乡吧。

有必要解释一下赵翼当时的身份，赵翼少年成名，以捷悟著称，“李杜诗篇万口传，至今已觉不新鲜。江山代有才人出，各领风骚数百年”，这首众所周知的诗歌，就是他的手笔。乾隆十九年，赵翼被选任内阁中书，两年后入值军机，军机处的公文函件来往频繁，年轻气盛的赵翼却是应付自如。乾隆去热河秋狩，他扈从塞外，伏地草奏下笔千言，文不加点一挥而就。以这样的身份去参加殿试，朝廷里又有人罩着他，还不跟玩似的，所谓攻无不克战无不胜，因此也难怪贵为皇上的乾隆要避点嫌疑，结果那一科赵翼只得了个探花。

常州的文化人，显然是得到了苏东坡的灵气，清朝很有名的一位诗人袁枚说到此地的文气，感慨“常州星象聚文昌”，在他的印象中，与苏州和无锡的文人相比，常州文人似乎更加有文人气。另一位著名诗人龚自珍，也持差不多的观点，“天下名士有部落，东南无与常匹俦”，他的观点似乎更加激烈，也更加直白，意思是说，要是有个排行榜的话，常州应该位居东南第一。

袁枚和龚自珍都不是常州人，他们的话即使是客套，是讨常州人的好，也足以从一个侧面说明常州的文化繁荣，艺术功力深厚。文化绝不能仅看科举成绩，很显然，清朝时常州的文化气象盛于江南，在某种意义上，与苏北的扬州更加相似，可以称得上人才辈出，在文化艺术的各个领域都做出了贡献。

清代花卉画有多种流派，这些派别能够独成一家别开生面，是继承了北宋徐崇嗣没骨法的常州画派。常州画派的代表人物是恽南田，由于这种画法“不用勾勒，染色无所依傍”，学习的人都难以为工，从北宋到清代，精研其法的人非常少，唯有恽南田斟酌古今，尽得造化之意。

除了常州画派，在散文和诗词方面，常州人也有非同寻常的影响。研究中国古代散文史的人都知道，清代散文以桐城派名声最响，继桐城派而鹊起的散文流派，除了湖南的湘乡，就应该是江苏的阳湖了。阳湖文派的代表人物是恽敬，是继明朝常州散文大家唐顺之后的又一个重要作家。赵翼的诗，黄仲则的诗，在当时都达到众口传诵的地步，而另一个重要的文学流派常州词派，其代表人物张惠言，更是振作了一代词风，在清代文学史上有着重要地位。

常州文人不只是具有才华，更重要的是还有见识。乾隆五十五年科举考试的榜眼洪亮吉，对古地理的研究造诣很深，他编撰的《三国疆域志》《东晋疆域志》《十六国疆域志》，是非常重要的地理学著作。更值得一提的是他的人口过剩观点，洪亮吉拉开了乾隆时代太平盛世的帷幕，最早意识到了人口过剩，可能会引起的社会问题。

对于如何解决人口过剩，洪亮吉认为不外乎“天地调剂”和“君相调剂”，前者是因自然灾害和疫病流行减少人口，后者则由政府通过发展生产，移民开荒，减轻赋税，抑制兼并，以及赈济贫困，来减轻人口增长过快的压力，这些具有先锋意义的观点，当然不可能被统治者所接受，但是充分反映了他在政治上的胆识和远见。

洪亮吉比英国著名的人口学家马尔萨斯大了20岁，在差不多时期，两个同样处于强盛时期的国家，都有人意识到了人口过剩对国家兴旺的重要影响，结果却完全不一样。英国从此越来越强，成为强大的日不落帝国，而中国则越来越弱，终于跌到了半殖民地半封建的惨境。

沿江发展策略中的位置

常州还有个“孟河医派”，清代中叶，有“吴中医学之盛甲于天下，孟河名医之众又冠于吴中”之说。一个小小的孟河镇，也不过百十户人家，居然有十几家中药铺，由此可见当时的医事之盛。

孟河位于常州的西北部，就在长江边上，如果不是“医事之盛”，大家恐怕很难会想到它。在常州人的心目中，长江边原来都是些比较落后的地方。比如在长江沿岸的下滩地区，差不多都是外地人才来开荒落户，是以“江北人”为主的聚居区。1983年的一份调查数据表明，魏村江心洲536户居民中，祖辈原籍均为苏北泰兴和靖江，还有一部分是兴化，竟然无一户常州本地人。

江边开始变得重要起来是近些年的事情，与苏州和无锡相比，常州的江岸线少得可怜，只有很短的18公里。江苏共有400多公里江岸线，这个数字几乎可以忽略不计。然而正是因为少，在新一轮沿江大开发中，它的地位却变得越来越重要。常州人认为，苏锡常三座城市经济此消彼长，不进则退，虽然江岸线很短，但常州中心城区离长江边最近，最有可能成为名副其实的滨江城市。

往江边发展，让沿江开发区成为经济发展最大的增长极和带动源，这是常州政府着力去做的一件事情。就像无锡已开始不怎么把西邻常州当作竞争对手一样，常州也不太把自己西边的镇江和南京放在眼中。在常州人的心目中，自己与无锡和苏州一直属于同一方阵，即使在沿江开发中处于地域上的明显劣势，它也必须紧紧地咬住对手。

历史地看，常州有着非常良好的人文传统，可惜文化这东西，有时候很难直接转化为GDP。常州曾有过非常良好的工业基础，在中国的中小型城市中，曾长期处于领先地位，但是领先的工业也可能会老化，反过来成为制约城市进一步发展的包袱，成为阻碍经济腾飞的瓶颈。三十年河东，三十年河西，优劣常常会相互转化。

过去的很多年里，常州并没有太在乎那些差异，比如同处于太湖流域，常州事实上只有两个乡拥有太湖水面，因为围湖造田，至1985年常州只拥有区区的55808亩太湖水域面积，在太湖总面积2338平方公里面前，这个数据实在是小得可怜。

从表面上看沿江发展策略，常州是和无锡与苏州在进行肉搏战，事实却是，真正在和常州进行比拼的，只是无锡的江阴，只是苏州的张家港和常熟。潜在的问题和矛盾正在凸现出来，在经济相对发达的苏锡常地区，虽然城市密集，但是并没有一个真正能成为经济中心的大城市。苏州经济的60%以上曾经依赖于所辖五县市，无锡1/3左右的经济总量来自江阴，尾大难免不掉，苏州和无锡所辖的县市，普遍地都会存在着一种离心现象。

另外，更为明显的则是，苏州和无锡两市对苏南经济中心的争夺，在更大程度上造成了基础设施建设分散和规模不经济，而常州却不敢将自己置之度外，反而因为害怕掉队，亦步亦趋。恐怕暂时还不会有人太认真去想，去协调，沿江究竟应该有多少个开发区，才能够算合理。

截至2011年，江苏400多公里的长江岸线，“一”字排开的深水泊位有四百余座。根据长江口航道建设有限公司提供的资料，经过一期工程的整治，长江口航道通过能力得到了提高，每个潮水理论船舶最大通过量也只有47艘。8.5米长江口深水航道开通后，2001年1月1日到6月30日，1万吨至5万吨级船舶，平均每天通过量为27.5艘，5万吨以上船舶，平均每天通过量为2.1艘。2001年7月1日到12月31日，1万吨至5万吨级船舶，平均每天通过量为32.5艘，5万吨以上船舶，平均每天通过量为3.1艘。

按此推算，长江口的航道，根本就不可能满足日益增长的船舶航运需要。同时数据也显示，长江水位越来越低，枯水季节的时间正在增加。换句话说，在沿江发展策略中，如果一定会有胜利者，恐怕也就很难避免有失败的城市。竞争一旦无序，一旦盲目，其后果就有可能难以收拾。

大家都有些心急，都希望尽快做出成绩，俗话说得好，心急吃不了热豆腐，否则一失足，则有可能成为千古之恨。

淹城和中华恐龙园

二十世纪九十年代，借助中央电视台拍摄《水浒传》和《三国演义》电视连续剧的机会，无锡率先在太湖之滨搭建了“水浒城”和“三国城”的影视基地，以此为主题公园，赚得盆满钵满。

结果引得很多地方纷纷效仿，常州就弄出了一个“中国春秋淹城旅游区”，一个“中华恐龙园”。前一个还有些来历，早在1935年，考古学者首次对常州的淹城遗址进行了实地调查，确认此地为一处古代居民活动遗存，建于春秋晚期，距今有2900年历史。二十世纪八十年代，江苏淹城遗址考古发掘队对淹城遗址进行了为期6年的考古发掘，解决了一些悬而未决的问题，结论是：

淹城是吴国的一个军事城堡，是目前已发现的，世界上春秋时期唯一保存完好，三道城河、三道城墙形制的军事设施。

这个结论其实还是没有彻底解决问题，前面已经说过，淹城的来历和淹城的主人是谁，史学界和考古界众说纷纭，至今仍无定论。淹城这座历史古城，仍然还有许多不解之谜，有待考古工作者和历史学家去揭开谜底。目前的考古证实，淹城古城墙最高达20米，墙基宽25至30米，全部由泥土夯筑而成。

常州的中国春秋淹城旅游区，是一个依托淹城遗址打造的5A级旅游景区，所谓借鸡下蛋，与确切的历史真相，已经没有太大关系。规划总面积是7.6平方公里，分为5大区块，分别是春秋淹城遗址、淹城春秋乐园、淹城野生动物世界、淹城传统商业街坊和淹城宝林禅寺。它提出的口号是:“明清看北京，隋唐看西安，春秋看淹城。”通过再现人文的情景，全方位演绎春秋时代的历史文化，积极打造中国春秋文化品牌，形成融旅游、休闲、娱乐、科普、购物、餐饮于一体的旅游综合体。

中华恐龙园的创意，要比春秋淹城旅游区走得更远，更大胆。占地面积550亩，由七大主题区域组成，分别是魔幻雨林、库克苏克、中华恐龙馆、鲁布拉、梦幻庄园、冒险港、疯狂恐龙人。共有五十余个骑乘项目，四十余种主题演出，参与和体验的感受极强。和春秋淹城旅游区一样，中华恐龙园所在的环球恐龙城休闲旅游区，也被评为了国家5A级旅游景区，有“东方侏罗纪”之称。截至2022年，共接待超过5000万人次。

作为娱乐休闲的主题公园，中华恐龙园和春秋淹城旅游区，显然要比无锡的三国城和水浒城有更好的前景。无锡的双城很有些短平快的意思，跟着电视连续剧走红，出手快，挣钱也快，可持续性相对会不如常州的这两个景点。但是，与国内的华侨城、杭州的宋城、上海的迪士尼经营情况相比，还是有相当大的距离，经济效益恐怕也很难与之匹敌。

2016年，继迪士尼进军上海后，环球影城、派拉蒙、六旗、乐高等国际主题公园品牌，开始不断涌入中国市场，基本布局在北上广深四大经济圈内，其中华东的布局最为密集。2017年中国主题公园调查报告显示，主题公园主要集中在长三角和珠三角，以及京津冀地区，全国主题公园多达2700个，主题公园最多的是江苏省，约295个。

距离上海200公里半径内的江浙沪区域，拥有的大型主题公园不下十几家，包括芜湖的方特欢乐世界、苏州乐园、无锡三国城和水浒城、上海欢乐谷、杭州宋城、安吉凯蒂猫乐园等等，加上筹备中的其他项目，这个区域未来将有近20家不同的主题公园，无疑会给该区域的各家主题公园带来一定的客流竞争压力。常州的两个主题公园，就目前的情况来看，显然不是最好，当然也不能算是最差，其前景究竟如何，还有待进一步观察。

受新冠疫情影响，2017年至2021年，春秋淹城旅游区接待游客总量达1531.42万人次，实现旅游总收入17.8亿元。目前经营状况肯定还会有上升空间，因此出于亲子活动风行的考虑，家长们如果带了孩子去常州，这两个很有特点的主题公园，还是建议去玩一玩，还是值得去看一看的。

〔第十章〕

镇江

中流击楫

永嘉之乱后，也就是在1700多年前，司马氏的晋朝摇摇欲坠，中原处于水深火热之中。大批北方的难民纷纷逃往江南，其中有个叫祖逖的英雄好汉，率亲族宗党几百家一同南下。当时坐镇南京的琅琊王镇东大将军司马睿，俨然成为朝廷的代理人，他任命祖逖为徐州刺史。

这显然是个虚空头衔，不过是做人情封个官而已。徐州刺史应该是个不小的官，可是此时的徐州，早已落入敌手，祖逖人在江南，只能望江兴叹。第二次世界大战爆发，法国的戴高乐将军逃到英国，组成了流亡政府，那时候好歹还有人有钱有枪，有同盟国在背后支持，祖逖的境遇就差太多了，他是没人没钱没装备，要什么没什么。

史书上记载，祖逖到了江南后，一再向晋元帝司马睿请求北伐，因为这事占着收复失地的大道理，东晋王朝的第一任皇帝司马睿也不能拒绝，便任命祖逖为奋威将军，同时兼任豫州刺史，再发给他一千人的食粮和三千匹布，其他就什么都没有了，让祖逖自己渡江去招募军队，能做到哪一步就算哪一步。于是祖逖从镇江出发，渡江北上，当船行至江中间的时候，面对浩瀚的江水，祖逖敲着船桨说：

祖逖不能清中原而复济者，有如大江！

他的意思是说，如果不能收复中原，我就不再回来了。这就是著名的“中流击楫”典故的由来，多少年来，人们很少去追究这次北伐是否成功，甚至对祖逖具体在什么日子里渡江，也没有确切的记载。对于中国人来说，更重要的只是一种精神，它代表着一种不肯屈服的文化。

东晋南迁开始了中国长达260多年的大分裂，在祖逖北伐的200年以后，南朝的昭明太子编了一本著名的选集，也就是我们今天都熟悉的《昭明文选》。在这本选集的第28卷“杂歌”一栏中，选了荆轲的《易水歌》，“风萧萧兮易水寒，壮士一去兮不复还”，“中流击楫”正是传承了荆轲的精神。

这个发生在镇江江面上的故事，不仅传承了勇士一去不返的壮怀激烈，在中国的大历史上，还体现了以汉族为核心的中原文化的王道思想。诸葛亮的《后出师表》里，有所谓“汉贼不两立，王师不偏安”之语，三国时的“汉贼”还不是民族矛盾，不过是把与“汉朝”相对峙的权力称为贼。

三国时更多的还是一种汉人之间的权力冲突，到了东晋南迁之后，尤其是南宋北渡之后，权力斗争已经演变为一种激烈的民族对抗。当中原的汉族政权与北方少数民族发生剧烈争斗的时候，当习惯于处于强势的汉族政权转为劣势，处于明显的下风的时候，镇江的军事桥头堡作用，就立刻彰显出来，变得十分重要，生死攸关。

长江之水滚滚向东，事实上，不只是笔直向东，它还有点稍稍往北偏斜，而作为东南锁钥的镇江，恰好就处于长江最北面的拐角上。仔细观察一下中国地图就不难发现，镇江像一个倔强的牛头一样，顶在了最北面，既是江南的最北端，也是整个长江流域的最北端。它在地理位置上的重要性，就是镇江在，江南还在，镇江已失，江南不保。

同样是古战场，同样是你死我活，镇江的地理位置和徐州不一样，由于是位于长江天堑，战事首先发生在水面上，因此不可能像淮海地区那样，双方排开了势均力敌的场面，通过一场大决战一仗定胜负，发生在镇江的战事，更多的是一战定生死存亡。说起来让人感到悲哀，事实上站在镇江的角度上看，浩浩荡荡的北伐场面并不多见，通常只是据险死守，被动抗敌，譬如南宋时的两场战役，一胜一负，直接决定了一个王朝的命运。

南宋初年的金兵是何等强悍，继俘获徽钦两位皇帝以后，在建炎三年，也就是公元1129年，金兀朮亲率大军第三次南下，攻破金陵，直逼临安，宋高宗一路狂逃，先是逃到宁波，然后干脆乘船入海奔向温州。好在金兵人马并不太多，金兀朮的目的也不是为了消灭南宋，于是就仿佛打猎一样，跟在惊惶失措逃窜的宋高宗后面穷追猛打，大肆掠夺了一番，然后兴冲冲地北撤还家。

结果在镇江与宋将韩世忠遭遇，以名气论，韩世忠远不如同时期的岳飞，但是对于稳定南宋政权，韩世忠的作用，并不在忠心报国的岳飞之下。韩世忠梁红玉夫妇在镇江大败金兀朮，是小说戏曲中经常会出现的故事，“梁红玉击鼓战金山”，“金兀朮落魄黄天荡”，一战保国30年，这期间金兵竟然再也没敢过来骚扰江南，南宋获得了宝贵的喘息机会。

南宋末年的镇江之战就没有这么幸运了，当时的元兵并不像设想中那样，从江北面打过来，而是先大兵压境拿下南京，然后自西向东气势汹汹直扑镇江。这是一种抄后路掏心窝的战术，江北面的两淮虽然还在宋军的掌握之中，江南的镇江几乎立刻溃不成军。镇江丢了以后，宋兵“孤注一掷聚焦山”，还想把它重新夺回来，无奈此时的赵家王朝气数已尽，一败再败，挣扎了150多年的南宋终于灭亡了。

镇江的重要，当然不可能仅仅是作为一个军事堡垒。由于与东南面的常州是近邻，这两个城市在历史人文资源方面，经常发生重叠和竞争，譬如双方都会介绍自己是“齐梁故里”，常州人说齐高帝萧道成和梁武帝萧衍是常州人，镇江人也会说这两位南朝的开国皇帝是镇江人。

在各自编写的地方志中，“齐梁故里”是人家必定要写上的一笔，必定要强调一番。好事和荣誉谁都要争抢，公说公有理，婆说婆有理，清官难断家务事，旁人还真说不太清楚。镇江人喜欢认死理，历史上的“齐梁故里”南兰陵，在后来的隶属关系上来回变化，说是常州没错，说是镇江更没错。

镇江和常州是我曾管辖过你，你也管辖过我，都难免自尊托大，但是大家认定的那块风水宝地，应该是在今天镇江管辖的丹阳境内，这一点大概没什么可争议的。你中有我我中有你的复杂历史，让镇江和常州互相不买账，仅仅是在二十世纪五十年代，两地的隶属关系就变来变去，1958年8月，镇江专区改名为常州专区，专署由镇江市迁至常州市，原由省直辖的常州和镇江两市，也划归常州专署领导，辖2市9县。这样一来，自然是常州为大了。然而到了1959年9月，也就是1年以后，常州专区又改名镇江专区，专署由常州市迁驻镇江市，镇江也因此引以为豪。

镇江和常州其实区别很大，一般会说远亲不如近邻，但是常州属于吴语系统，苏锡常并称，与更远一些的上海和浙江关系反而密切。在江苏的大格局里，镇江属于宁镇扬城市圈，方言上是江淮官话区，更多的是接受省城南京的辐射。常州已把沿江开发作为自己的城市进一步发展的重要筹码，可惜它的江岸线太短，虽然比无锡和苏州离江边距离近，与镇江相比还是相差得太远。

镇江早就是地道的江边城市，不仅滨江，而且还紧挨着大运河，江苏境内的城市，能享受这种独特地域优势的，也只有这一家。自古以来，这里就是“江河要津”，如果不是长江和大运河在这交汇，也就没有今天的镇江。镇江这个名字事实上只是到了宋朝以后才出现，它最早的称呼是谷阳和丹徒，经常被人提起或者写在文章中的那个，应该是“夜潮京口月，春树广陵波”的京口。

东晋南渡，大量的北方难民蜂拥而至，这里便成了南徐州的所在地，当时约有100万人涌入江南，侨寓在江苏境内的有26万人，而南徐州一地，就有22万人之多。到了隋唐时期，包括北宋的大部分时间，镇江的名字都叫润州，这也就是镇江与扬州之间的长江大桥，为什么会被命名为润扬大桥的缘由。仅仅从字面上看，叫“润扬”显然要比“镇扬”更符合传统命名习惯。

有趣的是，镇江这个地名，其实最早是叫镇海，唐代开始在这里设“镇海军”，节度使就驻扎在润州。后来的宋太祖赵匡胤保留了唐朝建制，将镇海军改名为镇江军，因为地理上的变化，这里离大海实在太远了一些，已经名不副实。再后来的宋徽宗曾经亲自统领过镇江军，他有些偏爱自己的这支队伍，索性就将润州升格为镇江府。从此镇江的名字正式定了下来，再也没有改过。

作为一个城市的历史，镇江的兴起与三国时期的东吴最为密切。首先是孙权的哥哥孙策派部将孙河“屯京城”，继由孙韶进一步“缮治京城，起楼橹，修器备以御敌”。这里的“京城”也就是后人所说的“铁瓮城”。东汉建安十三年，这一年是公元208年，孙权将自己的大本营从苏州搬至镇江，以镇江为都，四年以后，又进一步西迁，将都城移至南京。

虽然只有短短的四年时间，但是决定三国鼎立的关键的“赤壁之战”，就是在以镇江为都城期间进行的。南宋的一位历史史志学家熊克谈起这段往事，就曾说过那场决定命运的大战，“虽获胜于赤壁，实决策于丹徒”。

由此可见，镇江最初就是一个地道的三国名城。

甘露寺和白蛇传说

既然是三国名城，镇江一定会跟《三国演义》中的故事走得很近。“吴国太佛寺看新郎，刘皇叔洞房续佳偶”，镇江北固山上有许多景点，与孙权和刘备的联姻有关，譬如甘露寺的多景楼，这是吴国太相女婿的地方，又譬如溜马涧，这是刘备与孙权比赛骑术的地方，还有祭江亭，这是孙夫人祭祀刘皇叔的地方。

最有趣的还是外国人的解释，说这里是“一个将军妹妹和一个皇帝结婚的地方”。孙权和刘备政治联姻，因为小说《三国演义》的流行，已完全改变了它的历史原貌。虽然镇江是当时东吴的国都，可是留在这里的民间传说，基本上都是胳膊肘向外拐，都是向着蜀汉的。

为什么人心会发生这样的转变，很值得大家去琢磨。事实的真相已被传说完全掩盖了，根据专家考证，吴国太这个人物根本就是虚构的，不仅老太太这个关键人物是虚构的，孙权要用自己的妹妹孙尚香为诱饵，玩美人计，准备诱刘备联姻招亲，趁机囚留幽室，逼还荆州，结果赔了夫人又折兵，所有这些被人津津乐道的传奇，所有这些家喻户晓耳熟能详的故事，其实都是子虚乌有。事实上，唯一的真相，就是孙权确实嫁过一个妹妹，在这场典型的政治联姻中，只有各自的利益，没有任何风花雪月。

根据《资治通鉴》上的记载，孙权嫁妹是在公元209年的冬天，两年后刘备带兵入蜀，孙权觉得他背信弃义，便一赌气将妹妹接了回来。这个妹妹嫁刘备的时候，正是19岁的芳龄，而刘备此时已经49岁，他们的婚姻只有短短两年时间，说他们如何恩爱，并因此演绎出一部热闹好看的爱情喜剧，根本就是想当然的事情。

《蜀书·赵云传》上就有这样的记载，孙权“大遣舟船迎妹”，孙夫人则“欲将后主入吴”，也就是说想把刘备的儿子阿斗绑为人质，结果当然是没有成功，她与刘备从此劳燕分飞。“舞台妆卸罢，同是陌路人”，出身吴国的这位孙夫人，孙权的妹妹孙尚香，嫁人既非本愿，离异也是身不由己，只能做一场政治婚姻的牺牲品。

镇江人显然对明摆着的历史真相不太感兴趣，他们宁愿故事就像小说中发生的那样。到了大名鼎鼎的甘露寺，人们首先想到的是刘皇叔和孙尚香的天赐良缘，并不在乎这个古庙，其实是在孙权的孙子孙皓手里，才最后修建完成。对于老百姓来说，历史真实并不重要，与苏南的其他城市相比，镇江人似乎更喜欢民间传说。

如果说从甘露寺里透露出来的历史信息，是刘皇叔与孙夫人的《龙凤呈祥》，那么另一座更著名的寺庙金山寺，则是更多地传递了《白蛇传》里的浪漫。这里的老百姓相信，在中国的四大民间传说中，除了孟姜女哭长城与自己挨不上边，其他的三个故事都离不开镇江，不仅离不开镇江，镇江人还相信，他们拥有的是《白蛇传》中最精彩的一个篇章。

提起《白蛇传》，很多人首先会想到杭州的雷峰塔，白娘子被惨兮兮地镇在那石塔下面。镇江人不喜欢这个悲剧性的结尾，他们要说的故事是轰轰烈烈的“水漫金山”，是已经怀了身孕的白娘子，为找回自己丈夫，不惜引来了四海之水，不惜调动了虾兵蟹将，热热闹闹大闹金山寺，把代表着封建礼教势力的法海弄得十二分狼狈。

镇江人心目中的白娘子，是个为了爱情，什么事都敢做的奇女子，就像不在乎真实的三国历史一样，虽然在历史上确有法海其人，他还曾是一位品行端重的高僧，但是大家如果选择站队，都愿意站在敢想敢爱的白娘子一边。

《白蛇传》的故事在流传了千年以后，才增加了“水漫金山寺”这一戏剧情节。这个情节不但增加了传奇性，而且也成为一连串故事中最浪漫最好看的一场戏。

为什么会把一个发生在西湖边的爱情故事移到镇江来上演，这首先与金山所处的地理位置有关。历史上的金山本来是江中间的一个孤岛，“万川东注，一岛中立，揽数州之奇于俯仰间”。随着江边沙滩的不断增加，金山到了清末才与陆地连在了一起。由于四面环水，金山又被称为“浮玉”，由于处在长江下游，潮涨潮落，又有一定的神秘性，很容易为人们留下丰富的想象空间。

换句话说，“水漫金山寺”这样的故事，最适合于发生在镇江，也最应该发生在镇江。金山并不高，只有44米，基本上可以算是一个小土堆，甚至要比一般的高楼大厦低了许多。金山寺依山而建，殿宇厅堂相衔，亭台楼阁相接。从山下到山顶，一层层殿阁，一座座楼台，将整个山体有机地包裹了起来，远远望过去，山就是寺，寺就是山，富丽堂皇巍峨壮观。

金山寺的奇异在于，它集中体现了唐宋元明清各个朝代的建筑艺术，将寺跟石塔和石窟三大佛教建筑汇集于一山之中，以至于当年康熙皇帝登临金山，也不得不发出感叹，说自己到过很多地方，“江天之胜，未有逾于此者”。因为皇上的这句话，扬州富商忍不住要模仿，在瘦西湖建起了小金山，后来的北京皇家园林也跟着模仿，在承德避暑山庄建了一座金山。

镇江与南京一样，地处吴头楚尾，在古人的笔下，所谓“江山清绝，襟吴带楚”。从字面上看，镇江这两个字突出了它镇守江防的重要性，不过，一味强调它的军事作用，并不合适，在中国的大历史上，毕竟和平远远多于战争，而国家统一和南北分裂的时间，几乎是各占一半。这里是长江和大运河十字交汇的黄金水域，是漕运的咽喉要道，九省通衢，人来客往商贾云集，帆过船航，不只是繁荣了城市，而且也让当地的百姓富裕了起来。

镇江也曾有过十分繁华的日子，如果说在六朝时期，今天的省城南京是东南第一大城市，那么到了隋唐，便成了落水的凤凰。“霸气尽而江山空，皇风清而市朝改”，南京从“市廛列肆，埒于二京，人杂五方”的大都市，沦为润州一县，成为镇江属下的上元县。当时南京的显赫地位，完全被镇江所取代了，那年头的润州风光无限，或许只是比扬州稍为逊色一点。

镇江很愿意强调自己的中国历史文化名城身份，在一个以经济为中心，十分讲究GDP排行的时代，镇江属于第二批获得这个光荣头衔的城市。截至2002年，国务院已经先后审定公布了五批名单。在这些名单中，没有常州，也没有无锡，这已经足以让镇江人感到自豪。同处在江南区域的常州人和无锡人，过去几十年里创造的经济奇迹，难免让有着辉煌历史的镇江人，包括省会的南京人都感到自愧不如。

镇江给自己的定位是三国名城，是六朝都会，是唐宋大市。风水轮流转，到了元明清，镇江有了一些衰败的迹象，作为长江南岸一个重要城市的地位，却始终没动摇过。国民政府时期，南京成为首都，江苏的省会从苏州迁至镇江，虽然作为省府的时间并不是很长，可是在城市现代化的规划上，在城市基础建设方面，它还是有着不俗的表现。

古诗名句总是能带给我们许多美好的想象，在江苏的诸多城市中，镇江经常会在唐诗宋词中飘浮，而其中最著名的，莫过于那句“一片冰心在玉壶”。一千多年前，一个风雨连绵的夜晚，在镇江做官的王昌龄，登芙蓉楼与友人送别，面对着眼前的吴江楚山，诗人自抒高节，告慰亲友，留下了传诵千古的诗句。如今人去楼空，当年的遗迹不见踪影，镇江人为了纪念这位伟大的诗人，为了那首不朽的名诗，为了那句“一片冰心在玉壶”，将原在月华山上的芙蓉楼，移建到了金山，供游人缅怀留念。

作为游客到了镇江，如果觉得肚子饿，建议先去吃一碗锅盖面。民以食为天，人是铁饭是钢，吃饱了才有劲，才能干好正事。可以找个熟悉的当地人询问，打听哪家面馆人气最旺，哪家的锅盖面最地道，最具有代表性。当然也可以不求人，借助手机上网搜索，求助百度浏览点评，这样的面馆应该有很多，很可能就在你身边。

据行家介绍，现如今镇江的锅盖面馆，不会少于两千家。其中大约只有五十家味道比较正宗。不少吃户到镇江玩，就是为了吃碗锅盖面，它们是真正的大众美食，价廉而物美，江苏境内要评最好面条，锅盖面一定榜上有名。有了一碗锅盖面垫底，最好的建议就是应该匆匆赶往焦山景区，去看一眼《瘗鹤铭》，这是中国书法史上有着特殊意义的一块碑，笔法之妙为“书家冠冕”，对后来的书法影响巨大。

镇江的焦山碑林在全国排名第二，能紧随著名的西安碑林排在老二，可见其收藏之丰富，同时又必须精益求精名副其实。看过了大名鼎鼎的《瘗鹤铭》，便可以飘然而去，接着上北固山。北固山上有北固楼，何处望神州，满眼风光北固楼。还有甘露寺，前面已经说过，刘备在这里招过亲。如果更喜欢民间神话传说，干脆再接着去金山，在金山寺烧一炷香，想象一下许仙，想象一下白娘子，想象一下法海。

游过了三山，作为游客，接下来就应该去西津古渡了。说起今天的镇江，其实最应该向大家隆重推荐的一定是西津古渡这个地方。可以不吃锅盖面，不喝恒顺的老陈醋，甚至不去最著名的焦山、北固山和金山，但是一定要去西津古渡。这里才是精华中的精华，任何一个读过唐诗宋词的人，有意无意间，肯定会遭遇到这个西津古渡。一个古字不是随便说说就是，没有响当当的来头，不配称为古。

说中国历史，谈华夏文化，没有名人便没办法说事。李白、杜甫、白居易、王安石、辛弃疾，反正古诗词里能留名的那些显赫人物，南来而北往，都会在西津古渡留下他们的足迹。人过留名雁过留声，遥想当年，一个历史上甚至查不出生卒年份的唐代诗人张祜，在西津渡候船，闲极无聊，靠吟诗打发时光，在墙壁上涂鸦抒发情怀，结果一不小心便留下了一首千古绝唱：

金陵津渡小山楼，一宿行人自可愁。
潮落夜江斜月里，两三星火是瓜洲。

西津渡又名金陵津渡，为什么会有这样一个名字，后人还真搞不太明白。百度有解释，说“唐朝镇江名金陵，故称为金陵渡”。显然有点不太靠谱，唐人写镇江的诗很多，把镇江称为金陵的例子并不多见，而写到金陵，自然就是今天的南京了。

要想更好地了解西津古渡，最好能够再看一眼中国地图，看一看滚滚长江如何向东流。在人们的印象中，万里长江像一条龙，从西边蜿蜒过来，一路向东，很少有人会去想，它最北面的位置在什么地方。大家可能不会想到，最北端就在江苏境内，就在镇江。从江西的九江开始，长江以一个很大的角度向北偏移，越偏越厉害。

这意味着江苏境内的镇江像个牛头那样，有力地顶向了北方。西津古渡恰恰在这个关键位置，它是整个江南的最北，在纬度上，甚至要比安徽的省城合肥更偏北。合肥早已远离长江。说它属于北方城市也算不上什么大错，近现代历史上的当地名人李鸿章李合肥，段祺瑞段合肥，习惯上都觉得他们已是北方人。

若没有中国文化知识，不知道历史和地理，没时间概念，没空间意识，要想了解西津古渡的意义，便会大打折扣。前面已经说过了，西津古渡在中国南北对抗时，起着一个非常重要的桥头堡作用，退必须守，进可以攻，镇江如果失去，江南也就立刻完蛋。

战乱年代如此，和平岁月也一样重要，这里是江河要津，对面就是通往北方大运河的入口，我们都知道，大运河是古代中国的经济命脉，北去南来，都得从这个运输的大枢纽走过。西津古渡自始至终离开不了一个实用，如今的实用当然变得不实用，交通上的重要地位已不复存在，功能完全改变。事实上，西津古渡已沦为摆设，只是一个人文景观，成为一块文化上的金字招牌，成为穿越时空的一个门洞或者一扇窗户。

所有的访古注定都会有现实意义，长话短说，还是套用一句广告词，到镇江旅游，西津古渡一定要去。在这会遭遇到摆脱不了的历史，这个历史中不仅有遥远的过去，很可能还会有未来隐约的身影。如果游客不知道这些，那么除了一条条仿旧的石板古街，一家家砖木结构的店铺，一栋栋飞檐雕花的客栈，一个元朝的古塔，一些洋人留下的老房子，曾是英国人的领事馆，还有一大群见了生人都不知道害怕的野猫，你很可能什么也没看到。

城市规划专家来到镇江，一定会很兴奋，这里有真山真水，自然条件十分优越。山水与城市浑然一体，得天而独厚，苏州人喜欢说自己是园林之城，镇江人却觉得园林太像摆设，有些小家子气，仿佛一个个盆景。他们喜欢说自己是山水之城，山见仁者心，水显智者情，把山水作为城市的构图要素，天人合一才是镇江人追求的目标。

今天，再也不会有人对镇江应该成为一个美丽的城市提出异议。多少年来，无论是城市建设的决策者，还是城市的实际居住者，对“美丽的城市”这个概念，总是不能太往心上去。在经济落后的时代，繁荣和富裕的梦想永远是排在第一位，人们通常能想到的，都是如何迅速解决贫穷和落后。

孙中山在《建国方略》中曾说过，只要重新“增浚新运河，则此地必能恢复其昔日之伟观，且更加重要”，不仅如此，他甚至预言镇江“将来欲不成为商业中心，亦不可得也”。近一百年过去了，镇江人不懈地努力过，然而孙中山的伟大预言并没有实现。

历史的经验证明，一个城市的发展，并不会简单地以个人意志为转移。实际的状况告诉我们，在长江三角洲，镇江显然不是一个商业中心，也不会是个文化中心，今天不是，以后也不一定是。镇江一直在不切实际地追赶着苏州、无锡、常州，从地图上看，它们似乎是在同一个起跑线上，沿着沪宁铁路线一字排开，因为追赶不上，镇江总是给人一种落后的印象。

不过现在，镇江人终于闹明白了，GDP不是唯一的评判标准，暂时的领先和掉队，并不能代表永恒。镇江人终于明白，城市定位必须要有自己的个性，必须要有自己的幸福感受，根据这个新的理念，他们居住的城市，就算不是商业中心，就算不是重要的工业生产基地，也并不是什么大不了的事情。

镇江曾经十分辉煌，一个城市用不着总是惦记旧时的光荣，重振往日雄风，有时候会成为一个没有必要的包袱。一个城市也没有必要盲目地追赶时代潮流，城市建设应该有一个很长远的目标，应该有一个很人性化的标准。镇江的命运，与国家的前途紧密相连，当然不只是镇江，江苏所有的城市都是这样，只要不打仗，只要能保持和平发展，镇江的前景可能远比我们想象得还要乐观。

镇江是一个地道的发展中城市，除了水上交通的明显优势，沪宁铁路横贯市区，沪宁高速公路和312国道则从市区南部通过。此地河网密布，水资源十分丰富，全境有两大走向不同的山脉，分别是宁镇山脉和茅山山脉，水多山多，城在山中，山在城中，只要加以科学的规划，镇江没有理由不成为一个美丽的适合人居的城市，而适合人居，才是一个城市最终极的目标。

镇江人要注意的就是如何扬长避短，不要再犯可笑的低级错误。二十世纪九十年代，因为拍摄电视连续剧《三国演义》，无锡人在太湖边上建造了一个“三国城”主题的旅游景点，吸引了众多游客。镇江人不甘落后，不愿意“三国名城”的头衔落入他人之手，也跟风搭建过一个三国城，结果是十二分的尴尬，门庭冷落血本无归。

镇江人做买卖，显然无法与动辄就赚得盆满钵满的无锡人相媲美。游人只知无锡三国城，对镇江花巨资搭建的那个三国城毫无兴趣。对于不熟悉历史的人来说，在无锡太湖看看假的三国城已经足够，没必要再去镇江花冤枉钱。对于真喜欢历史的人，到镇江就要看货真价实的三国遗迹，根本没必要去欣赏那些新造的假古董。

〔第十一章〕

南通

<<

南通一位市长介绍自己管辖的这座城市，曾做过一个生动形象的说明。如果长江是条巨龙，长江的入海处便是硕大的龙头，仔细观察一番这个龇牙咧嘴的龙头，不难发现享誉中外的国际化大都市上海，其实只是龙的下嘴唇，有下必然有上，龙的上嘴唇又在哪里，答案就是南通。

镇江人说起自己的优势，是江河交流，江苏境内的城市紧挨运河，又能依靠长江，仅此一家。南通人说起自己的优势，是江海交汇，既滨江，又对着大海，江苏境内包括全国范围，除了“龙的下嘴唇”上海，南通也是唯一的一家。镇江位于长江南岸，是江南的最北端，南通位于江北，却是江苏境内江北的最南端。

江苏境内的长江弯弯曲曲，从纬度上看，由于长江从镇江开始，又蜿蜒流向东南，南通实际的位置，比镇江还要偏南，它的纬度基本上是与南京平行。镇江人不愿意别人说自己是江北人，因为事实上，镇江就在江南，苏锡常的人说此地的居民是江北人，带有明显的非吴语歧视。挨得近的常州人，或许还含蓄一点，毕竟就是近邻，不能信口雌黄，无锡人、苏州人、上海人、浙江人，他们顾不上这些，即使嘴上不说，心里总是会想到镇江人和南京人太像江北人。

南通人也不太愿意别人说他们是江北人，虽然从区域上来说，南通毫无疑问是在长江北岸，他们就是不折不扣的江北人。很多南通人，如海门一带的居民，说话都带着十分浓郁的吴方言口音，这些人跑到真正的北方去，譬如在北京的建筑工地上，说自己是上海人、苏南人、浙江人，保证不会有人不相信。

历史上，北方人曾看不起南方人，后来南方富裕了，有些银子了，一阔脸就变，江南人开始掩饰不了对江北人的不屑。想当年东晋南迁，南京和镇江附近一下子来了很多北方难民，人口之多甚至超过了土著。客大欺店，北方来的难民都成了大爷，那年头原住民遭受歧视，当官的都是北方人，原住民不得不卷着舌头，赶时髦学北方人说话。

南通的情况正好相反，到了唐朝的时候，南通很大的一部分还是长江中间的沙洲，这里是古代流放犯人的地方，而这些“流人”大都来自江南。今日的南通大致可以分为吴方言区和江淮方言区，江淮方言区的人，譬如海安，譬如如皋，在政治上一度绝对占着上风，他们是原住民，说的是官话，店大就欺客，而吴方言区的先民，不是流放的犯人，就是跑来垦荒的江南人，人生地不熟，只能甘心被领导和管辖，自然也就在情理之中。

南通市区流行的南通话，属于最让人头疼的一种方言，北方人和南方人都听不懂。它夹在两大方言之间，既是一种变了形的“江淮官话”，又是一种蜕变了的吴语，因此有学者把它称为具有吴语基础的江淮方言。吴语与官话交会，南腔与北调相融的南通方言，非常形象地体现了南通文化的南风北韵。

说到江南江北的交流，南通比镇江更走极端。历史上，南通曾被称为“小扬州”，也一度被称为“小上海”，这些称呼充分反映了南通的善变。同样是不南不北，与镇江相比，南通的南风北韵特征，更为明显，更加突出，变化也更加诡谲，关键是看何种文化能占据主导地位，有时候南风劲吹，北韵隐退，有时候正好反过来，是北韵凸现，南风渐去。

进入近代以后，南通人不愿意把自己看作江北人，很重要的一个原因，还是因为他们的经济地位。在江苏境内，江南和江北往往不仅仅是一个地域概念，更可能代表着一种贫富差异。人穷志不穷，谁也不愿意因为穷让人看不起，更不愿意自己本身并不是很穷，却仍然被人看不入眼。

南通是整个江北区域经济最发达的城市，根据最新的GDP总量排名，南通在2006年超过了常州。这是一个非常值得玩味的信号，自从1128年黄河改道进入江苏境内，整个江北地区贫穷落后的帽子就再也没有摘掉过。根据最新的2022年的GDP排名，南通仍然排在常州前面，名列全省第四，南通的腾飞具有很重要的示范意义，毕竟江北要比江南大得多，一个江北要抵得上几个江南，这里的经济真要起来了，江苏的前途不可限量，而要想建设和谐江苏，江北的经济不上去，显然也只是一句空话。南通人相信他们才是真正的实干家，将是最先打破大江南北差异魔咒的先行者。

江之阳，海之东

南通是一个相对年轻的城市，与省内同等级别的城市相比，它似乎没有那么多的辉煌历史，可以拿来炫耀和卖弄。秦始皇统一中国，汉王朝威震海内，所有这些历史课上的家常话，与古老的南通似乎都沾不上边，没南通的什么事。

四海之内，莫非王土，这句哄皇帝高兴的古语，向来都是蒙人的。凫雉栖飞，獐狐窜走，南通的先民生活在草丛荒滩之上，置身远离大陆的世外，沉浸在打鱼和狩猎的活动中，远比当时还没有大开发的江南更加原始。唐宋之前，今天南通的辖区，大都还是一些大海里的沙洲。沧海变桑田的故事，让南通人来叙说最为生动和恰当。

根据史料记载，南通的前身，也就是那些大大小小的沙洲，大约在公元7世纪，才开始与大陆东端的扬泰岗地相接，到10世纪的五代之初，已出现在长江口外几百年的胡逗洲，终于与长江北岸相连接，这就是今天的南通城区。

历史上的南通，曾经属于泰州管辖，在城区开始与大陆对接的一百多年后，东边大海中的古海门岛，又开始与大陆相连。形象地说，南通的地盘就是这么一块块拼起来的。只要你有心，只要你愿意往深处挖掘，在整个南通地区，到处都有可能找到一条古船的遗骸。二十世纪七十年代，南通管辖的如皋境内，几个小孩在一个小池塘里玩水，居然从河底摸出一块很大的木板带回家。村民觉得这事不可思议，于是接着探索下去，结果发现淤泥下面是一条古船。

专家们闻讯迅速赶到现场，用起重机将古船吊起，那时候正好是“文化大革命”期间，做事有些粗糙和欠考虑，吊起时，船身还很完整，到放下时，古船就散开了。据测量，这条古船长17.32米，宽2.58米，舱深1.6米，船上有日用瓷器9件，都是唐代制品，此外还发现了3枚唐代的制钱“开元通宝”。

发现这条古船的地方，离长江有几十里，离大海有上百里。在南通地区发现“陆地海舟”从来就不是什么稀罕的事情。1985年，如东汤家园的农民在挖河藕时，发现了一块“古木”，经博物院专家研究和鉴定，竟然是一条东汉晚期的“独木舟”。到了1987年冬，如东掘港的农民挖鱼塘，又挖到了一条元代的海船，船上有一只陶香炉和两只陶罐。

所有这些发现，足以证明南通在古时候是个很偏远的地方。

南通人编了一本《历代文人咏南通》的小册子，根据这本小册子上的记载，似乎找不到什么宋以前的文字记录。在写诗词歌咏南通的古代文化名人中，最早的也就是王安石了。一生好入名山游的诗仙李太白没到过这里，与江浙大有缘分的苏东坡没到过这里，动不动就喜欢“下江南”的康熙和乾隆皇帝，也没有到过这里。

与李白和苏轼相比，初唐四杰的骆宾王名气要小一些，但是南通人相信自己与他的关系十分密切。骆宾王的《讨武曌檄》，当年把武则天本人也给惊呆了，连呼“宰相安得失此人”。关于他的下落有着不同的解释，《资治通鉴》说他当时就被当作乱党给杀了，《朝野佥载》说是投江而死，《新唐书》说是“亡命不知所之”，而孟綮的《本事诗》则说他落发做了和尚，“遍游名山，至灵隐，以周岁卒”。南通人坚持认为骆宾王最后躲在了“邗之白水荡”，这个白水荡又名白水窝，就是今天启东的吕四。

明朝的时候，有人在吕四发现了“骆宾王之墓”，到了清朝，这个墓被移到狼山东南山麓的峭壁前，现在已成为供人游览的一个景观。同样，为纪念文天祥南归修建的“渡海亭”，不但是很好的旅游景点，同时也可以作为当年这里是边远蛮荒之地的佐证。1276年，文天祥在被押随元军北上的途中脱逃，几经磨难，在通州卖鱼湾附近渡海南下，与惊恐逃亡中的小朝廷会合，重举义旗，最后虽然没有能够完成挽救南宋的大业，但是南通人永远忘不了这位忠贞不贰的民族英雄。

天补之地

一提起今天的滨海城市，人们首先想到的是旅游度假胜地，想到一片片金黄色的沙滩，想到一栋栋建筑风格迥异的别墅，想到衣着鲜丽的男女游客，想到温暖的海风和绿色的棕榈树，这些海边常见的旖旎风光，显然不是南通的真实写照。

地处长江入海口北岸的南通，三面临水，一面靠陆，状如菱形半岛，与上海和苏州的常熟、张家港隔江相对，境内拥有江海岸线364.91公里，是长江入海口的第一个河口港口。作为长江流域进出物资的转运枢纽，作为长江三角洲地区的重要港口，南通已在1984年被国务院列为沿海对外开放城市。

这里完全有可能发展成一个像上海那样的国际化大都市，但是历史并没有把这美好的机会留给南通。让人不得不感到遗憾，或许与大上海挨得太近了，南通不仅不能与它相提并论，与其他省份著名的滨海城市相比，也要逊色许多，起码到目前为止，南通还不具备大连、青岛、宁波、厦门、深圳那样的综合实力。

一个城市的发展，通常都是可遇而不可求的，滨海城市能够成为亮点，也就是在近代特别是改革开放以后。事实上，只要稍稍考察一下中国城市的发展，就可以发现在历史上，海边不是一个什么了不得的好地方。在闭关锁国的政府眼里，一个滨海小县城并没有太大的价值。很长一段时间，南通只是伸向大海深处的一个拐角，是犯人藏匿的好地方，天高皇帝远，老百姓自得其乐。

南通又被称为“崇川福地”，虽然滨海临江，位于长江口岸绝佳的地理位置，把守着进出中国内陆的大门，但这里自古就不是兵家必争之地。偏安于江海三角洲之间，境内地形平坦气候温和，土地肥沃河网纵横，因为少有战乱，人民的生活相对安定和富足。离南通不远的江面与沿海，有确切记录的大小战斗共发生了40余次，这些战斗一般都跟改朝换代有关，对当地老百姓的日常生活影响并不太大。

明清时代的海禁，抑制了南通的对外发展，譬如清政府就严格规定，如有打造双桅五百石以上的船只出海者，不论官民，俱发边卫充军，文武官员及地方甲长同谋打造者，判三年徒刑，明知打造而不举报者，官要革职，老百姓要杖一百记屁股。

真正影响生活的是大自然，在生产工具极其落后的条件下，南通的先民只能是看老天爷的脸色吃饭，只能听命于天。这里的地理环境，与地处莱茵河入海口的荷兰十分相似，不同之处在于，荷兰人的航海业发达，敢于出外探险，到处去寻找殖民地，南通人干不了这个，也不允许他们干这个，只能老老实实地在家待着，煮盐为业或者开垦荒地。

千百年来，围海造田是南通人最可歌可泣的事情，在这一点上，他们所做的努力，完全可以与欧洲的荷兰人相媲美。自十三世纪以来，勇敢的荷兰人向大海填土争地，为其国土增加了7000多平方公里的面积，相当于其领土的五分之一，南通人历年从大海所争得的土地，已经接近这个数字，因此，南通也被誉为东方的“荷兰”。

当然，向大海争土地从来就不是一帆风顺的，星转斗移天道无常，人类在和大自然做斗争的时候，并不是总能占据上风。唐宋时期，南通土地面积不断增加，到了元朝末年，全球气候变暖，海平面开始上升，长江主泓北移，江水海浪开始发威，冲刷着已成为平原的南通。

整个明朝期间，南通的海门都在不停地崩溃之中，无数村庄没入了大江大海，无尽的哀号响彻数百年，海门县衙一次次搬迁，结果到清朝康熙皇帝接手这个烂摊子时，不得不含恨撤销无土而治、无民而抚的海门县治，“废县为乡，并入通州”。今天的人站在狼山前，望着山下滚滚的长江，难以想象这里曾是良田万顷，随处可见炊烟袅袅的村庄。

好在海门很快又从海底冒了出来，在取消县治的几十年后，海水又一次退去了。新的沙洲再次被改造成了大片良田，大规模的移民，又一次从江南和崇明涌过来，筑堰修圩开沟排水。南通人向大江大海要地的不屈精神让人敬佩，事实上，如果没有几代人的前仆后继，栉风沐雨历尽艰辛，就不可能有今天的南通。南通的这些神奇土地，既可以说是老天爷的恩赐，也可以说是南通人靠自己的奋斗获得的。

一个人和城市

1894年是中国历史上的重要年份，甲午中日海战，中方大败导致割地赔款，从此走向了中日激烈对抗的不归之路。这一年慈禧太后六十岁，特开恩科会试，一位对科举已不再热心的中年人，在父兄的逼迫下，跟别人借了一套试具赴京应考，没想到一下子就中了状元。

这位状元就是张謇，对于南通人来说，张謇的重要性实在太大了。对于一个城市的贡献，很难再找到一个人能与张謇相提并论。一般人提到张謇，都是他的状元身份，还有那些显赫的官位头衔，他当过预备立宪会的副会长，当过中华民国的首任实业部总长，当过袁大总统的农林和工部两部总长。不过很显然，张謇虽然十分有官运，但仕途并不得意。

张謇做过总办通海团练，这一差事，有点像曾国藩当初操练湘军，其目的是为了防御日本海军随时可能对长江下游的侵犯，由于清政府在中日战争中的迅速落败，并签订了丧权辱国的《马关条约》，通海团练的差事，也就半途而废，无疾而终。事实上，张謇在官场上，干什么都长久不了，不是他不能干，而是他的所作所为，多多少少总有些不合时宜。

放在中国的大历史上，张謇既是科举的正牌出身，更是改革开放的急先锋。他曾说过，一个人的一生可以分成三个时期，三十岁以前应该读书，因为这时候还没有什么功名，还没做官，想干事也干不了。三十岁到六七十岁应该做事，此时不做事，一生也就虚度了。七十岁以后又应该读书，你的岁数已经不允许你再干事。人不读书会变得愚蠢，读了书，不会做事同样是愚蠢，张謇不仅会读书，而且从来就是一个出色的实干家。

应该感谢张謇的仕途不得意，正是因为在官场上无所作为，他把自己旺盛的精力投入到了实业方面。可以这么说，张謇一生中最成功的一笔，不是考上了状元，也不是当过的那些大官，甚至都不是他任职兼职的那些响当当的名头，诸如中国银行股东联合会会长，交通银行总理，大陆制铁公司董事长，中华国民制糖公司董事长，中国纱厂联合会会长，上海吴淞商埠督办，导淮总局督办，全国水利局总裁。

张謇最值得别人津津乐道的，是家乡自治建设，中国实在太大了，官场实在太黑暗了，他似乎只有在南通这一弹丸之地上，才可以大显身手大展宏图。张謇存心要为落后的中国做一个“试验”，通过自己的实践，“建设一新世界雏形”，向全国示范一条全新的振兴之路。正是在张謇的努力下，闭塞落后封建保守的南通突飞猛进，得到了全方位的发展。

张謇的发展理念是“父教育而母实业”，说白了就是重教育，以实业为先，发展集团化的企业，为各项事业广辟财源。有了钱，有了很好的经济基础，就可以为教育事业提供物质保障。实业的兴盛发达，彻底改变了这个城市的形象，南通不仅完成了中国历史上最早的工业化，而且从学前教育到高等教育，从普通教育到职业教育，形成了一套能够适应社会的各种需要，相互衔接又相互配套的教育体系。

在张謇的领导下，南通一度也是中国社会公益最为发达的城市，在市政建设和城镇布局方面，南通曾经走在时代最前沿，早在二十世纪初，它就有了最早的博物馆，有了图书馆，有了公共体育场，有了气象台，有了中国历史上第一条真正现代化意义的公路。

张謇几乎是靠一己之力，彻底改变了南通的命运，这在中国的城市发展史上绝无仅有。

重塑昔日的辉煌

万里长江奔腾入海，沿途留下了无数风景名胜，南通的狼山位于海头江尾，既是由海入江的第一名山，也是长江的第一重门户。狼山滨江耸立，是江海平原上唯一的一群浅丘，与江南太湖中那些孤山一样，都是天目山系的余脉，原为海中之孤岛，从长江的江面上看过去，仿佛天然的水石盆景。

南通城的濠河最让当地人感到自豪，它的面积有1040亩，最宽处218米，水波浩渺形同湖泊，最窄处仅10米，仿佛丝带飘流。濠河一半源于天然，一半成于人工，五代时建城，与许多城市一样，南通城也是方型的，到明代在城南筑新城，作为护城河的濠河，便随着城市形态变化，成了一个葫芦状。现在，随着城区的扩张，已置身于城中的濠河，成为展示本地风光的一张名片。

特别需要强调的是，濠河靠海滨江，由于潮水涨落的作用，水位会不断变化，因此可以视作是有活的水源在支撑。这在国内水资源匮乏的护城河中，具有不可比拟的优势。“水抱城，城拥水，城水一体”，画舫雍容，小舟轻逸。环濠河而生的绿地，自然天成，春天杨柳低垂，撩拨碧水柔影，夏日繁花璀璨，满池荷叶。

和江苏境内的其他城市相比，南通是一个非常适宜人居的城市。不只是因为这里有灵秀的狼山风景区，有美丽的濠河环绕，更因为这里的生活成本相对要低一些。衡量幸福指数的标准，绝不仅仅是一个GDP，还要看老百姓的实际收入和支出，此地居民的收入，不能与江南富庶的苏锡常相比，也比不上省城南京，可是在整个江北，大有傲视群雄的意思，南通一直是江北经济的领头羊。

在二十世纪初期，南通是江苏最有活力的城市。一百年过去了，今天漫步在南通街头，仍然可以见到昔日的繁华。这个城市曾经是中国现代化的样板，是新生活的“模范”。说起中国的民族工业，通常会说到三大支柱，即所谓的纺织、面粉和缫丝，其中棉纺织业的发展程度，往往是一个城市或地区工业发展水平的主要标志，南通的大生纱厂是当时19家华资纱厂中最成功的一个。

工业化的南通，一改自己江苏境内边远小城的形象，它成了一个地区性的商贸中心，是近代交通运输与通讯中心。与纺织有关的行业，都得到了迅猛发展，南通地区的棉产量，冠于东南，约占全省总产量的四分之一，除了自己生产的棉花，周边的棉花出口，也是通过这里集中外运，南通是整个苏北地区棉花的集散中心。

因为率先进入了工业化，一百年前的南通，曾经一度领先江南。这种领先不仅表现在经济上，也同样表现在社会福利和文化建设方面。可惜很快就风光不再，又一次落后于江南，比较两地的发展模式，不难发现南通近代工业，几乎都是张謇独立筹划和建立的，始终有他那双“看得见的手”在操纵，在进行着宏观控制。张謇获得了“二十年内百里之间不得有第二厂”的专利权，成也萧何，败也萧何，由于自治理想在本质上，还是一种“准政府”行为，一旦独裁的巨大优势失去，城市发展就不可避免地出现停顿。

这种停顿完全有可能延续很长一段时间，成为城市进一步发展的负担。事实上，早在二十世纪二十年代后期，北洋政权被国民政府所取代，张謇的事业就遭遇到了难以为继的窘境，而江苏第一号工业城市的桂冠，也由此从“模范县”的南通转移到了无锡。无锡的民营资本开始大显身手，显示出了完全不一样的活力。

这种改变几乎是必然的，南通的工业化进程，是垄断资本占绝对优势，是特殊时代的计划经济产物，正好与江南苏锡常工业发展的寡头竞争局面背道而驰。起点不一样，结局也就不太一样。与江南的经济能够持续发展相比，南通以失败为代价，赢得了崇高形象和救世姿态，而苏锡常一带，却背负了经济动物的恶名。自由竞争的名声可能不太好，却更加符合商业规律，优胜而劣汰，在单纯的逐利角斗中，赢者获得了巨大的效益。

如何重塑昔日辉煌，也许是今日的南通人想得最多的一个问题。虽然在经济建设方面，此地一直大大超过江北其他城市，与心中应有的那个美好目标仍然有着一定的距离。新时期以来，南通的建筑工程队伍率先走了出去，他们凭借高超精湛的技艺，依靠吃苦耐劳的精神，成为享誉全国建筑业的“铁军”，创造出非常好的业绩。

良好的集体主义意识，服从命令听指挥的态度，一向都是南通人的优秀品质，这种品质是在长年围海造田的活动中形成的。很显然，南通人更习惯有一个杰出的领导来带领他们。这个城市一旦缺乏像张謇那样的强势人物，竞争能力便会大大削弱，甚至会有一种找不到北的恍惚，因此，南通领导人物的水平和能力，要比别的城市显得更为重要。

南通简称“通”，古称通州，别称静海、崇州、崇川、紫琅，是国务院确定的中国长三角经济中心和现代化港口城市。

南通的历史在江苏相对还是比较短的，五代十国时期的吴国，也就是历史上的杨吴，曾在今天的南通一带设丰乐镇、大安镇、崇明镇及狼山镇。当时直接统治这一区域的是姚氏家族，唐朝末年军阀割据，姚存制居南通一带，为东洲静海都镇遏使。五代十国初期，存制卒，子姚廷圭代之，为东洲静海军使，开始筑城，为静海军城。公元919年，钱镠水军破城俘虏了姚廷圭。公元937年，姚彦洪为静海指挥使，“修城池官廨”，“城而居之”，号称“静海都镇”，统辖狼山、丰乐、大安、崇明四个大镇。

南唐保大十年，也就是公元952年，在海陵县东乡重建了如皋县，后周显德三年，也就是公元956年，后周大军压境，姚氏政权控制东洲和静海约半个世纪的局面结束。显德五年初，周军南下，攻克如皋东乡的静海，设立静海军，不久又升静海军为通州，并设静海和海门两县归通州管辖，州治驻静海，归更高一级的扬州管辖，此为通州建州之始，也就是今天南通市的开端。

很多人可能不知道，在中国历史上，曾有过五个通州。南通州，北通州，南北通州通南北，大家更熟悉的只是这两个，也就是已改名为南通的南通州，改名为北京通州区的北通州。有意思的是，中华民国成立后，因为重名，南通州改名南通，保留原名的是当时属于河北的通州。因为区划调整，现在各自又变成了重名的“通州区”。南通有个“通州区”，北京也有个“通州区”。

历史上的其他三个通州早就不复存在，其一在四川的达州市达川区。北朝的西魏废帝二年，也就是公元553年，以四川的万州居四达之地，命名为通州。隋朝大业三年，也就是公元607年，改通州为通川郡。唐武德元年，也就是公元618年，通川郡再次改成通州。武德三年，置通州总管府，领七州，辖二十七县。宋乾德三年，也就是公元965年，又改通州为达州。

其二在吉林的四平市，辽代时期，属于东京道通州。四平是满族的发祥地之一，国共四平战役名扬中外，这里一度被誉为“东方马德里”，处在松辽平原中部腹地，是吉林、黑龙江及内蒙古东部去往长三角和京津冀的必经之地，东北地区重要的交通枢纽。

其三是河南省鹤壁市浚县，位于太行山东麓，华北平原南部。浚县处在安阳、濮阳、新乡、鹤壁等市辐射带的中心位置，也是一座国家历史文化名城。金皇统八年，也就是公元1148年，改浚州为通州，三年以后，又复名浚州。

能够取名“通州”，顾名思义，就是交通很方便。事实上，南通最大的问题，一直是交通不方便，虽然得名南通，历史上的南通总是“难通”。在过去，它几乎是个死角，取名通州简直就是莫名其妙。仅以过江为例，江苏曾经有过的大型渡口，主要是在南京、扬州和镇江一带，陆游的“楼船夜雪瓜洲渡”，说的就是扬州的瓜洲古渡口，还有镇江的西津古渡。南通地理位置相对偏僻，再加上江面宽阔，风云变幻，行船很不容易，没有像瓜洲和西津那样的著名渡口。如果要去苏州，或者要去浙江的沿海，通常都要绕道南通的上游才能过江。

长江天堑大大削减了南通与江南的交流，不妨想一想交通便利的好处，扬州为什么会发达，因为有了运河，所谓坐收运河之利。同样是千年老县城，无锡为什么会比近邻的江阴和宜兴更强，同样也是因为运河，因为有了京沪铁路。在没有铁路之前，二十世纪初，赵元任先生从常州去上海，竟然要绕道南京，然后再坐江轮才能到达。苏州的周庄之所以能保存完好，很重要的原因也是交通实在不方便，今天看来离上海很近，当天游玩还可以来回，当年要去一趟真的是难上加难。

时代的节奏越来越快，如果说一个现代化的南通，与张謇这样的地方精英有关，与南通人的吃苦耐劳有关，那么过去的这些年，南通的交通开始变得四通八达，也是有着非常重要的关联。闭塞永远都是不会有出路的，一百多年前，早已意识到这个症结的张謇，创办南通大达轮步公司，开通了南通与上海、南通与海门之间的航线。到了1960年4月12日，更现代化的“新丰”号客轮首航南通，乘坐客轮成为南通人过江的最常见方式。

1984年，南通第一家汽渡通沙汽渡正式通渡。1993年以后，崇明到海门、南通到常熟、海门到太仓的汽渡相继竣工，汽渡也逐渐成为南通至苏南的主要通行方式。2008年，南通人迎来了苏通大桥。南通人过江，从此由1小时缩短到8分钟。再往后，时间来到2020年，沪苏通长江公路铁路大桥的通车，进一步拉近了南通与上海的距离，也标志着南通正式进入“高铁时代”，南通人的出行有了更多选择，南通不再难通，已经变成了好通，长江这个龙嘴的上下嘴唇，终于可以很轻易地咬合在一起了。

未来5到10年，南通将迎来过江通道的建设高潮，“八龙过江”的新格局跃然而出，作为“中国近代第一城”的南通，正大步向着未来前进，很显然，它的城市形象会又一次提升。

〔第十二章〕

盐城

盐城是江苏最大的城市，当然只是指它的管辖区域，是1.5万平方公里，这个面积相当于江南的苏州、无锡、常州的总和。盐城人口一度也是名列江苏第二，它的GDP总值，根据2006年的排名，只相当于苏锡常的十分之一。大家都知道，江苏是个出了名的经济强省，如果盐城经济状况能像苏锡常一样出色，江苏的经济将大大地又向前迈出一步。

盐城在南通的北面，与自己的这位近邻相比，显然还存在着很大的差距。为什么会出现这样的差异，注定是一个比较复杂的历史问题，不可能用三言两语就能解释清楚。简单地说，盐城的落后，一定是与交通的不方便有关。南通已经难通，盐城就更加难通了。试想一个古代旅行者来到江苏，不外乎有两个途径，或者像李白出川那样，沿长江顺流而下，或者像康熙乾隆下江南那样，沿运河一路巡视过来。

长江和大运河是江苏境内最主要的交通要道，历史上江苏发达一点的城市，不是依靠着运河，就一定是紧挨着长江。盐城距离长江和运河都有着相当长的路程，历史上这里曾经出过一些很不错的名人，譬如建安七子中的陈琳，南北朝的名医徐道度，清代的治水专家冯道立，评书的开创者柳敬亭，然而相对于江苏境内的其他城市，却要逊色许多。翻阅古代文献，真正到过盐城的历史文化名人，数量和质量都非常有限。

有了津浦铁路，轨道交通开始全面代替航运，沪宁线将江南的重要城市都串联起来，然而列车在南京跨过长江以后，却一头扎进了安徽腹地，一直快到徐州，才重新进入江苏境内。这一交通史上的重大改变，使得原本还有些繁华的苏北运河沿线开始急转直下，立刻变得萧条起来。

交通的瓶颈，限制了整个江苏中部和北部的发展，进一步加大了江南和江北的经济差异，而向来借助运河辐射的盐城，受到的打击就更大，因为津浦铁路在运河的西端，已经远离运河，离盐城的直线距离就更为遥远，它与盐城几乎就没有什么关系。

盐城东临黄海，西接淮扬，南对南通，北至连云港，自古就以出产淮盐而著名。盐是人生存的必需品，淮盐粒大色白，饮誉古今，长江沿岸的川鄂赣皖苏等地，均视淮盐为上品食盐。盐城的置县设城，无疑也是因为这里的得天独厚。“煮海之利，重于东南，两淮为最”，相传湖南和江西一带嫁女，多选淮盐为馈物，云南一些地方的少数民族嫁女，必以淮盐相陪方为嫁妆齐全。

盐和卤在物质意义上差不多是同一个意思，汉朝许慎在《说文》上指出了它们的区别，“天生曰卤，人生曰盐”，自然形成的是卤，经过人力加工而成的才可以称为盐。现在已经无法考证出人类什么时候开始“煮海为盐”，日积月累光阴似箭，食盐的生产技术已经一变再变，能确定的也许只是盐城人民的日常生活，与盐业生产有着非常密切的关系。

说白了，历史上的盐城，就是一个淮盐的生产基地。盐是人类活动不可或缺的物质，在古代中国，盐不仅与老百姓的日常生活休戚相关，也与封建王朝社稷之安危密切联系。因此，历朝历代都十分重视盐政。官府募民制盐，然后官收，官运，官销。在元代，“国家财赋，盐利为盛”，通过对盐的控制而产生的巨额收入，竟然占了当时国家总收入的一半以上。

明朝为盐官设置的最高头衔是从三品，清朝有巡盐御史，这个御史的官衔并没有定品，由于他管辖的都转盐运使已是从三品，在三品之上是理所当然。围绕着盐政，不但可以派生出一大批官僚，还造就了许多富可敌国的盐商。盐商又分垣商和运商，垣商负责从盐民那里把盐收集起来，运商则是把收集到的盐运往全国各地。

千百年来，盐城人默默无闻做了太多贡献，自己并没有过上富裕生活。古代盐民又称“灶民”或“盐丁”，处于社会的最底层，不仅生活上艰苦，政治上也倍受歧视和奴役。在封建朝代他们是最被看不起的人，从宋代开始，包括后面的元明清三代，都用特殊的户籍管理盐民。这种特殊的户籍不能改变，盐民们只能世世代代积薪、晒灰、淋卤、煎盐，蓬头垢面胼手胝足，所产食盐全部交公。

盐民甚至都没有行动的自由，若要离开灶区，需经官方批准，且不能持器械或三五个人结伴同行，生活水准完全跟奴隶差不多。

范公堤烟雨

“范堤烟雨”是古盐城最负盛名的八景之一，范堤又名范公堤，以知名度而论，或许还不足以与杭州西湖的白堤和苏堤相媲美，但是说到它的气势，它对民生所起到的巨大作用，却远比白堤和苏堤更为出色。

这是一条非常古老的锁海大堤，北起阜城，南抵海安，纵贯南北15个市县，全长462.6公里，其中绝大部分都在盐城境内。如今，范公堤沿线是盐城经济最发达的地带，这一线人文资源集中，古迹名胜众多，驱车从堤上走过，思古之情不禁油然而生。

宋朝开始，在盐城的东台西溪设立了盐仓监，朝廷曾经先后派过三任负责盐务的官员。这三位盐官都是干才，被誉为

“西溪三杰”，他们不仅在任上的成绩突出，而且最后都当了大官，都是官居参知政事。千万别小瞧了这个参知政事，在北宋，这个职务相当于前代的宰相，基本上就是今天的总理副总理。

这个例子也足以证明当年盐政的重要性。三位盐官中最后一个是范仲淹，公元1021年，范仲淹来到西溪接任盐仓监。这时候，盐城东台一线，与大海的直线距离不过是一里路光景，滔滔黄海汹涌澎湃，每逢海潮泛滥，“远听如天崩，横来如斧戕”。原有的海堤因为年久失修，根本经不起风浪侵袭，堤堰倒塌潮水漫浸的悲剧经常发生，盐亭农田遭淹，庐舍牲畜漂没。范仲淹看着当地老百姓苦不堪言，遂决定上书重新修筑大堤。

1023年，范仲淹被任命为兴化县令，主持修筑海堤。第二年秋天，大规模的修筑堤堰终于正式开始动工，为此范仲淹征集了通州、泰州、楚州、海州的四万民工。民间传说这一浩大的工程，还与范仲淹的宝贝女儿有关，当时建造堤坝的地址，迟迟决定不了，于是范仲淹便采纳了女儿的建议，亲自率领一批民工，将数以万担的稻壳倒进沿海，入夜涨潮了，稻壳随着海浪涌向岸边，等到海潮退后，稻壳留在了海滩上，出现了一条漫长而明显的标志，范仲淹随即率领民工沿稻壳线打上树桩，堤址就此而定。

大堤施工历时4年多，最终修成堤座10米、堤顶宽3.3米、堤高5米、全长181华里的大海堤。从此，沿海一带的海潮之患被遏制住了。范公堤建成之后，堤东煮海为盐，堤西麻桑遍地，盐城的老百姓受益显著。堤内良田万顷，稻浪千重，堤外海涂纵深，风光旖旎。

很多人熟悉范仲淹，都是因为他留下的名句“先天下之忧而忧，后天下之乐而乐”，但是对于盐城人来说，却是“海水有时枯，公恩何日已”。“前后筑堤非一人，至今群口推仲淹”，后人为了缅怀这位造福于民的父母官，在盐城境内修建了多处“范文正公祠”，而在老车站附近，还修建了纪念范仲淹的“景范亭”。

多少年来，范公堤被一再修筑扩建，随着时光流逝，海岸渐渐东移，堤身已远离海边，至清道光年间，范公堤终于完全失去挡潮作用。1932年，范公堤被改为通榆公路，再后来就是204国道，时至今日，古老的范公堤仍然是贯通苏北东部沿海交通的大动脉，它进一步被拓宽，经过盐城市区的路段，已经成为宽阔美丽的开放大道。

洪武赶散和 废灶兴垦

盐城人的历史，始终与盐分不开，虽然此地北有黄河中下游淳朴儒风的熏陶，南有江南水乡文化的耳濡目染，西有神巫浸淫的楚风楚俗影响，但是，因为它的东面是一望无际的大海，这就决定了盐城的文化，必定兼具海洋和农耕文化的特质。

民谚有“走前走万，不如淮河两岸”，历史上的淮河流域曾经很富庶，河网密布，良田万顷。黄河夺淮改道以后，地处淮河下游入海口的盐城，从此多灾多难民不聊生，而处于社会最底层的盐民，更是“生在海头，晒煞日头，压煞肩头，吃煞苦头，永不出头”。到了元朝末年，此地的盐民终于忍无可忍，共推盐贩子张士诚为领袖，发动了一场轰轰烈烈的起义。

很快，张士诚领导的盐民大军摧城拔寨，成为当时最强大的一支反元力量，势力强盛之时，不仅切断南北交通动脉的京杭大运河，而且占据了江淮南北的广大区域，控制了江浙的大部分财源。早在清康熙年间，就有学者指出，蒙元之灭亡，与张士诚在苏州称王有着直接关系。张士诚成功地切断了元之经济供给，可惜他不是另一条好汉朱元璋的对手，在与朱的对抗中，尽管一度也曾占据着上风，最后还是成了朱元璋的手下败将。

成者为王，败者为寇，对于盐城的居民来说，"洪武赶散"是他们挥之不去的疼痛记忆。或许是张士诚在苏州称王的缘故，朱元璋对吴中的富户"积怒"很深，他一旦得了天下以后，"遂驱苏民实淮扬两州"。前面其实已经提到过，洪武赶散是一次带有强迫性质的大规模移民，是强制集中武装押运。

时至今日，在盐城地区还能追寻到这次野蛮移民的踪迹，譬如阜宁、射阳、建湖一带的顾姓望族，当年都是苏州顾氏移民的后裔。又譬如居住台湾的原国民党大佬郝柏村的先世，也为苏州阊门外的富户，洪武年间，郝柏村的18代祖先郝贵四移民至此，如今已发展成600多户人家的大村庄。

明朝初年为了尽快恢复淮盐生产，又将各地的罪犯流放至此，考察盐城居民的先人，是有些来头的，不是洪武赶散时的江南富户，便可能是有过案底的罪犯。史料表明，盐城的前身盐渎县，早在汉时已有3万多人，唐时达到5万多，然而在洪武初年，只剩下2.1万人。洪武赶散客观上使得人口骤增，恢复甚至超过了唐时的水平，优化了本地区的人口素质，因此，强制移民尽管不够人性化，但是对于地方经济和文化的发展，却有着十分积极的作用。

盐城人的命运注定会因为“盐”而改变，从总体的大趋势来看，两淮的盐业起源于春秋，发展于隋唐，振兴于宋元，鼎盛于明清，然后随着海势东渐，开始急遽萧条。清末民初，历来以煎盐为业的灶民，为了谋生而不顾盐区禁垦的规定，开始零星私垦或出租配煎草荡，种植粮棉及瓜果蔬菜。所谓配煎草荡，是指盐区按灶丁给予的种植煎盐所需苇草的荡地，法律禁止私垦，可是实际上，私垦或出租甚至典卖草荡者，难以禁绝。

尽管盐法规定禁垦，由于舍煎改垦之利远大于煎盐，为了盐民的生存需要，废灶兴垦，已成为大势所趋。废灶兴垦是盐城历史上很重要的一条分界线，这以后，农业成了盐城地区的大事，因为盐，盐城这个城市诞生了，因为废灶兴垦，盐城这个城市开始彻底地进入了农业化，进入了现代化。

值得一提的是，大规模的废灶兴垦，与南通的张謇有着直接的关系，从1915年开始，在张謇等社会名人的带领下，南起长江口的吕四场，北起海州南陈家港间的滨海地区，掀起了招股积资兴办盐垦公司的热潮，先后成立了70多个盐垦公司，投资总额达1932万元，而其中在今天盐城境内的就有63家，投资1300万元，占地300多万亩。

盐垦公司大规模地兴修了水利，在范公堤东侧的大片区域开挖了一道道河沟，造桥修路筑堤，取得了惊人的成绩。大片的棉田出现了，盐城地区所种植的棉花，经过南通源源不断地开始往外输出，促进了民族纺织工业的发展。废灶兴垦得到了很好的经济回报，以大丰公司为例，1919年，总产籽棉是3259担，到了1937年，总产籽棉已达到195000担。

最值得称道的是，盐垦公司的所在地，往往形成了一个个新形的农村小集镇，仿佛如一粒粒珍珠那样镶嵌在海岸线上，形成了一道十分独特的风景线。像大丰公司，后来索性发展成一个县级市，再以后，又变成了盐城的大丰区。而盐城的县级市东台，则成为江苏的第一大县，它的面积与地级市镇江差不多。

西有延安，东有盐城

盐城位于苏北平原腹地，所辖范围被称为盐阜平原，是一座东临黄海的边陲城市。这座名不见经传的海边城市，及其周边地区，在中国现代史上有着举足轻重的地位，它是著名的革命老区之一，从这里曾经走出去许多共产党的高级干部。

二十世纪四十年代，中日双方正处于激战之际，发生了震惊中外的皖南事变。国民党政府因此对外宣称，隶属于共产党领导的新四军已被取消番号，并且不复存在。然而时隔不久，一位叫汉斯·希伯的波兰人，悄悄地从上海登上轮船，通过了戒备森严的日军哨卡，风尘仆仆地来到盐城，以自己的亲眼所见，写了一篇《重访新四军占领区》的文章，发表在《美亚评论》上。

在这篇文章中，汉斯·希伯向世人宣布新四军不但没有被消灭，而且变得更强大了，他激动地说：“我在这里见到的是另一番情景，长江以北已形成了一块很大的根据地，这里有新成立的新四军军部，现任指挥陈毅将军指挥着10万正规部队，还有地方部队、游击队和农民武装。”

军部能够迅速在盐城重建，新四军能够发展和壮大，首先是由这里的地理位置决定的。交通不便的劣势，在此时此地转化为了有利条件，盐城远离大城市，远离交通要道，与当时日军盘踞的上海、南京、徐州有一定的距离，以此为抗日根据地，进可以对日军形成袭扰，退可以从海上或陆上连接山东抗日根据地，与坚持在黄河流域的八路军一一五师相互呼应。

从地形上看，作为一个滨海城市，盐城并不适合死守，在抗日战争的八年之中，日本人曾经三次占领这里，1938年的4月，日军攻占了由当时的国民党军队把守的盐城市区，然而几个月以后，因为粮食短缺，运输线被切断而不得不放弃。这以后，日本军队又两次占据盐城，但是其势力范围，也只是勉强控制住通榆路沿线的主要城镇。

重建军部是新四军发展史上的一个重要转折点，其战略意义极为重要，虽然在半年以后，新四军军部和华中局主动撤离了盐城城区，丝毫也不会影响盐城成为革命老区的历史地位。1945年日本人投降，不久，为纪念新四军的第一任军长，盐城曾被改名为“叶挺县”。到了1949年4月，又恢复盐城县的原名，并成立了苏北盐城专员公署。

第三次国内革命战争期间，盐城地区的老百姓为共产党出了很多力。譬如在淮海战役期间，就有十万民工奔赴前线，在渡江战役中，直接从事支前工作的人员多达46万人。盐城不仅造就了一批帅才将才，同时也是基层干部的输出地，为未来的中华人民共和国培养了大批党政军干部，培养了为数众多的财政和文教方面的各级领导骨干。

华东各省市有许多官员，都是出生于盐城地区。在1949年春，这里一次就向新解放区派遣干部700多人。以省城南京为例，这里有许多当官的，一开口，说的都是盐城话。盐城曾经是干部人才的输送地，这是盐城人引以为豪的地方，不过从回报乡梓这一点来看，盐城并没有得到太多实际的好处，毕竟这些干部出去以后，就在别的地方生根开花了，真正告老回乡建设家乡的人并不多。

盐城不止面积最大，也曾是江苏的人口大市，人口总数曾经名列过第二。不过在最新的第七次人口普查中，也就是至2020年11月1日零时，盐城市常住人口为6709629人，占全省人口比重的7.92%，已经跌到了第六位，是江苏人口流失最多的一个市，人才流失相当严重。

人才流失的问题由来已久，盐城人很会读书，读书成绩好，会考试，但是优秀的学子一旦离开，往往就不会再回来报效家乡。盐城总是在不断地往外输送人才，当年闹革命，出去当领导的人没有回来，读书好考上大学回来的人也很少，而且在广大的农村，能出去打工的青年人，只要在外面站住了脚，最后还会回来的人仍然不多。

东方湿地之都

说起江苏经济，有一个江南的苏锡常，还有一个江北的徐淮盐，两者相对照，江南的经济明显占据优势。江北的发展却有着重大差别，过去是南高于北，改革开放后，沿陇海线的发展一度比较快，结果便出现了两头高中间低的形势。这些年形势又在改变，大家都在使劲提速，位于中间的盐城，已大有后来居上的趋势。

盐城最大的优势便是它长长的海岸线，它甚至超过了江苏从南到北的直线距离，总长有582公里，占全省的56%。它拥有着一望无际的滩涂，总面积是4550平方公里，占全省的67%。潮涨不淹的叫滩，潮落才出水的叫涂，在过去的年代都不是什么值钱的地方，现在都是大可利用的宝地，滩地去碱之后即成沃土，因此，盐城拥有了江苏最大，也是最具有潜力的土地后备资源。土地是根本，有了成片的土地，有太多的文章可做，前途无量。

事实上，盐城的滩涂现在仍然以每年3万至5万亩的规模继续增长，对于人多地少的江苏来说，土地资源是一笔巨大的财富。南宋时的黄河夺淮，彻底改变了整个苏北的格局，由于黄河最终是在盐城北部入海，沿海的泥沙堆积作用大大增强，海岸线迅速东移，唐朝的时候，盐城就在海边上，到了宋朝，仍然是“去海不过一里”。

到明嘉靖年间，海岸线东移了15公里，到清乾隆年间，增为50公里以上。清咸丰年间黄河再次改道，由山东境内入海时，盐城离海已达70多公里。其后，由于泥沙来源减少，射阳河口以北海岸侵蚀严重，废黄河三角洲已蚀去1400平方公里土地。好在河口以南的海岸还保持着淤涨速度，尤以东台和大丰两个县级市为最多。

从煮海利兴，到废灶兴垦，盐城基本上都是靠天吃饭。相对于南通，同样是江北的沿海城市，盐城的工业基础要薄弱很多，但是近年来，盐城开始大打工业招牌，已成为国内重要的汽车制造基地。贫穷落后的帽子正在被摘掉，时至今日，江南的鱼米之乡桂冠，当仁不让地戴在了盐城头上，这里的农产品资源优势突出，是江苏最大的农副产品生产基地，粮棉油禽蛋鱼的种养规模和总产量，均居全省的首位。

此外，已探明的石油天然气蕴藏量高达800亿立方米，预计总储量达2000亿立方米，是中国东部沿海地区陆上最大的油气田。在沿海和近海还有约10万平方公里的黄海储油沉积盆地，居全国海洋油气沉积盆地的第二位，有着广阔的勘探开发前景。

盐城人似乎厌倦了落后，这些年来，他们跟在富庶的江南后面亦步亦趋，不知疲倦地精耕细作，发展农业，大张旗鼓招商引资，致力于工业。另一方面，盐城人也开始意识到了湿地的重要性，意识到自己不能简单地重复别人走过的成功之路。相对于过去贫穷落后的历史，盐城的进步还是非常显著的，经济发展的速度，若是放在全国比较，也属于可圈可点。

海侵和淤涨是盐城地区同时面对的两个现象，随着全球气温变暖，环保形势恶化，海平面每增加1厘米，都会给沿海地区带来十分严重的影响。盐城拥有太平洋西岸最大的一片海洋性湿地，在以往的历史中，盐城总是没完没了地向大海索取，人们获得无数的盐，开垦了数不清的土地，因此只要一提到盐城，人们首先想到的就是如何开发，如何尽快得到更多的回报。

一个社会进入到了高速发展时期，那些偏远的经济欠发达地区，要想改变贫穷落后，并不是最困难的事情。困难的是如何在促进当地经济发展的同时，保护好人类赖以生存的自然环境。对于盐城的人来说，湿地差不多是一个全新的概念，只是在最近的这几十年才被专家提出来，但是很可能因为这个全新的概念，而彻底改变未来盐城的历史进程。

如今，盐城已经将自己定义为“东方湿地之都”，它一改当年只知索取不思保护的传统，将蓝天、大海、滩涂、森林、草原，与珍稀动植物等生态旅游资源融为一体，未来的盐城将有可能拥有一个在国内领先，在国际上也是一流的国家湿地公园。也许，过不了太久，随着经济水平的日益提高，在生态学观点的指导下，享受和认识自然将成为一种必然。

到那时候，盐城将成为江苏境内最为时尚的城市，去湿地尽情享受自然风光，看仙鹤飞舞，看麋鹿奔跑，将自己置身于相对古朴和原始的自然区域，将成为一道独特的生态文化景观。

盐城之未来

盐城的未来会是什么模样，现在还很难预料。发展是必然，前进是必然，考察江苏城市的发展轨道，无非是沿着长江，沿着运河，沿着京沪铁路。沿海发展这一块，虽然已经开始，已经有了一些很不错的成绩，已经可以展望，但是不得不承认，仍然属于没有真正地完全打开局面。

江苏的沿海发展缓慢，有时候甚至就是停滞，一个是因为封建社会的传统思维，还有一个可能是因为近现代的战争意识。毫无疑问，闭关锁国曾经是地道的中国传统文化，它可能显得很落后，却又很好地延续了封建王朝的统治寿命。明朝洪武年间，朱元璋为防止沿海军阀余党与海盗滋扰，下令实施自元朝就开始的海禁政策。

为了防止沿海反叛势力私通倭寇，洪武三年，也就是公元1370年，下令“罢太仓黄渡市舶司”，洪武四年，颁布“禁海令”，规定“仍禁濒海民不得私出海”。到了洪武七年，明朝撤销自唐朝起就存在的三个外贸公司，分别是负责海外贸易的福建的泉州市舶司，浙江的明州也就是今天的宁波市舶司，还有广东的广州市舶司。至此，海上民间或官方的贸易几乎就不存在了，对外交往，只有进贡或是朝廷的赏赐。在明朝海禁时期，老百姓不但“片板不许入海”，甚至民船造得稍大一些，就是违法。

到了清朝时期，大规模海禁仍然没有停止。清朝初年，对华贸易的外国商船沿袭明朝成规，不许进入广州，只准在澳门交易。由于郑成功抗清力量的存在，清廷出海之禁变得更加严厉。顺治十二年，也就是公元1655年下令“无许片帆入海”，违者立置重典。“禁海令”和“迁海令”的颁布，使得沿海居民谋生无路，严重地影响了沿海地区经济的发展。

汉语中的“闭关锁国”这四个字，来自日本，日本学者在翻译德国人所著的日本史著作时，描述德川幕府初期对外政策的词汇，清朝末年从日本输入中国。事实上，这个带有西方国家殖民主义诉求的词汇，并不太适合被用来分析盐城的经济。首先，盐城地区的海域并不适合外贸，因为全是滩涂，船舶进出几乎没有可能。其次，盐城地区真正处于战时状态的阶段很少，并没有多少战略意义。

直白地说，历史上的盐城所以落伍，最主要的原因还是闭塞，越闭塞越落后，越落后越闭塞。闭关锁国的国策，是往大里说，影响或者祸害的是一个国家的前途，而盐城只是一个非常小的局部。当然也会有影响，也可以说影响相对不大。盐城虽然沿海，有着漫长的海岸线，但是历史留给它的自然条件，在很长的时间里，显然不是太好，甚至可以说很不好。交通是一个主要原因，生态环境的破坏，是另一个原因，往长远看，可能还会是一个更大更严重的问题。

随着改革开放，随着现代化的发展，盐城的交通问题，将会得到明显改善。目前盐城境内，已经拥有了三条高速公路，与南通的高铁也通了，因为是近邻，南通正在获得的种种通行便利，也是盐城的福音。不久的将来，沿海高铁全线贯通，处于中国东部沿海的盐城，通南往北，包括向西深入中国西部，都不再会为没有火车而焦虑和抱怨。

然而已经出现的生态危机，可能会更难解决，同时也是盐城未来必须要解决的重大问题。很多年前，盐城市地方志编纂委员会编撰的《盐城市志》，就提到了此地的水资源症结所在：

盐城市辖境年平均降水量为1014.7毫米，折合154.1亿立方米，平均年径流量为39.6亿立方米，折合径流深260.7毫米，径流系数为0.26。全市每人平均占有地表径流量为499立方米，是全国人均占有量2670立方米的18.7%。按土地调查的耕地面积计算，每亩平均占有量为313立方米，是全国亩均占有量1752立方米的17.9%，属水资源贫乏区。境内均为平原地区，天然河网对水的调蓄能力有限，汛期降水形成的径流很快排泄入海，本地径流利用率很低。非汛期水源紧缺，每年5月中旬至6月下旬，灌溉高峰缺水严重，特别是斗龙港以南和废黄河以北的地区。

除了水资源贫乏，由于盐城地势很低，所以非常容易遭受来自上游的洪水侵害，同时还会遭遇更为严重的污染局面，这就是来自上游河水的垃圾。2015年4月，因为水源地水质不稳定，盐城又一次出现大面积停水的事故，有关方面进行了回应，盐城汇津水务公司工作人员向记者透露：

他们是在7号上午发现通榆河取水口有异味后，决定切断水源，关闭了城东水厂的部分供水。

事实上，“这已经是盐城市从去年2月以来出现的第4次大面积停水，前三次也都是因为自来水厂的取水地受到污染”。饮用水的安全，还只是问题的一方面，同样严重的还有河道灌溉用水，直接影响到绿色农业的生产。盐城是江苏的粮食基地，历史上苏州地区曾扮演的鱼米之乡角色，现在正由盐城来担当。盐城土地资源丰富，它不仅能够担当得起，而且在现代农业技术的指导下，完全有可能做得更好。因此，如何保护好环境，如何在环保领域立法和执法，既是盐城迫不及待要处理的事，也是盐城上游广大地区必须要严肃对待认真执行的事。

第十三章

连云港

孔子望海

连云港有一个孔望山，据说是孔子望海的地方。当地的老百姓相信，孔子虽然是山东人，但是他老人家第一次见到大海，却是在江苏境内的连云港。关于这个孔望山，史籍中确有记载，《舆地要览》上说：

孔子问官于郯子，尝登此山，以望东海，故名。

不妨设想一下这个两千多年前的情景，一辆马车或者牛车，从历史的风尘里走了出来，车上坐着一位满面忧患的老者，几个衣衫褴褛的弟子紧跟在后面。到了山脚下，孔子兴致勃勃地下了车，在弟子的搀扶下，颤颤巍巍地登上了这座无名的小山，面对一望无际的浩瀚大海，他会说些什么呢？

孔子活着的时候，并不是一个什么了不得的人物，后来成了圣人，他到过的地方便有了意义。孔望山不仅仅孔子来过，苏东坡也来过，而且不止一次。连云港人编过一本《海州诗赋》，上面竟然选了苏东坡的九首诗词。同样是沿海城市，连云港说起自己的历史文化，似乎要比南通和盐城强得多。能和孔夫子联系在一起毕竟不是件容易的事，相对于江苏境内的其他城市，这恐怕也是绝无仅有。

除了十分的古老，连云港也是非常的青春，如果以命名的时间计算，和江苏的其他城市相比，除了近来才成为地级市的泰州和宿迁，连云港差不多可以算作最年轻的城市。它处在江苏的东北角，正好与西北角的徐州对峙，它们像两个牛角一样戳向北方，当然，必须强调一句，对于江苏其他地区的人来说，尤其是相对于江南，连云港和徐州一样，已经是不折不扣的北方。

与徐州一样，连云港也是地道的苏北，与遥远的江南几乎没什么关系。从性格上来说，说连云港人和徐州人更像山东人，绝对不会有人提出异议。事实上，在二十世纪五十年代初，它们就都属于山东管辖。由于连云港在淮河的北边，而淮河又是中国公认的地理分界线，因此说连云港人是地道的北方人，不只是对于江南，就是放在整个中国的大版图上，显然也是百分之百地正确。

在今天的孔望山，因为孔子的传说，可以看到几座洁白的雕像，这是后人根据自己的想象塑造的。或许是太现实了，反而让我们的思古幽情大打折扣。望海的意境是不能简单复制的，虚了会让人感到实在，实了会让人感到虚妄。

相对于孔子望海故事的无迹可寻，孔望山的另一处名胜更值得游人去观赏，这就是位于绝壁上的东汉摩崖造像。许久以来，谈论中国佛教造型艺术的源头，言必称敦煌莫高窟，要不就是龙门和云冈，直到二十世纪八十年代，才有专家发现原来孔望山摩崖造像“含有佛教内容”，然后经过许多位专家的一致论证，最终认定这些造像“是我国迄今为止最早的东汉摩崖造像”，它们要比著名的敦煌莫高窟造像还早二百多年。

孔望山摩崖造像就山石自然形势凿成，整个画面东西长15.6米，高9.7米，有100余尊人像，有佛，有菩萨，有力士，有供养人，还有老子和黄帝，有门亭长关令尹喜，造像大小不一，姿态各异，最高的是1.14米，最小的只有10厘米，或聚集相拥，或孑然一身，形象生动风格古拙，精彩程度让人叹为观止。

几百年来，并不是没有人知道摩崖造像的存在，但是在口碑流传和历代著录中，大都认为它只是表现了汉代的世俗生活，因为在观察这些造像的时候，人们发现其中个头最大的两个造像是黄帝和老子，不仅位居画面的中心，而且高高在上。大家并不知道这种以道教为正宗，以佛教为辅的石刻造像艺术，恰恰是佛学刚传入中国时的独特景观。

孔望山摩崖石刻是地道的汉化了的早期佛教造像，它形象地记录了东汉时期释道交糅的一段历史，那时候的佛教初来乍到，要想深入人心，得到老百姓的喜爱，就必须借助于土生土长的道教，而外来的文化也必须与本土的汉画石刻结合在一起，才可能真正地获得自己的艺术生命。

因此，当我们面对这些神奇的造像时，实际上就是在走进历史。陈寅恪先生曾说过道教起源于滨海地区，汤用彤先生则认为东汉的佛教，最初是依附于道教而存在，连云港的孔望山摩崖石刻，显然提供了非常好的实证资料，我们在庆幸自己有眼福的同时，不得不为这两位极有学问的先生没能亲眼看见这些石刻造像而感到可惜。

古朐流风

连云港作为一座城市的历史很难描述，譬如这个“朐”，一般人看到了，首先是不敢读它，其次吃不太准它的确切含义。按字典上的说法，这个字不是看半边读“句”，而是应该念作“渠”，它可以是“屈曲的干肉”，也可以是古地名。

说到古地名，就只能是今天的连云港，连云港的古称除了朐县，还有郁州和海州，其中以海州的名称最响亮，最正式，时间也最长，最具有代表性。大致地说，在夏商时代，今天的连云港应该属于大徐州之范围，是东夷的一部分。到了周时属青州，春秋时属鲁郯子国，战国时属楚。

秦统一中国后开始设朐县，先属薛郡，后属郯郡，汉时属徐州东海郡，晋朝沿袭汉制。南北朝变化比较大，刘宋在此侨立青冀二州，萧梁时又设南北二青州，东魏武定七年，改青冀二州为海州，辖六郡十九县。这以后，这个区域基本上就叫海州了，地盘忽大忽小，人口也或多或少。

海州正式的建置时间是公元549年，这是连云港行政史上的一个大转折点，在此之前，尤其是汉代，今天的连云港辖地，虽然已有了好几个县的建置，却分别属于琅琊郡和东海郡，海州一词的诞生，标志着这一带从此有了“州”级的行政中心，以后名称虽有改异，辖区也有盈缩，但行政区划基本上是在原海州的范围内省废或复置。

连云港是大秦帝国的东方国门所在地，曾经在这修过一个象征国门的标志性建筑，这个绝不是传说，在司马迁的《史记》中有过正式的记载。关于这个秦国东门在连云港的具体位置，历史上曾有过三种观点，通常的说法是在孔望山上，而且就在摩崖造像的附近。

秦始皇是中国历史上第一位能说清楚的中央集权统治者，他在位期间，曾五次出巡全国，所到之处，刻石铭功颂德，耀武天下扬威边陲，其中四次巡海，三巡琅琊，两抵海州，可惜强悍的秦王朝生命太短暂，它留下来的很多东西转眼即逝。

既然是国之东大门的所在地，连云港一开始就以一种强势的姿态存在着，有学者认为连云港是秦王朝跨出国门走向世界的首发港，这其中最典型的例子，便是秦方士徐福东渡，寻找长生不老之药。不管徐福出海的目的是什么，他的率众东渡，要比明代的郑和下西洋早1600年，比发现美洲大陆的哥伦布早了1700年，是人类航海史上一件非常重要的事件。

徐福是连云港赣榆人，博才多学，通晓天文气象，熟知航海医学，根据文献记载，他当时所携带的童男童女有数千人，还有相当数量的能工巧匠。大家都相信是他把中国的文明传到了日本和韩国，譬如稻作、农耕、锻冶、纺织的技术。梁启超先生就曾撰文公开推崇徐福的殖民海外，认为他对“开化日本”有着不小的贡献。连云港人对徐福情有独钟，他们广泛收集相关的研究资料，热情洋溢地宣传徐福的事迹。

二十世纪四十年代，中国驻法国总领事廖世功发表了自己的研究成果，他认为徐福到达的并不是日本，而应该是更为遥远的美洲大陆。十年以后，日本的《朝日新闻》上有文章称徐福为日本的建国天皇，即神话中的日本开国之祖神武天皇。这些极端甚至有点离奇的观点，并不代表连云港人会毫无保留地完全相信，但是作为可以玩味的故事，作为八卦一样的段子，却将信将疑地在民间到处流传。

由于在秦始皇专政的年代发生了骇人听闻的焚书坑儒，而徐福东渡的时间，却是在这一事件发生的六七年前，也就是说，他完全有可能带走了一批非常珍贵的旧文字书简。很多学者都十分关心这些资料，猜想它们的去处，譬如江户时代的日本汉学家林罗山就认为，这些“蝌蚪篆籀韦漆竹牒”因为知道的人太少，很可能已毁于后来的兵火。

如果真是这样，无疑是件非常可惜的事情。当然，既然只是猜想，就更可能还有意外，或许有一天，人们会在无意间突然发现了这些珍贵的文物。

烽火中的世事浮沉

必须要强调的是，连云港是一个城址不断地变来变去的城市，从公元前221年首设朐县至今，古海州建置的历史，已经有2200多年，但是治所几易其地，城址频繁变迁，在整个江苏的城市历史上，无疑找不到第二个。

作为一座滨海城市，城址的变迁通常都与自然现象有关，有时是为了海岸线延伸被迫向前，有时是为了避免海侵不得不往后退。然而海州城址的变来变去，更多的还是与战争有关。先说最激烈的一次，公元1141年，正是我们大家所熟悉的岳飞个人事业达到顶峰的时候，这一年，他率领的南宋大军准备直捣黄龙府，收复黄河以北的失地，可惜就在这个节骨眼上，情况开始急转直下。

首先是宋将张俊做出了一个错误的判断，他认为海州正处于南北战争的前沿，敌我双方你争我夺，稍有闪失，这个城市就会落入金兵手中，因此成为攻打南宋的桥头堡，于是他下令焚毁海州城，强令所有居民迁移镇江。其次是岳飞被撤职查办，很快就以“莫须有”的罪名丢了性命，宋金两国签订了“绍兴和议”，南宋除了赔款之外，还要割地，两国商定以东起淮水中流，西至今陕西宝鸡境内大散关一线为界，原属于南宋的海州、泗州、唐州、邓州等，通通割让给了金国。

对于连云港人来说，这早已翻过去的一页，当然是十分痛苦的，做亡国奴一痛，地处交战区域不得太平又一痛。海州早在魏晋南北朝时期，就曾经历过国家分裂之苦，城头不断变幻大王旗，海州人民常常不得不生活在战争的旋涡中，查这一段时间的隶属关系，即使是对历史很熟悉的专家，也会感到头疼。

海州的政权忽南忽北，一会儿是北朝的鲜卑人统治，一会儿是南朝的汉人政权管辖。最麻烦的是黄河以北的汉人纷纷逃到这里，干脆各据一块地盘，州侨治，郡侨治，县侨治，造成了一种前所未有的混乱。以东海郡为例，它既是青州和冀州的侨治地，同时自己也曾侨治在今日的苏州和镇江。

换句话说，尽管连云港当年确实就是东海郡，可是你在古代文献中看到的东海，很可能是在今天的江南，而本来似乎并不搭界的青州和冀州，反倒有可能就是今天的连云港。从公元324年到刘宋泰始六年，即公元470年，在这140多年中，原东海郡这块土地曾先后属于北方的后赵、南燕、北魏，南方的汉人从未真正地行使过行政权。

历史上的连云港就是一个移动的城市，撇开了侨治不说，它总是在今天的连云港境内飘来飘去。和有着十分重要战略意义的古战场徐州相比，海州更像一块食之无味弃之可惜的鸡肋，统治者不会竭力争夺，也不肯轻易放弃，结果便是造成州治到处流动，譬如今天的南城、孔望山、龙苴、海州，曾经都是海州州治的所在地，所以一说起连云港，又会有四个海州城的说法。

连云港市的真正前身，应该是连云市，卢沟桥事变发生的那一天，也就是1937年7月7日，连云这个具有现代化意义的省辖市诞生了。对于江苏人来说，这是一个很大的意外，因为在其境内，连云市要比苏州、无锡、常州省辖的历史都早，它是民国时期学习美国经验，最早改县为市的城市之一。当时全国共拟推出18个城市，其中有8个院辖市，直属民国政府行政院，而连云设市的理由是以港口为依托，在上海与青岛之间，新建一个百万人口的“都市”。

这个宏伟的城市计划，因为抗日战争而告吹，抗战结束后又是内战，1948年11月海州全境解放，新海连市人民政府成立，同时宣布撤销连云市，新的市府开始入驻新浦。这以后，直到2002年新市区建设开始，市政中心一直都是在新浦。我们今天所熟悉的连云港市，其实在1961年才把名字定下来，它以距离市府所在地新浦还有相当一段距离的港口命名。

五十多年来，连云港一直是港城脱离，或者说一市双城，这种奇特的城市格局，常把旅行者给弄糊涂了，不明白新浦和连云港究竟什么关系，有的人明明是应该在城区新浦下车，或者是去海边的墟沟，可是他们却冒冒失失坐车到了海边的港口。

大港怀胎，小港面世

今天连云港的市中心新浦，在清朝康熙年间还是一片海洋，到十九世纪中叶，也不过是个小渔村，潮涨无路，潮落方通。中国古代的统治者对于经营海洋一向缺少耐心，对于他们来说，海边就是尽头。

查阅中国的历史，禁海远远地多于出海。“片帆不许入海，如有私下与诸藩互市者，必置之以法”，这是明朝的“皇祖遗训”。清朝初年使用的字眼是“裁海”，比起前朝的荒唐有过之而无不及，政府竟然一度将云台山废为界外，强令当地居民亡命他乡。

好在世界的大趋势谁也阻挡不了，到清朝光绪末年，新浦已成为江苏最早自行开放的商埠。虽然不能与依靠租界迅速发展的上海和青岛相比，但是由于处在这两大港口中间，位于海州湾的连云港良好的经济前景，显而易见。很多文献中都把这里的港址规划归功于孙中山先生，因为在其著作《建国方略》中提到了这件事。不过事实却是，早在1903年，即清光绪二十九年，便已经有人提出了关于海州港的建议。

对于连云港这个城市而言，二十世纪遭遇的最大机遇，不只是港口的建设，更重要的是陇海铁路的开工。要知道这条铁路在一开始，并不是铁板钉钉一定以连云港为东部终点，当时曾有过好几种方案，譬如张謇就力主通往崇明，理由是现在东陇海线所能惠及的区域只有“海、灌、沭三县，不及苏北十二县人口多，物产富”。

从现代经济学的观点来看，张謇的看法不无道理，但是当时勘测港址的外国专家一致看好连云港，理由是此处具有良好的地理环境，更重要的一点是，作为债权国和负责修路筑港的外国人，都认为这里的发展“未可限量”，当时的长江流域，已在英国资本的控制之下，北方则是被沙俄染指，打算在连云港投资的外国资本，是比利时、荷兰和法国，他们选择这里作为陇海线的出海口，显然有着自己的打算，毕竟物产富饶的中原地区，还是块没有开垦的土地，陇海铁路如果控制在他们手里，有一个惊人的回报并不意外。

直到二十世纪三十年代，连云港的名称才第一次正式定下来，以海州的西连岛和云台山各取一字。由于战乱的关系，无论陇海铁路还是连云港港口建设，都经历了一个漫长的过程。

从民国初年开始，东陇海线前后花了23年时间，才磨磨蹭蹭地修到了海边，而连云港则始终步履艰难，一直是在愈来愈严重的货运压力下才被迫上马。

虽然在一开始的定位是东方大港，然而最终却是“以最经济的方式、最短促之时间，不事夸张而筑一适用之码头”的小港面世。与东陇海铁路一样，就是这样一个小港，同样是虎头蛇尾，经历了23年的难产过程。

连云港在抗战前夕开始营运，建港初期的吞吐量也就一二十吨，因为很快沦入敌手，最初的获利者反倒是日本帝国主义，在侵占连云港的6年里，日本人从这里掠夺走了499万吨的优质枣庄煤和磷矿石。以后的几十年里，连云港的发展一直不尽如人意，到了1988年，有了一点改革开放成果，年吞吐量才首次达到1000万吨，到了1999年上升到2000万吨。

现在，连云港的发展开始加速，吞吐量早已超过了亿吨，是中国沿海的十大海港之一，全球百强集装箱运输港口，开通了50条远近洋航线，可到达世界主要港口。

新亚欧大陆桥的桥头堡

连云港一直是中国著名的八大海港之一，一直是中原和西北地区最便捷的进出口岸，是陇海经济区实施对外开放的东大门。

港口现有泊位40多个，与世界上160多个国家和地区的近千余个港口有贸易往来，承担了90%的大陆桥过境集装箱业务量，已被国家确定为办理亚欧大陆桥过境集装箱的主要口岸和基本港，并着手建立了第三代和第四代集装箱码头。1993年，港口曾经建成了当时中国最长的拦海大堤，总长6700米，形成30平方公里的优良港池，可建成100个万吨级以上的深水泊位。

就像盐城的腾飞有可能促进江苏经济发展一样，连云港的命运，似乎一直与中原和西部经济发展密切相关。同样是滨海港口城市，因为有了陇海铁路，连云港与南通和盐城相比，还是有着十分明显的战略优势。换句话说，南通和盐城的发展，首先获得利益的将是它们自己，然后是进一步提升江苏的经济总量，而连云港的有力崛起，因为能直接辐射到中原和西部地区，因此还直接关系到了国家的命运。

连云港的发展始终与计划经济密不可分，从一开始，它就有着得天独厚的优势，但是优势不可能是永远的，能否紧紧地抓住机遇十分重要。天上不会总是掉馅饼，机遇也很有可能稍纵即逝，陇海铁路曾经是中国唯一一条贯穿东西的铁路线，随着铁路建设的进一步深入，越来越发达，连云港得天独厚的优势将被或已被一步步蚕食。

就江苏境内而言，为结束苏北和苏中腹地无铁路的历史，规划建设的纵贯南北的新长铁路，选择了位于徐州与连云港中间的新沂为起点，这意味着盐城和南通根本不需要再经过连云港，就可以直截了当地与陇海线相连。山东也另起了炉灶，兴建了日照港和兖石铁路，兖滕煤田完全可以不通过连云港就直接对外输出。

孙中山先生的《建国方略》为连云港的未来设计了一个最美好的前景，按照“东方大港”的最初方案，位于欧亚大陆桥东端的连云港，应该是数条铁路的起点，它是一个不折不扣的为中国人所掌握的港口。经过差不多一百年的时间检验，这个想法显然已经有一点脱离现实，中国早已不是半封建半殖民地，租界没有了，沿海的港口都控制在我们自己手里。

连云港试图独霸一方的优势正在消失，其不利因素正在凸现，连云港是中国少有的只有间接腹地，没有直接腹地的海港，它虽然是经济强省江苏的第一大港，但是苏南苏北的进出口货物，完全可以不经过连云港。2006年的中国港口年吞吐量排名，连云港名列第九，与排名第八的大连港相比，还不到它的50%，而与排名第十的中山港相比，也只是多了不过10%，连云港作为一个港口城市的优势，正在不断地被蚕食，被赶超。

新亚欧大陆桥跨越两大洲，联结了太平洋和大西洋，全长约10800公里，是世界上最长的一条大陆桥，它不仅横贯中国，而且通向中亚、西亚、东欧、西欧，共经过30多个国家和地区。新亚欧大陆桥的贯通对中国经济会产生巨大影响，作为新亚欧大陆桥的桥头堡，连云港有理由要求获得更多的国家资助，毕竟它的盛衰与整个国家的经济命脉息息相关。然而连云港的发展也不能坐吃山空，只靠打一张港口牌坐等红利，必须要有前瞻性的目光，既要看到优势，也要看到可能会有的不足。

连云港人这些年喊出来的响亮口号是“唱响山海经，打好旅游牌”，他们显然已经意识到，除了港口的巨大优势，自己手上还拥有许多别的好牌可以打出去。连云港地处黄海之滨，位于中国沿海的中部，属于季风特点的海洋性气候，温和湿润寒暑相宜，自然风景得天独厚，历史古迹和人文景观荟萃，是极富魅力的风景旅游胜地。

花果山是吴承恩的《西游记》的取材地，是“四季花果不绝”的人间仙境。连岛海滨旅游度假区的总面积有7.57平方公里，是江苏境内最大的海岛。江苏拥有很漫长的海岸线，然而只有在连云港，才真正具备可以游泳的沙滩，因此这里的连岛海滨浴场，是游客的避暑胜地，是江苏开展水上运动和水上娱乐的绝佳去处。

徐福的后人

连云港与省城南京的距离最远，它与山东的日照和临沂两市交界，有着许多省与省交界城市的优点，同时也有非常明显的缺点。国内许多地处省份交界的城市，似乎都遇到过这样那样的问题，因为主管的上级部门不一样，很多事情都需要协调，弄不好就变成了瓶颈，成为三不管地带。

连云港东濒黄海，与朝鲜、韩国和日本隔海相望。认真看一眼中国地图就知道，位于江苏东北部的连云港，地理位置最让人羡慕。由于江苏的版图是向西北倾斜，江苏与山东交界的沿海地区，正好形成了一个向里的夹角，遥看沿海的沿岸线，夹角里的连云港并不是处在最前端，而是缩在最里面，也就是在一个“湾”里。

汉字的“湾”，本意是指河水弯曲处，适用于水或水面，也专指海岸凹入陆地，便于停船的地方。湾最适合建造码头，港湾两个字常常会联在一起。连云港因港而成名，毫无疑问与地处夹角有关，这个夹角位置是连云港的天然优势之所在。说起连云港，本地人也好，外地游客也好，有些文化的，总会提到两千多年前的徐福东渡，动不动就会引用李白的诗：

秦皇按宝剑，赫怒震威神。
逐日巡海右，驱石驾沧津。
征卒空九宇，作桥伤万人。
但求蓬岛药，岂思农鳸春。
力尽功不赡，千载为悲辛。

要不就是引用一首李商隐的诗：

石桥东望海连天，徐福空来不得仙。
直遣麻姑与搔背，可能留命待桑田。

前面说到秦始皇东游，连云港曾有过秦国东大门的标志，李商隐诗中的“石桥”，与传说中的东大门是什么关系，不得而知，不过就位置看，都应该是可以东望大海的地点。徐福入海求仙人神药，数岁不得，未果而终，给后人留下无尽的想象空间，当然也有一种说不尽的遗憾。说连云港人是徐福的后人，可能不太准确，也不正确，虽然徐福就是连云港赣榆人，但是说连云港人喜欢东张西望，这是毫无疑问的。

连云港东面是茫茫的大海，郁郁苍梧海上山，真见仙人海上来。大家东望求仙不能得，目光便不得不转向西方。除了徐福东渡的故事外，从2001年开始，连云港一直举办《西游记》文化节，现在已经成为江苏省内知名的节庆品牌。对于《西游记》作者的著作权，在专家那里还有一些争议，不过连云港人坚信，吴承恩笔下的孙悟空，也就是花果山上的美猴王，那位被玉帝封官许愿的“齐天大圣”，“原是东胜神州花果山一块仙石，受日精月华而迸裂成的天产石猴”，此花果山如假包换，就是连云港境内的花果山。

《西游记》写了唐僧一行西游的经历，想象力极为丰富，它似乎说明了连云港人的另一种心态，既然东望过于虚无缥缈，不切实际，那么不妨把希望放在西边。这不失为一种不错的选择，连云港是陇海铁路的东部尽头，新亚欧大陆桥的桥头堡，向西瞭望向西发展，有着无穷无尽的空间，能够西游显然会是个好的故事。

陇海铁路贯穿了整个中原地区，经过江苏的徐州，河南的郑州和洛阳，陕西的西安和宝鸡，到达甘肃的兰州。当然，作为中国第一条横跨东西，也是唯一一条陇海铁路，后来又继续西延，越过广阔的新疆地区，抵达了中亚、西亚、东欧、西欧，最后穿过英吉利海峡，直达大英帝国。

其实早在唐朝时期，海州便开凿过一条80公里长的官河，沟通运河与海运，连云港一举成为南北货物集散的大码头。当时出现了新罗人居住的村落，也就是后来的韩国人，侨居在这经商。到了宋代，连云港年运销原盐47万石，转销的盐和茶，转销的粮和油，源源不断滔滔不绝。连云港是与高丽等海外国家来往的重要口岸，宋神宗时，专门建造了高丽亭馆，接待海外商旅。元朝和明朝之际，一度改漕粮河运为海运，连云港又成为中转之处，海州为“淮口巨镇”。

清康熙中叶，一改厉行的海禁政策，宣布“弛海禁”，在全国范围内设立四座海关，由北往南依次为江苏的江海关、浙江宁波的浙海关、福建漳州的闽海关和广东澳门的粤海关。这些海关都是以所在省份命名。江海关全称为“江苏省海关”，最初就设在连云港的云台山，后来才迁到上海，历史上的上海隶属于江苏省，所以去了上海以后，这个名字也不用改变。

二十世纪八十年代，连云港曾经一度在江苏境内遥遥领先，是中国首批沿海开放城市。在近现代的历史上，它不止一次获得了发展良机，甚至就在并不是很久的以前，它还获得了“‘一带一路’交汇点强支点城市”的称号。连云港给人的感觉，始终都在获得机遇，又始终都在等待机遇，在等待不同的好消息。民间总是在不停地传说，奔走相告，利好政策即将来临，要怎么样怎么样，又要有什么机会，又要有什么重大的国家项目要上马。

耐心的等待确实让连云港不止一次获得好机会，然而等待这个词，多少还有些被动，也因此会失去不少好的机会。

〔第十四章〕

淮安

淮水东南第一州

外地人来到江苏，可以沿着沪宁铁路自东向西，过苏州，过无锡，过常州和镇江，直抵省城南京。也可以顺着沿海高速公路和高速铁路由南往北，去南通，去盐城，去连云港。说完了这些城市，再回过头说大运河途中的淮安，会有一种完全不同的感觉。

和扬州、徐州一样，地处江北的淮安，也是 座国家级历史文化名城。说到这一点，它显得比江北东部的沿海城市更有底气。如今，淮安人给自己的定位，是要建立一座在苏北城区规模仅次于徐州的大城市，提出的口号是“人均超全国，财政再翻番，建设大城市，苏北争先进”。

目标很远大，任务很艰巨，淮安的辖区总人口和市区总人口，处于江苏十三个省辖市中间，不多也不少，然而它的GDP总量和增幅，经常都排在后面，人均GDP和人均收入，都不尽如人意。在一个讲究数字化的现代社会，淮安人提到经济难免沮丧，看到数字就会头痛。历史地看，淮安曾经很富裕，可惜那时候没有GDP排名，也没办法统计人均收入。

搁在隋唐，今日富庶的苏南，怕是没有一个城市能与淮安叫板，更不要说苏中、苏北、沿海的那些不毛之地。自从大运河开通，淮安便成了沿线的重镇，唐代的楚州城，商品贸易十分兴旺，著名的开元寺和龙兴寺前是热闹非凡的庙市，吸引了众多的海内外客商，阿拉伯人、日本人、韩国人，不远万里来这做买卖。那时候的淮安也有个新罗坊，关于新罗，介绍连云港时已经说过，它就是韩国和朝鲜的前身，居住在那里的都是高丽人。

当年的淮安是最“改革开放”的城市，白天人山人海熙熙攘攘，到了晚上，城边运河过往的船只“连墙月下泊”，城内“千灯夜市喧”，达官显贵前呼后拥，一个个招摇过市，宴饮游乐诗酒唱酬。当时淮安的繁华程度仅逊于扬州，如果说那年头的扬州相当于今天的“魔都”上海，淮安基本上也就是今天的广州或深圳，不仅在全国处于绝对领先，而且还是主要的对外开放港口，难怪诗人白居易会把这里盛赞为“淮水东南第一州”。

唐以后的历朝历代，淮安一直保持着相对的繁华势头。相比之下，宋元时期要逊色一些，宋在中途分成了北宋和南宋，淮安处于战乱地带。元朝的军事又过于强大，漕运可以走海路，留在淮安的买路钱便少了许多。明清时期的淮安显然更加繁荣，不仅盛于宋元，而且大大地超过了隋唐。它是京杭大运河边唯一能与扬州、苏州、杭州相媲美的城市，当时有个说法是南有苏杭，北有淮扬。

如果说淮安在唐代的繁华还有点自由贸易的特征，明清时的兴盛，基本上是靠垄断，靠行政命令。扬州玩的官商勾结，暗箱操作，淮安直接就是简单粗暴。作为运河途中的重要城市，淮安与它南边的城市扬州相比，更像一个巨大的官场，能看到的都是肥缺，走马赴任袍笏登场。扬州城里满眼都是有钱的盐商，淮安城里则到处能见到这样那样的官员。

在黄河北徙之前，由于淮安位于黄河、运河、淮河交汇处，地理位置十分显赫，众多官员在这上上下下走马换将，也就在情理之中。没人说得清楚此地有多少个衙门，负责漕运的最高长官漕运总督在此驻节，负责治水的最高长官河道总督在此上班，全国最大的内河漕船厂清江督造船厂在这，著名的淮安漕粮中转仓在这，国家财政收入占有重要地位的淮北盐运公司也在这。

淮安被誉为“运河之都”绝非是夸大之辞，清乾隆鼎盛时期，今淮安城的楚州区，常住人口“不下数十万”。河道总督署所在地的清河区，又“猛增到数十万”，有专家把这两个数十万相加，得出的结论是，当时淮安人口应该有60万，而同时期的南京、杭州、武汉，也不过只是30多万的人口规模。

南船北马，九省通衢

1905年1月，淮安官场大放鞭炮欢欣鼓舞，清政府终于下令将江苏省一分为二，这一回是南北大分家，南方仍然叫江苏省，省府依然在苏州，北方则取名叫江淮省，省府便设在淮安。

一人得道，鸡犬升天，在江南的江苏巡抚大权被削减了一大块，高兴的是北方的这一位，级别拔高了一截，立刻成了堂堂的巡抚大人。江淮省的设立，一下子带来众多的做官机会，大家弹冠相庆，奔走于南京和淮安之间，轮船公司专门开通了航班，特备小火轮直达南京。南京是两江总督的所在地，会跑官的都去总督府钻营，上行而下效，苏北各地也不断有人跑到新设立的巡抚衙门拜码头，结果“官场晋谒抚军络绎不绝，几于应接不暇”。

可笑的是好日子闹腾了三个月，便偃旗息鼓树倒猢狲散。这时候的大清朝气数已近，禁不起上上下下一片声反对，竟然出尔反尔，再次下旨宣布取消分省。这一来，很多人空欢喜了一场，刚到手的好买卖都没了，顿时人心惶惑，淮安城内外一律罢市，哭天抢地聚众数千人，弹压也没用，急得淮抚一个劲地往北京拍电报，请求暂缓裁撤。

最后当然还是取消了，就淮安的繁华而言，此次设立江淮省，不过是一次回光返照。事实上从1855年黄河北徙，也就是再次改道离开江苏境内，运河的北上运输能力已基本消失，漕粮多由海运，运河的显赫地位已不重要，清政府在此前已经裁撤了南河总督，只留一个漕河总督，接下来，漕河总督虽然被提升为江淮巡抚，可是刚提升又撤销，淮安的地位跟着运河的衰退一落千丈。

淮安的命运与运河息息相关，在运河沿线，像淮安这样一味依赖运河生存的城市，可以说是绝无仅有。连接五大水系的大运河，全长约1794公里，淮安以“九省通衢”的咽喉要地独占沿线城市的鳌头。很多人想不明白为什么会这样，为什么会在这里形成一个巨大的官场，政府为什么要在这设置那么多的机构。其实只要还原一下历史场景，就不难理解淮安当年繁华的真正原因。

地处淮河中下游的淮安，位于苏北腹地，东接盐城，西邻安徽，南毗扬州，北方被连云港和宿迁包围。因为处在淮河与大运河的交接点上，“湖广、江西、浙江、江南之粮艘，衔尾而至”，这里是国家的经济命脉。事实上，如果大运河真的畅通无阻，淮安的重要性就会大打折扣，问题的关键是自从黄河改道夺淮之后，运河的梗阻就越来越厉害。

明清时期的商人由南而北，到了淮安，一般都是在清江浦的石码头舍舟登陆，北渡黄河，到王家营去换乘马车，由北而南正好反过来，必须弃车马过黄河，到石码头登舟扬帆，这就是所谓的“南船北马”，或者又叫作“南楫北辕”。因为这样的行旅方式，当时的淮安不仅是这样那样的官多，而且旅馆也特别多。

譬如在王家营，街道两旁旅店栉比，如果赶上秋闱会试，平时做其他营生的居民，为了牟取暴利，也纷纷把住宅改成临时旅店，收入相当可观。车骡厂也多，有记载说，自清真寺以南至黄河大堤，有轿车厂100多家，大车厂48家，还有七八家骡厂，这些车骡厂皆有镖师保证旅客安全，镖师们个个武艺高强，驰名北道。每到凌晨千车齐发，声闻数里川流不息，是一道很壮丽的景观。

淮安作为交通枢纽和漕运中心，还是中国最早议修铁路的地方。一开始想法很简单，南方水路运输成本很低，可以保持不变，将北方的车马大道改成铁路就行。李鸿章在给友人的信中就说起他曾极力主张国内第一条铁路，应该从淮安修到北京。左宗棠病逝前写给光绪皇帝的遗折，也是强调应该先修这条铁路，认为此举“以通南北之枢，一便于转漕而商务必有起色，一便于征调而额兵即可多裁”。

由于保守派的极力阻挠，计划中淮安至北京的铁路，虽然最先被提到议事日程上，却一直没有修成。反对修这条铁路的理由很简单，担心洋人会沿着铁路线一路杀到京城，最后，经过种种曲折，其他路段早已开工或者完工，津浦铁路才磨磨蹭蹭开始动工。

这时候，淮安的枢纽地位已变得不再重要，卢汉铁路和沪宁铁路已经完工，粤汉铁路正在修，陇海铁路中间的这一段也在修。天下的方寸大乱，南方行船北方铁路的局面，似乎已不成立，而津浦路北上，可以有洪泽湖东或西两种方案，选择东面将经过淮安，也就是原订方案，由于顾忌到苏北的洪水，原本应该贯穿江苏的铁路，终于决定绕道安徽，改从洪泽湖的西边经过。

这条铁路一修，以交通枢纽为立命之本的淮安，终于失去了最后的机会，淮安人为此痛心疾首。

淮泗交汇 古城多

淮安附近在黄河没有改道进入江苏之前，是个非常富庶的区域，民谚一直有“走千走万，不如淮河两岸”的说法。黄河夺淮，彻底颠覆了整个淮河水系，挟带了一万多亿吨泥沙的黄河水，在江苏的长江北边疯狂肆虐，山东南部的沂河、沭河、泗河不能平安入淮，而淮安以下原有的入海河道，又被夷为了平地。

滔滔洪水逼迫淮河，从洪泽湖南面决口冲入长江，无数支流和湖泊被淤浅或被荒废，从此淮河两岸灾情不断，民不聊生。为了保持运河这条大动脉的畅通，以淮安为界，洪泽湖的水位被一再提高，结果导致上游许多村庄城池被淹，最后连赫赫的明祖陵也吞没在了湖水之中。被洪泽湖淹没的还有泗州古城，在北宋熙宁年间，泗州城的酒课，也就是酒税，超过10万贯，仅次于当时的首都开封府。

古泗州城始建于1500年前，呈椭圆形，长1.9公里，宽1公里，面积约2.5平方公里，共5个城门。每个城门外都有扇形的瓮城，形状酷似少了一条腿的乌龟。当年，隋文帝开凿洛渠，由洛阳帝宫西苑至洛口入黄河，又自板渚引黄河之水，经过开封、商丘、灵璧，到达临淮，也就是今天盱眙县城淮河的对岸，与淮河交流。

唐朝开元年间，徙泗州府于临淮县，从这里溯淮河而上，可通濠梁、颍寿，顺淮河而下，可抵淮阴、山阳，也就是今天的淮安，然后再经过运河，可直达长江。沿汴河西行，则又可抵开封和洛阳，是重要的交通枢纽和漕运中心，商贾云集，辎铢喧闹。黄河夺淮完全打乱了这里的布局，繁华立刻消失。

淮河下游的情形更为惨烈，由于洪泽湖成为一个巨大的悬湖，它的湖底要比里下河地区高出许多，一遇大水，洪滔奔腾而下，淮扬二府顿时成了泽国。历史文献记载，在淮水和泗水交汇之处，曾经还有过许多小的古城，譬如泗口城、甘罗城、小青口的古清河县城。这些古城因为洪水缘故，深深地埋入了地下。最著名的应该是韩信城，据专家考证，它位于现在的淮安清浦区大运河南侧，是当年汉将韩信的封侯之城。

对于淮安人来说，韩信是一位他们要常常提到的历史名人，这不仅仅是因为他出生在这里，而且与他有关的一系列故事早就深入人心。韩信从食于漂母，受辱于胯下，萧何月下追韩信，韩信为刘邦确立了楚汉战争胜利的根本方略，率军出陈仓，定三秦，灭赵，降燕，伐齐，直至垓下全歼楚军。虽然已经两千多年过去了，如今淮安与韩信有关的历史遗迹仍然很多，有淮阴侯庙，有韩信钓鱼台，有胯下桥，有漂母墓。

很多人都搞不太清楚淮安与淮阴的关系，它们既可以是同一个城市，又可以毫不相干。今天的淮安市，早在秦朝的时候就有建置，因其地在淮河南岸而被命名为淮阴县。汉时淮阴属下邳国，西晋时曾为广陵郡的郡治，到魏晋南北朝时期，这里是南北对峙的前沿，建置紊乱隶属多变。南宋时这里又是抗金前线，曾一度废淮阴县为镇，并分县西北境置清河县。

元朝时又废淮阴入清河，从此，元明清三代淮阴均称为清河县。到了民国三年，清河县因为与河北的清河县同名，又改名为淮阴县。1951年设清江市，县与市分治。1958年市县合并为淮阴市，1964年市县再次分开，又复称清江市。1983年清江市改称淮阴市，为省辖市。2001年淮阴市正式定名为淮安市，而在这之前，离淮阴市不远的地方，有一个县级市也叫淮安市，它归淮阴市管辖，淮阴市把淮安这两个字拿去用了，原来的淮安便改成了楚州区。

这样夸张的变化，即便是当地人，也会有些头疼，楚州区自古以来就是大有来头，譬如说周恩来是淮安人，这个淮安就是现在的楚州，和淮阴市区并没有什么瓜葛。楚州在古时候也曾经属于淮阴县，后属射阳县，又属山阳县，南齐武帝时曾分山阳县百户置淮安县，淮安一名从此开始。

隋朝的时候设楚州，南宋时改淮安州，元时设淮安路，明清时均设淮安府。民国三年，废淮安府为淮安县，1948年曾与淮阴县合并为两淮市，时间很短，很快又分开。在这以后，淮安县先是属于盐城专区，后来又长期属于淮阴专区，1983年正式属于淮阴市，1987年撤县为县级市，2001年改名为楚州区。

不能说淮阴市改名淮安市，只是为了将国家历史文化名城的桂冠据为己有，这个荣誉本来是颁给过去的淮安今天的楚州区的。事实上，淮阴的历史要比淮安更悠久，更深入人心。一个城市的命名，总是会有这样那样的道理，也难免会有这样那样的欠缺。徽州变成了黄山市，荆州则一度成了沙市。又譬如连云港，放着现成大气有历史渊源的海州不用，偏要用更狭隘的港口来命名。其实，退而求其次叫连云市也比加一个“港”字好得多，不妨想一想，大连如果叫大连港市，该是如何的煞风景。

因此究竟应该是叫淮阴还是淮安，虽然已经定了下来，已经最终拍了板，但显然还是经过了一番激烈争论，而且很可能在未来还会继续争论下去。

三淮一体

三淮一体是一句口号，也许只有当地人才能弄得明白。三淮是指原来的省辖市淮阴市，以及它所管辖的淮阴县和县级市淮安市。在这口号的指引下，淮阴市失去了原有的番号，却换来一次难得的大发展机遇。现在，原来的淮阴市已全面接管了淮安的名称，淮阴县则易名为淮阴区，淮安市易名为楚州区。

三淮一体的想法，是要把淮安建设成苏北的交通枢纽，建设成一个未来重要和重大的经济中心城市。因为黄河改道运河淤塞，因为津浦铁路绕道安徽，在过去的一百多年里，心高气傲的淮安人一直处于郁闷之中。历史的经验证明，机遇对于一个地区的发展至关重要，抓住了就会发展，失去了就会继续落后。三淮一体说白了，就是要重振明清时代淮安府的繁华，重新恢复昔日“淮水东南第一州”的威风。

由于楚州距离现在的淮安主城区还有很长的一段路程，如何协调好两地的关系，对于淮安今后的发展显得尤为关键。历史地看，淮安和淮阴这两座古城一直在暗地里较劲。在明清时代，淮安是个大衙门，总督漕运部院、巡抚衙门、总兵府都设置在这里，属隶、卫漕、兵丁众多，俨然是个省会的模样。在明清两代，淮安府是江苏辖地面积最大的府。

淮阴也不示弱，它是河道总督的驻地。河道总督在级别上与漕运总督不相上下，一个是铁道部长，一个是交通部长，却是一个更肥的差事，手上能掌握的银子更多。如果说淮安在当年拥有了政治地位，淮阴则更有经济地位，南船北马的最繁华之地王家营就在这里。到了近代，形势正好有点颠倒反转，淮阴渐渐成了权力中心，它是淮阴地区专署所在地，管辖的范围巨大，曾经领导过十一个县，在整个苏北有着举足轻重的地位。

淮安县城却早已失去了州府一级的管辖权力，乖乖地把领导大权拱手相让，但是它是淮阴地区经济相对发达的地方，经济地位仍然不可动摇。显然，淮阴和淮安两城合成一体，政治、经济、文化上有着很好的互补作用。历史不可能简单地重演，一个地区文化造成的影响，往往会潜移默化深入人心。

因为历史的原因，说淮安人多少有点衙门习气，很可能会让当地人感到不高兴，如果说他们更喜欢气派，应该是不太离谱。同样是在苏北，淮安人没有南通人勤劳，不像盐城人耐苦，也不像扬州人那样悠闲。淮安绝对不算富裕，甚至还贫穷，然而他们很懂得生活，更会享受，这里是淮扬菜的发源地，当官的会吃，当老百姓的也会吃。

清代淮安有个叫秦焕的人，早年学厨没有学成，不得已只能重新读书，最后竟然成了进士入了翰林，这样的例子搁在别处，正好可以证明“万般皆下品，唯有读书高”，然而在淮安人眼里，却说明了一个更极端的事实，那就是学厨并不比科举容易。与扬州一样，淮安也是“世界美食之都”，这个头衔是联合国教科文组织授予的，还是很有些来头。

对于淮河两岸的居民来说，尽快实现小康，迅速改变苏北区域的贫穷落后，远比在他们眼前突然出现一个特大城市来得更为迫切。昔日的淮阴和淮安已基本连成一体，特大城市的美梦已经成真，如何推出切实可行的富民政策，如何让老百姓真正地得到实惠，这才是最重要的。

淮安的管辖面积，比苏南的任何一个城市都大，比苏州大，更比南京大，相当于无锡和常州两市的区域加在一起。它的人口与无锡差不多，2006年的GDP总量还不到苏州的一个零头，是407.26亿元，人均GDP只有14818元。而同一年苏州的GDP总量是4820亿，人均GDP是79407元。最新的2022年经济总量，苏州是23958亿元，淮安则是4742亿元。简单地希望淮安向排头兵苏州看齐是不现实的，然而正因为起点低，它的上升空间就可能更巨大。

苏州发展的模式，值得淮安借鉴学习，它管辖的各个区县，经济上个个兵强马壮，如果淮安也能像苏州一样，所辖各区县都能焕发出自己的经济活力，淮河两岸老百姓的生活水平必定会大幅度提高。现在城市化的趋势谁也不可能阻挡，也许在淮安境内，除了要有一个大的中心城市外，更应该有一些小的闪光的卫星区县和城镇。

日进斗金的洪泽湖

洪泽湖是淮安的生命之湖，它有着“日出万金”的美誉。时至今日，如何善待洪泽湖，不仅与淮安当地人的切身利益有关，而且还关系到整个里下河地区的安危。

洪泽湖位于江苏的西部偏北，在淮河中下游的结合部，中国第四大淡水湖。最初只是一些浅水的小湖，古称富陵湖。两汉后称破釜塘，隋称洪泽浦，公元616年，隋炀帝下江南，春风举国裁宫锦，时值大旱，行舟十分困难，龙舟经过此地，突然下起了大雨，于是水涨船高，舟行立刻变得顺畅。隋炀帝一高兴，取“洪福齐天，恩泽浩荡”之意，为此地定名叫“洪泽”。

1128年以后，黄河夺淮，淮河失去入海水道，在盱眙以东开始潴水。为了确保大运河的漕运，不得不保持水位，保持水位就不得不大筑高家堰，也就是洪泽湖大堤，原来的一个个小湖逐渐扩大，演变为今天浩瀚的洪泽湖。洪泽湖可以说是中国最大的人工湖，湖水面积1597平方公里，是整个淮河流域最大的湖泊，也是我国最大的平原型水库，它西纳淮河，南注长江，东通黄海，北连黄河。

淮安人沾足了洪泽湖的光，也曾吃尽了洪泽湖的苦头。淮安是江苏境内水运资源最优越的城市，共有73条可供行船的航道，通航总行程有1485公里。淮安已经通了火车，有了飞机场，高速公路也四通八达，船运则以其低廉的成本，在当地仍然有着不可替代的优势。话说到这里，如果风向一转，再说淮安竟然是水资源较为贫乏的地区，大家一定会感到十分意外，然而事实就是这样残酷。

水运资源与水资源并不是一回事，淮安是一个水资源“人均占有量少，过境水丰富而利用率低”的城市。听起来似乎有些矛盾，资料显示，紧挨着日进斗金的洪泽湖的淮安，全市多年平均地表径流量仅为21.55亿立方米，人均占有量不到全国平均水平的四分之一。降水虽然丰富，却存在着时空分布差异较大，以及上游来水同步的特点，换句话说，这地方要么缺水，要么就是洪水一来便泛滥，平时真正可利用的饮用水源并不多。

淮安面临的困境，竟然会与处于淮河下游的盐城一样，除了缺水，还更害怕洪水，而水污染正变得日趋严重。据调查，淮安市80%的人都饮用河水，近几十年来，水质被严重污染，饮用水中有许多有害物质，人民群众的身体健康深受影响。1994

年7月，淮河上游因突降暴雨，采取开闸泄洪的方式，将积蓄于上游一个冬春的2亿立方米水放下来。水经之处河水泛浊，河面上泡沫密布，顿时鱼虾丧命。下游一些地方的居民，饮用了虽经自来水厂处理，却未能达到饮用标准的河水，出现了恶心、腹泻和呕吐等症状。经取样检验证实，上游来水的水质恶化，沿河各自来水厂被迫停止供水达54天之久，百万淮河民众饮水告急。

由于无锡的蓝藻事件，江苏政府加大了对太湖的治理力度，相对于苏南的太湖，淮安地区的水污染治理，有可能会更加艰巨，因为此地是多条河流的集散处，污染源头主要来自上游的河南和安徽，很多难题绝不是靠一省之力就可以解决的。明朝的一位皇帝曾经说过，古代治理淮河只是为了“除民之害”，而“今日治河，乃是恐妨国道，致误国计”。

现在，水运的畅通似乎不再是问题，多少年来，淮安人为了国家利益牺牲巨大。为了治淮，在水利工程方面做出了卓绝的贡献。被称为“水上长城”的高家堰大堤，古称“捍淮堰”，甚至可以追溯到公元199年，是省级文物保护单位，正在申报世界文化遗产。人们漫步在这条可与长城媲美的大坝上，欣赏着湖光水色，不能不感叹淮安人1800年的奋斗历史。

大运河的水上立交通道，可以让水在不同水位按照人的意愿流向不同方向。这里的水利枢纽是国内最壮观的水利工程之一，它充分地体现了淮安人的智慧，在不到3平方公里的范围内，有30余座大型的水利工程建筑，密集度如此之高实属罕见。

江淮之水在这里重新分配，可以北上，可以南下，涝可排旱可灌，长江、淮河、大运河、苏北灌溉总渠，已经被串通起来，洪泽湖、白马湖、高邮湖等水系，也因此连成一片。

传统的水患，譬如洪涝与干旱，对淮安人已构成不了太大威胁。然而新的恶魔之剑却又一次高高悬起，这就是生态环境的破坏。环境保护将是淮安人未来生活中的重中之重，淮河流域生态环境的退化，给居民生活带来严重的影响和损失。在2004年6月，也就是上一次水质严重污染的十年之后，国家环保总局回应对淮河污染治理不彰的报道，公布说十年累计投入193亿人民币，淮河流域污染的治理，已取得了阶段性成果：

沿淮十年来，在中央政府的支持下，沿淮四省政府采取了结构调整、工业污染防治、建设生活污水处理厂、治理农业面源污染等一系列措施。从总体上看，沿淮四省在经济快速增长的情况下，淮河流域排污总量逐年下降，从1996年到2003年，整个流域GDP增长134%，但是在这期间，水中的主要污染物COD的排放量降低了大概一半。十年来，淮河流域累计投入治污资金约193亿元。治淮初期，沿淮四省没有一座城市污水处理厂，目前已建成城市污水处理厂57座，日处理规模335万吨，形成了年削减25万吨COD的能力。淮河干流水质得到改善，干流高锰酸盐指数浓度值由1994年的6.78 mg/L降至2003年的4.91 mg/L，从1998年开始基本满足三类水质要求。治污工作取得阶段性进展。

对于淮安人民来说，仅仅取得“阶段性”的成果，显然还是远远不够。在一个“重经济发展，轻环境保护”的时代，如果守法成本高，违法成本低，没有强有力的立法执法，那么治理污染的速度赶不上环境破坏的速度，很可能还会是一件大概率的事情。

十三香小龙虾

淮安人讲究饮食，都是吃户，都是饕餮之徒，所谓“淮刁”，据说最初就是指的“嘴刁”。淮安不仅有经典名肴，如被誉为“共和国第一菜”的软兜长鱼，还有“白袍虾仁”，两者并称为“淮炒两峰”，是淮扬菜系中的代表作。白袍虾仁曾被选为开国第一宴的头道热菜，当时由于条件限制，制作这道佳肴的原材料洪泽湖大青虾，千里迢迢赶运到北京，已经奄奄一息，不再新鲜，故而退出了国宴。

2021年，淮安获得世界美食之都的头衔。对于姗姗来迟的这个桂冠，淮安人似乎不太在乎，甚至不太领情。原因很简单，两年前，淮安的近邻扬州，已经抢先一步摘取了这项荣誉。淮安人一直都在悄悄使劲，明争暗斗，与扬州抢夺“淮扬菜”的头把交椅。扬州人相信淮扬菜是有品味的盐商吃出来的，让他们领衔，属于当仁不让。淮安人觉得淮扬菜的“淮”字放在前面，白纸黑字，他们才是非他莫属。

扬州也好，淮安也好，都已经举办了很多届“淮扬菜美食节”，你方唱罢我登台，各唱各的戏，各念各的经。就仿佛靠得近的苏州和无锡，经常会为一些概念掐起来一样，淮安人和扬州人也会喋喋不休，觉得他们的说话口音差别很大，不是一回事，不过在江苏南部的人听起来，其实都差不多，都是江北话。真说起来，淮安菜和扬州菜基本上就是一回事，合也罢，分也罢，也没有太大差别。

专家们说起淮扬菜，可以一套又一套。源头竟然可以牵扯到汉代枚乘的《七发》上，因为它写到了“饮食”与“游宴”，用的词汇十分古雅，同时又夸张难解，不看注释就不能明白。文中说到了小肥牛，说到了熊掌，说到了豹胎，还有兰花泡的美酒，因此好事者便拿出来唬人，也不在乎其本义只是为了讽谏，直接说它就是两千年前最原始的第一份“淮扬食单”：

犓牛之腴，菜以笋蒲。肥狗之和，冒以山肤。楚苗之食，安胡之饭。抟之不解，一啜而散。于是使伊尹煎熬，易牙调和。熊蹯之臑，芍药之酱。薄耆之炙，鲜鲤之鱠。秋黄之苏，白露之茹。兰英之酒，酌以涤口。山梁之餐，豢豹之胎。小饭大歠，如汤沃雪。此亦天下之至美也，太子能强起尝之乎？

明清《扬州府志》有记载，“扬州饮食华侈，制度精巧，市肆百品，夸视江表”。同一本书上，又说“涉江以北，宴会珍错之盛，扬州为最”。放弃地域争议，这里提到的“饮食华侈”“珍错之盛”，无疑说的就是淮扬菜。枚乘是淮阴人，硬把淮扬菜与他联系在一起，多少有些拉大旗做虎皮。说白了，淮扬菜就是诞生于明清之际，地点就是在扬州和淮安，再要往前延伸，非要独一无二，难免有点扯。

有人总结淮扬菜的特点，是过分精细，把最普通的菜，折腾到了普通人吃不起。这个说法过于戏谑，又不能说没有道理，它起码描述了两个真相，就是最普通的菜和十分精细。譬如“文思豆腐”，把豆腐切成像头发一样的细丝，用高汤鲜料大火熬制。又譬如“清炖蟹粉狮子头”，螃蟹在过去也是很寻常的，配上猪肋条肉，将肥肉和瘦肉分别细切粗斩成细粒，与蟹肉蟹黄一起拌匀，做成大肉圆。

淮扬菜都是功夫菜，都有文化在里面，因此也被称为“文人菜”和“士大夫菜”。原材料多以江湖河鲜为主料，以顶尖烹艺为支撑，以本味本色为上乘，以妙契众口为追求，雅俗共赏而不失其高端大气。淮扬菜如工艺品，既有南方菜的特点，也有北方菜的特色，口味清鲜平和，咸甜浓淡适中，南北皆宜，中外都喜欢，既适合家庭聚餐，又适合宴请贵宾贵客。

淮扬菜一直是有变化的，事实上，它能够绵延不绝，基础还是在民间，在于老百姓喜欢，许多大众耳熟能详的菜品，可能很多人都吃过，却不知道就是淮扬菜。在淮扬地区，至今仍有斗菜的习俗，春节期间，主妇都要做出拿手好菜来宴请宾客，亲朋好友间还会进行厨艺比拼，这无疑会让淮扬菜不断涌现出新的菜品。淮扬菜就是在这样的氛围中一代代传承创新的。

譬如当地老百姓平时爱吃的“小鱼锅贴”，一度就很流行。又譬如这些年开始流行的“十三香小龙虾”，风靡了全国，成为各家餐厅的招牌菜。十三香小龙虾又称盱眙龙虾，所以有名，与烹制方法有很大关系，它的配料独一无二。盱眙属于淮安，距离市区还有一段距离，在一开始，高端大气名声响亮的淮扬菜并不太能接纳，觉得它档次不够，就像曾经也不能接纳“小鱼锅贴”一样。

有了广大的市场后，因为深受老百姓喜爱，十三香小龙虾成了淮扬菜中的新贵。从在盱眙开始流行，漫延到了淮安市区，又风行省城南京，最后走红全国。从价廉物美，渐渐到消费者有点承受不起。好多年前，南京最正宗的盱眙龙虾，已经按个头收费，一只就要二十块钱。

〔第十五章〕

泰州

<<

海陵红粟，仓促之积糜穷

江苏的历史上曾经有过四陵，江南有两个，江北也有两个。江南是金陵和兰陵，江北是广陵和海陵。一般人都知道金陵就是南京，广陵就是扬州，而兰陵和海陵的名气，相对要小一些，只有当地人才能弄明白，甚至当地人也不明白。

前面已经说过了，兰陵就是今天的常州，而海陵则是现在要说的泰州，江苏在历史上曾经属于楚国，有一种说法，楚语习惯把水边的陆地叫作“陵”。泰州在春秋时属于吴国，后来越国征服了吴国，楚国又征服了越国。军事入侵必然伴随文化占领，为了表示自己对该地的拥有，楚人通过更改地名，或者直接命名，向诸侯炫耀自己的霸业。今天扬州的广陵，今天泰州的海陵，作为地名，很可能在那时候就有了，泰州地处海边，叫海陵也是很正常的。

泰州位于江苏中部，以长江看，它是江苏段的中间，东西南北中，这个“中”字恰好可以用来形容泰州。泰州是“苏中门户”，地理位置如此，经济地位也差不多这样。历史上的泰州曾经是一个大粮仓，左思的《三都赋》中有这样的句子：“窥东山之府，则瑰宝溢目，矖海陵之仓，则红粟流衍”，这里提到的东山是不是南京江宁的东山，还真不敢肯定，但是海陵就是今天的泰州，应该不会有任何争议。

两千多年前，汉高祖刘邦争得天下以后，封自己哥哥的儿子刘濞为吴王，统辖东南三郡五十三城，这是一个比较重要的封地。刘濞与他的叔叔刘邦一样，是个野心勃勃的人，他不愿意去江南称王，赖在了苏北，在自己的封国内大量铸钱煮盐，招纳工商和任侠奸人，以扩张割据势力，图谋篡夺帝位。

谋反重要的本钱是要有粮食，刘濞在海陵囤积了大量红粟，红粟是古泰州的特产之米，《隋书》上就有“海陵盛产桃花米”的记载，显然桃花米就是红粟。关于这个红粟，后来的诗人也屡屡提及。“红粒香复软，绿英滑且肥”，这是白居易的诗。“香粳炊熟泰州红，苣甲莼丝放箸空”，这是陆游的诗。

当然，海陵红粟为大家所熟悉，更多的还是由于骆宾王的千古奇文《为徐敬业讨武曌檄》。这家伙实在是太有文才了，一句“海陵红粟，仓促之积靡穷”，把古人大规模征战前的兵马未动粮草先行的气势，淋漓尽致地写了出来。可惜无论是汉时的刘濞，还是唐朝的徐敬业，动静虽然很大，来势虽然很汹汹，可惜最后都没能把事情做成。

成者为王，败者为寇，泰州因此少了一个华章，最终也未能成为“龙兴”之地，否则便可以与历史上的成都相媲美了。当年秦灭六国获得天下，一个很重要的原因被忽视了，就是秦国的经济最好。打仗向来就是国力的比拼，秦始皇继位的时候，秦国国力已经比六国加起来都强大。当时关中和蜀地，已都为秦朝所有，广大的成都平原是秦国的粮仓，当时最富庶的地方，又有了这个大粮仓做强力后盾，秦国怎么能不所向披靡。

历史上的泰州，显然是适合当作粮仓的，元末的盐民领袖张士诚造反，就是先取泰州，再取高邮，然后拿下苏州称吴王。张士诚像他居心叵测的前辈一样，把地理位置重要的泰州当作了一个巨大的粮仓，当作了一个名为“仓场”的粮食加工基地，军中所需粮食，皆在此设砻去壳成精米，砻是碾稻去壳的农具，形状略像磨，多以木料制成，现如今在博物馆里都很难见到。

张士诚后来也没有得到天下，输给了朱元璋，但是他给予元朝政府的打击，并不比建立明朝政权的朱元璋小。六百年过后，后人仍然可以在泰州看到当年的“仓场”遗迹，据说在挖河的时候，曾发现过地底下有铺着砖的街道，规模宏大，只要向下多挖几锹，就能挖到过去张士诚部在这碾米倒掉的稻壳，数量之多，让人目瞪口呆。

州建南唐，文昌北宋

历史上的惊人巧合常常是有原因的，泰州所以能够成为粮仓，并且还都是为了谋反，显然与它特殊的地理位置有关。首先，这地方一定适合粮食生长，只有丰收了，才能便于就地征集。其次必须是地处偏僻，这样悄悄地建仓囤粮，就不太容易被人察觉。

泰州已有2100多年的城市史，除了海陵这个古名称之外，又被称为海阳。它在汉初置县，东晋设郡，南唐建州，取“国泰民安”之意。“泰州”之名从此而始，地理坐标为北纬32°01′57″至33°10′59″，东经119°38′至120°33′，西面连接扬州，北面和东北毗邻盐城，东面紧依南通，南面与苏州、无锡、常州三市以及镇江市所辖的扬中隔江相望。

泰州全境是南北长而东西窄，南北最大直线距离约124公里，东西最窄处约19公里，最宽处也仅55公里。由于地处长江下游，水源充分，泰州自古就是粮食生产基地，适合很多农作物的生长。可以这么说，泰州的自然环境一点也不比富庶的江南逊色，而且它开发的时间更早，汉初吴王刘濞起兵前，有一位叫枚乘的文人曾上书劝他以和为贵，说何苦非要向西面发兵呢，“转行西向，陆行不绝，水行满河，不如海陵之仓”，意思是天下哪有比泰州更好的地方。

但是刘濞并没有把枚乘的话放进耳朵，在他的眼里，文人不过是个书呆子，刘濞毅然选择了造反，此时离秦灭六国的时间并不遥远，为什么不大胆地逐鹿中原呢，既然秦国可以得天下，他的叔叔刘邦可以打败项羽，刘濞就有理由相信自己也可以过一把皇帝的瘾。楚虽三户，亡秦必楚，那时候，南方的锐气还没有丧失，记忆中还没有太多的失败。

刘濞以扬州为都，以处于江淮之间的泰州和整个江南的吴地为大后方，决心像他的前辈那样大闹一番。天高皇帝远，古时候的泰州有些像今天的南通或盐城，它们处在偏僻的海边，相对于京城长安，已是非常地遥远，人生活在这种地方，对朝廷缺少敬畏，也是很自然的事情。当时的南通和盐城的大部分尚在海洋之中，它们或者是一片小小的沙洲，或者干脆还深深地埋藏在海底。

即使到了唐朝，泰州仍然还是滨海临江，在唐代诗人王维的眼里，泰州的景象是“浮于淮泗，浩然天波，海潮喷于乾坤，江城入于泱漭”。这也就难怪骆宾王当年兵败海陵，会茫茫不知所终，给后人留下各种可以演义的传说。唐朝的国库收入主要来自江淮之间，唐高祖时，每年从这里输入关中的大米是一二十万担，高宗以后，统治机构庞大，开支大大增加，输入关中的粮食也逐年增多。

泰州地处江淮富庶地区，是重要的粮食基地，也是沿海食盐送往内地的必经之路，地位开始不断上升。到了南唐时，泰州终于升格，初次获得了州一级的建置，海陵县也成为州治所在地，所谓“割盐城、泰兴、如皋、兴化县属焉”。

北宋初年，泰州的级别有所下降，从团练州降为军事州，按行政级别，团练使是从五品官员，军事州的首领应该是什么品衔，一时还真查不出来，可能是一样的，也可能略低，好在管辖区域暂时还没有减少，仍然管着海边的大片盐场，今天的南通和盐城，当时都属于泰州管辖。运盐的船队无论进长江，还是入运河，仍然得经过泰州，因此也就不可避免地带来繁华。当时的泰州很像一座地道的江南水乡小城，烟花三月，常引得文人骚客在这里驻足停留。

泰州人喜欢说自己的城市在北宋时文风最为昌盛，宋仁宗时，也就是差不多一千年前，军事推官滕子京在城南建文会堂，有了文会堂，便有了泰州历史上最具文化风采的一段时光。滕子京的好友范仲淹就在东台的西溪做官，当时西溪还属于泰州，两人来往十分方便。他们的交往是文坛上的雅事，范仲淹有五言诗《书海陵腾从事文会堂》，其中“君子不独乐，我朋来远方”无独有偶，与他后来所写的名句“先天下之忧而忧，后天下之乐而乐”同一机杼。

众所周知，滕子京此后到岳州做官，准备重修岳阳楼，他想到了老朋友，于是就让从未去过岳州的范仲淹写下了《岳阳楼记》这篇文章。当时属于泰州本地的著名文人有胡瑗，而在此地飞鸿留迹的文人还有晏殊、欧阳修、王安石、苏轼和梅尧臣。苏轼的一位朋友要去泰州做官，觉得此地太为偏远，心里颇有点不痛快，苏轼便与他打趣，赋诗为之送行，“读书不用多，作诗不须工。海边无事日日醉，梦魂不到蓬莱宫”。

北宋时期的文风昌盛，大大地提高了古城泰州的文化品位，文会堂中高朋满座，泰州人喜欢以文会友，而且乐意以此为传统，尚文必定重教，与此地热闹的文风相比，他们更重视教育，更重视启蒙。

泰州学派和平民的哲学

泰州学派是泰州人的骄傲，这个学派的创始人是王艮，在前面“盐商文化的另一面”一节中，对他已经有过文字描述。在王艮一个人身上，聚集了盐民、盐商、文化大师的品质，这差不多是中国文化史上绝无仅有的个例。

说起泰州，很多人会想到戏剧大师梅兰芳，大家都知道他的祖籍是泰州。虽然梅兰芳从小就出生在北京，直到自己62岁那年，才第一次踏足泰州，这时候，梅家离开泰州已经100多年。梅兰芳的根在泰州，但是说到另外两位文化名人郑板桥和施耐庵也是泰州人，很多人也许就不太知道了。

扬州八怪的中坚人物郑板桥，还有写出《水浒传》的施耐庵，他们都是泰州属地的兴化人。在泰州籍的文化名人谱上，还有明末清初的评话宗师柳敬亭，有状元宰相李春芳，有布衣诗人吴嘉纪，有写《艺概》的文艺理论家刘熙载，有一代名僧常惺，有民国年间的地质学家丁文江，有书法家高二适，有复旦大学著名教授朱东润，还有写《美食家》的著名作家陆文夫。陆文夫的小说大多与苏州有关，有陆苏州之美称，很多人都以为他是苏州人，其实他是货真价实的泰兴虹桥镇七圩人。

就其对文化产生的影响而言，泰州学派的地位在此地可以说是空前绝后。元代的时候，泰州已不再有唐宋时的风光，《马可·波罗游记》对当时的泰州有这么一段描述："城不甚大，然百物皆丰。泰州向日出方向去，距海三日程。该城制盐甚多，有最良之盐池。大河上船舶甚众，皆幅奏（辐辏）于此。在城市和海岸的中间地带，有许多盐城，产生大量的盐。"

明清时代泰州经济繁荣，与同是长江北边的扬州淮安，根本不可同日而语，不过泰州学派的影响力，却挽回了足够的颜面，因为有了泰州学派，泰州人可以大言不惭地说自己"儒风之盛，夙冠淮南"。换句话说，泰州因为有了泰州学派，仅此一项，就可以与扬州和淮安叫板。

泰州学派的领袖人物王艮，是哲学大师王阳明的弟子，他的老师"弟子遍天下，率都有爵位有气势，艮以其布衣抗其间，声名反出诸弟子之上"。英雄不看出处，黄宗羲对王艮的评价很高，说"泰州以后，其人多能赤手搏龙蛇"，又说"诸公掀翻天地，前不见古人，后不见来者"。

泰州学派的引人注目，恰恰就在于它的平民化，王艮自己就是平民，在他的学生中，有樵夫、陶匠和普通农民。因此，在赞同者眼里，泰州学派“非名教之所能羁络”。也有人评价，“在下层社会广泛传播，其学说思想一定程度上代表了被压迫、被剥削的阶级的利益”。有人甚至将泰州学派的领袖人物，比喻为思想界的陈胜吴广，说他们是王阳明弟子中的极左派，是正宗王学中的异端。

王艮从一个识字不多的灶丁，成为泰州学派的领袖，不只是在儒林中独树一帜，在中国的大历史上也是十分罕见。泰州学派的精华就是启蒙，就是唤醒老百姓，与中国古代读书人习惯走精英路线不同，泰州学派把自己的传播对象定位在了普通人身上。王艮的核心思想就是“百姓日用即道”，把“圣人之道”与“百姓日用”等同，把普通百姓是否“能知能行”作为判断的价值标准。

百姓不可轻视，“道”也没什么神秘，它就存在于人们的生活实践中。在王艮逝世差不多400年后，梁漱溟先生以一种近乎传教士的牺牲精神，开展了一场很有声势的“乡村建设运动”，把讲学做学问与从事社会运动合而为一。梁漱溟曾经历过两次思想转变，由西学转向佛学再归宗儒家，能够完成第二次蜕变，就是因为受了泰州学派的影响，认定王艮的思想“最合我意”。

平心而论，中国的思想启蒙从来都是未尽人意，无论是泰州学派，还是后来这样那样的启蒙运动，在唤醒民众方面都没有达到应有的高度，但是它们表现出来的人文关怀，最充分的平民意识，却不能说没有意义。

一声肠断溱湖水

一位从泰州溱潼出来的干部，去江南参观，看完了苏州的周庄，无限感慨地对同行官员说，他的家乡当年与周庄相比，毫不逊色。不服气自然是有理由的，溱潼的历史和规模，不仅可以与江南的古镇周庄媲美，甚至有过之而无不及。

一样的小桥流水枕河人家，一样的白墙黑瓦明清古建筑群，为什么周庄就可以成为著名的旅游景点，为什么溱潼古镇就要大打折扣。其实这个问题用不着别人来回答，作为溱潼人自己心里最有数，二十世纪八十年代初，这里的读书人刚考上大学时，古镇还是一派旧日模样，可就在离家去省城读书的那些岁月，为了适应形势的快速发展，千年溱潼突然想到了出新，所谓出新，是不顾一切毁旧。结果古河道填了，老房子拆了，原有的大好格局，一转眼都被人为破坏了。

历史的经验值得注意，发展不一定全是好事，有时候更可能是灾难。已成为旅游热点的江南古镇周庄，日进斗金，能有今天，恰恰不是因为发展，而是因为不发展。溱潼人拆老房子填河道的时候，周庄仍然还很闭塞，它离苏州市区很远，交通很不方便，从上海赶过去，今天只要几十分钟，当时却得花上差不多两天时间。是闭塞和落后保护了周庄，想破坏还没来得及。是学者犀利的眼光和远见保护了周庄，周庄人总算是守住了这个聚宝盆。溱潼很遗憾没遇上懂得周庄价值的高人，历史无情，有些东西一旦毁坏了，便不可能再恢复。

如今走在溱潼麻石铺就的深巷里，跨过小桥和流水，拜访老井当院的民居，仿佛又一次走进了往日岁月。一声肠断溱湖水，何事将归不问家。溱潼古镇更像一块华丽的碎瓷片，它五光十色，折射出了苏北水乡曾经有过的辉煌。作为匆匆游客，面对随处可见的历史沧桑，难免有一种说不出的感伤。江南水乡已经成为一个固定词组，大家很可能都没有意识到，在长江下游，无论江南江北，都是差不多的水乡，对水的依赖都一模一样，都是千方百计在水上做文章。

由国家建设部评选命名的全国历史文化名镇，第一批共十个，江苏占有三个，而且都在苏州，它们分别是周庄、同里和甪直。第二批十六个，江苏又占了四个，它们是苏州的木渎和沙溪，泰州的溱潼和黄桥。至此，上榜的历史文化名镇，苏南拥有五个全在苏州，苏北拥有两个全在泰州。这个评价标准，首先要看历史，然而很重要的一点是看其保护程度，事实上，大江南北只要是个古镇，只要有点历史，只要老东西老玩意还在，用今天的话来说，就一定会有货真价实的文化。

就算是一个被填了主要河道，拆除不少老房子的溱潼，也已经足以让人缅怀，足以成为名胜。溱潼古镇地处三县交界，早在5000多年前就有人居住，南宋初年，岳飞曾客串泰州知州，驻兵溱潼村，与金兵激战溱湖。本地百姓安葬了阵亡将士，于每年清明节撑船祭奠，久而久之，形成了撑会船的习俗。溱潼会船甲天下，届时竹篙如林，千舟竞发，岸上则观者如潮，场面十分壮观。

黄桥则是泰州境内的另一个古镇，始称“永丰里”，早在汉代就已经存在。元末明初，改名为黄桥镇。这里“百川会通，民利灌溉，土田饶沃，物产丰盛”，不过对于今天的大多数人来说，最熟悉的还是当年新四军曾在这里打过一个大胜仗，一下子在苏北站住了脚跟，还有就是忘不了尝尝与此战有关的“黄桥烧饼”，虽然此烧饼早已不是当年的彼烧饼了。

泰州是江淮之间的分水岭，属于长江水系的为“上河”，属于淮河水系的为“下河”。下河地区低洼，虽然没有太湖和洪泽湖那样的庞然大物，但是有得胜湖、郭真湖、吴公湖、大纵湖、平旺湖、鲍老湖、喜鹊湖。“船在垛中走，人在花中行”，油菜花开的时候，漂浮在水面上的兴化垛田，足以让游人目不暇接。水是泰州的生命，水也是泰州的灵魂，古镇离不开水，作为主城的城区同样离不开水。泰州的水韵风光无限，不是江南，胜似江南。据勘查统计，泰州城河湖面积占14%，这个数据可以说独冠江苏。

水绕城，城抱水，街河并行水巷幽深，中市河、玉带河、东市河、西市河，纵横排列，小西湖、夏家汪、常汪、昭昭汪、太子港，静影涵天，与苏州相比，泰州似乎更有资格说自己是水城。

淮南赖有小扬州

史前的泰州，大概可以用“高台深谷”来形容，四面为海水环绕，后来渐渐与大陆相连成为半岛，其地势东南高西北低，东南多为广阔的田畴，西北则是水乡泽国。

从历史来看，泰州虽然对南通和盐城一度拥有过管辖权，但毕竟沧海变良田，有一个漫长的过程，当年南通和盐城的规模，与今天相比完全不是一回事。事实上，在过去的年代里，泰州一直都是一个不太大的城市，基本上处于扬州的领导之下。1950年1月，泰州与扬州合并为苏北泰州行政区。专员公署驻扎泰州，下辖2市9县，泰州与扬州的两个军分区也合并成泰州军分区。

这恐怕是泰州唯一一次对扬州行使领导权，不过时间很短，谁都没把这件事放在心上。一位中学老师给学生上课讲扬州八怪，用一个生动的比喻来描述郑板桥的家乡兴化，说当年江泽民当总书记，郑板桥跟他是同乡，后来胡锦涛当总书记，郑板桥跟他仍然是同乡。郑板桥是兴化人，1996年8月，泰州终于获得了与扬州平起平坐的机会，正式上升为地级市。在这之前，泰州属于扬州管辖，县级市兴化也归扬州管，兴化的老百姓必须得说自己是扬州人。在这之后，扬州和泰州分家，兴化划给了泰州，兴化人就必须说自己是泰州人了。

仿佛300多年前江苏和安徽的分家一样，偌大的扬州也是从中间切了一刀，东面属于泰州，西面属于扬州。很显然，这样的划分在扬州人看来很委屈，因为这一刀下去，很大的一块肥肉被切割走了。泰州的地图看上去就像一个缩小的江苏，经济形势上也更像，它的北面是兴化，中间是泰州市区和姜堰，南面是泰兴和新崛起的县级市靖江。靖江看上去就好比是泰州的江南，在几百年前它还是长江中间的一个沙洲，如今已差不多成了泰州全境最富庶的地方。

江阴长江大桥在这飞架南北，可以直通经济发达的苏南，而扬州就不得不望江兴叹，虽然润扬大桥已经建好了，经济的影响力却有着很大的差别。从上海去北京的汽车，可以通过江阴大桥过江，虽然命名为江阴大桥，但这座大桥带来的好处和利益，却是两岸共享的，靖江的经济也立刻如虎添翼。

很长时间里，泰州都以被称为小扬州而自豪，扬州是泰州老百姓最向往的地方。清朝的时候，泰州不仅始终归扬州管辖，而且一度没有任何辖县，成为地地道道的散州，有州之名，却无州之实。泰州人对扬州的依赖是历史造成的，由于扬州就在泰州的西边，历史上又是极度地繁华，因此这种来自西边的影响曾经十分巨大。

文化的影响力通常都受经济的制约，随着时代的快速发展，扬州文化的影响力正在一天天减少，西边的风光不再，甚至泰州境内自身的文化也在悄悄发生变化。考察此地的历史人文景观，不难发现风水轮流转的现象，同样是泰州籍的历史文化名人，古代以偏北方的海陵和兴化为多，譬如三国名将吕岱，譬如清朝的郑板桥，到了近现代，便以偏南方的泰兴和靖江为多，譬如戏剧家丁西林，譬如工商巨子刘国钧。

泰州不着急

江苏给大家的感觉是经济相对发达，一说GDP就来劲。经济发达的省份，看重的也常常是经济，是各种各样的排名。泰州处在江苏版图的中心位置，属于苏中，结果就真的什么都居中，最好，轮不到它，最差，也轮不到它。

说起城市规模，泰州只能算三线城市，或者说就是三线城市。对于一线二线三线这样的提法，泰州即便很反感，也没有办法反驳。泰州人喜欢自嘲，喜欢说自己是个没有存在感的城市。江苏一共就13个地级市，到目前为止，泰州是唯一一个没有通高铁的城市。在泰州周围布满了高铁线，偏偏泰州还没有一个属于自己的高铁站。

泰州人说自己处在“环泰高铁经济圈”里，东西南北皆有高铁。长江对面的江阴和张家港，是县级市，轨道已经完工，马上就通高铁了。已经通了高铁的，或者即将通高铁的，离泰州并不太远的高铁站，有一长串。有南通的南通西站、如皋南站、海安站，有盐城的东台站、盐城南站、盐城站、建湖站、阜宁南站，还有淮安的淮安东站，扬州的宝应站、高邮北站、高邮站、扬州东站。整个泰州都被包围在中间，好处是这些车站离泰州都不太远，泰州人可以各取所需，到邻近的车站去坐高铁。

泰州常住人口465万，它的GDP达到5133.36亿元，放在全国，与黑龙江的省城哈尔滨很接近，离江西的省城南昌也不遥远。放在省内，离排头兵的距离很大，想追也追不上，离倒数的那几个距离也很大，要掉也掉不下去。泰州的位置也很尴尬，从地图上看它很不错，都挨着，但好像又都沾不上，离南京都市圈不远，离苏锡常都市圈也不远，离徐州淮海经济圈也不远，离大上海都市圈也不远，可惜都是处在边缘地带，于是又有了一句可以用来调侃的顺口溜：

苏锡常，宁镇扬，南通跨江新方向，沿江八市泰州凉。

这个顺口溜肯定是泰州人自己编的，泰州不会凉，也不可能凉。风物长宜放眼量，有些事，可能还真的不能着急，真的还得慢慢来，该等的只能等。都说扬州慢，泰州可能比扬州还慢。事实上，计划中的盐宜高速铁路正在立项，还在讨论。它是连接江北盐城和江南宜兴的一条高速铁路，贯通苏北、苏中、苏南，是长三角城际铁路网的重要组成部分。一旦正式批准，一旦开工，一旦完成，泰州没有高铁的历史就会宣告结束。

到时候，泰州境内将会出现兴化东站、泰州南站、泰兴东站、靖江东站四座车站。不仅沟通长江南北，向南可通往浙江地区，接轨上海，连通杭州湾，同时又北承青盐和徐宿淮盐铁路，中联北沿江高铁，泰州的四通八达，将不再是梦想。

泰州不着急，当然着急也没用，心急吃不了热豆腐。很多年以前，意大利的马可·波罗游历泰州，称赞“这城不很大，但各种尘世的幸福极多”。所谓“尘世幸福”，换句话说，其实就是今天的“宜居”，或者说就是“百姓日用即道”。在历史中，泰州是江苏境内最少战乱的城市，泰州一直很太平，很中庸，仔细想想，能这样，其实真的非常好。

〔第十六章〕

宿迁

第一江山春好处

宿迁与泰州一样，也是江苏境内一个年轻的地级市，它们几乎同时诞生，都是在1996年。宿迁是从当时的淮阴瓜分出来的，那时候淮阴还未改名为淮安市，也是从中间切了一刀，东边这一块是淮阴，西边那一块是宿迁，面积和人口都差得不太多。

与泰州一样，因为年轻，宿迁在多项数据面前都有些吃亏。2004年的一个权威调查数据显示，江苏境内13个省辖城市中，最具大城市优势的排名，最具现代化城市特色的排名，最有人才战略力的排名，最具区域辐射力的城市排名，宿迁与泰州分别位列倒数第一和倒数第二。泰州很快就上去了，很快就位居中游。宿迁的发展势头也还可以，也是显而易见的，但是它的排名却还是不怎么样，还是有点落后。

在其他方面，譬如最美名远扬的排名，人均GDP和人均收入的排名，最具未来发展潜力即GDP增幅的排名，最具交通枢纽优势的排名，宿迁仍然排在最后，排在倒数第二的不是淮安，就是连云港。在最新的2022年排行榜上，宿迁全市实现地区生产总值4111.98亿元，比上年增长3.6%，增幅全省第四。经济总量首次突破4000亿，也意味着经济总量长期在省内垫底的宿迁，首次实现逆袭，位次前移到第十二位，不再垫底。

这些冷冰冰的数据有些让人沮丧，宿迁位于江苏北部的徐淮平原，属于陇海跟沿海和沿江经济带的交叉辐射区，总体呈西北高东南低，最高点海拔高度71.2米，最低点海拔2.8米。全市总面积8555平方公里，其中陆地面积占77.6%，耕地面积659万亩，总人口500多万，面积和人口在江苏曾分别列第四位和第七位，下辖沭阳、泗阳、泗洪三个县，宿城和宿豫两个区。最新的面积统计又有了变化，宿迁的面积又变成了第六位，小于淮安和苏州，苏州的面积是8657平方公里，比宿迁多了100平方公里，差别并不大。

宿迁属暖温带季风性气候，年均气温14.2℃，年均降水量910毫米，年均日照总时数2291.6小时，人均占有耕地1.28亩，农业生产的条件不能算是得天独厚，但是已经相当不错，毕竟它的土地面积比江苏南部除苏州之外所有的城市都大，比省城南京大，比无锡和常州大。

宿迁人介绍自己，总喜欢说当年乾隆皇帝下江南时，曾夸过这地方是“第一江山春好处”。在老百姓的印象中，这位皇帝是位游山玩水的好手，哪里热闹便往哪里去，到处寻花问柳，写诗留御碑。有一年初春，乾隆爷又动了南下念头，于是乎兴师动众，浩浩荡荡出发了。他慢腾腾地边走边看，走过河北，走过山东，终于到达江苏境内。

先是在徐州住了几宿，然后继续南下，这时候，春意已经极度盎然，加上南方本来比北方暖和，到了宿迁一带，漫山遍野百花齐放，庄稼地里一片绿油油，乾隆爷诗兴大发，“第一江山春好处”的赞赏，也就脱口而出。天子是金口玉言，他老人家这么一说，第一江山春好处基本上就铁板钉钉：

盼从冀兖寒迟茁，看到淮徐绿满田。
第一江山春好处，十分梅柳色徒传。
渐渐他日应藏雉，缕缕于今欲起烟。
此是千家饼饵计，羽林驰骑戒纷填。

真正有耐心读完这首诗的人不难发现，乾隆皇帝对风景的好坏并不太在意。首先，这诗也不是单指宿迁，其中有一句是“看到淮徐绿满田”。事实上，古时候的皇帝巡游，绝不会像后人想象的那样，仅仅为了游山玩水，无论亡国之君隋炀帝，还是清朝最盛时期的康熙和乾隆，他们的每一次出访，都有着很重要的政治目的。

就诗而论，乾隆的诗基本上只能算是平庸，亲民爱民则贯彻始终。看着一片碧绿的麦田，他想到再过一些日子，麦子就要长高了，野雉便可以在里面出入。诗的最后两句平白如话，“此是千家饼饵计，羽林驰骑戒纷填”，想到这些麦子以后都是老百姓的口粮，乾隆让手下千万别去踩人家的庄稼，不要为了什么捧场，糟踏农家的粮食。

宿迁境内的贫穷可以说由来已久，根子还是在于南宋时那次黄河的人为改道。汴水流，泗水流，流到瓜洲古渡头，在中国的大历史上，充满唐诗宋韵的汴泗流域，曾经有过非常辉煌的文明记录。黄河夺汴泗入淮，彻底颠覆了这里的自然生态环境，历史上黄河也曾有过多次改道，但是只有这一次最彻底，后果最不可收拾。

其中很重要的原因，已经解释过多次，是因为淮北当时已被金人占领，新形成的河道由平地冲刷而成，河床又宽又浅变易无定，堤防则随地用沙土筑成，一场洪水就足以使其崩溃。由于河道活动区更接近南宋的疆域，南宋曾与金人签有协定，以黄河为分界线，黄河愈向南趋，金人的占领地就愈大，因此金朝政府并不积极加以防治，河道便不断肆虐南摆，这样对金人也就越有利。

地处徐淮平原的宿迁，显然是战争和国家分裂的直接受害者。当然受灾的并不只是一个宿迁，豫东、淮北、苏北的黄河故道沿线，旱涝沙碱常年不断，人民流离失所，都与黄河变迁所造成的后果有密切关系，这也难怪当乾隆皇帝南巡时，看到徐淮境内一片太平景象，会情不自禁地喜出望外。

不妨在最后补充一句，清又称后金，金人和满人是同一个民族，都是历史上的女真人。

下草湾新人和项王故里

宿迁人命中注定必须与淮河打交道，历史上，这地方是过洪水的走廊，出于分洪防患的考虑，老百姓就得不停地整治淮河。1954年，为了让淮河的一部分水直流洪泽湖，当地村民在下草湾处挖了一道全长3公里的引河，谁也没有想到，正是这次最普通的挖河，有了考古史上的重大发现。

当时正好有个叫杨钟健的教授在这考察古生物，在水利工地现场，他很轻易地就发现了巨河狸和其他古脊椎动物化石。更为惊奇的是，在新挖出来的河岸上，杨教授采集到了一段人类化石，经过鉴定是右侧股骨化石，长约15.27厘米，为股骨的上半段，小转子基部已完全缺损，从形态上看，有骨结存在。骨化石表面布满了长尾纤孔，这是人类股骨的重要特征，从其石化的程度计算，从海绵骨质空隙中的填土来判断，以及含氟成分的化学分析，可以确定为相当早的人类化石。

多位考古学家对这块骨头进行过鉴定，大致认为这段股骨侧面平直，同北京猿人的股骨相似，不同于现代人股骨的向前弯曲，股骨上部的扁平度介于北京人与现代人之间，与德国的尼安德特人相近。考古学把中国的旧石器时代分为早、中、晚三期，早期称为猿人，譬如云南的“元谋猿人”、陇西的“蓝田猿人”、北京的“北京猿人”、南京的“汤山猿人”；中期称为古人，譬如广东的“马坝人”、湖北的“长阳人”、山西的“丁村人”；晚期称为新人，譬如内蒙的“河套人”、北京的“山顶洞人”，以及江苏宿迁境内的“下草湾新人”。

江苏境内发现古人类化石的地点，有南京的汤山，还有苏南的丹徒和溧水，除二十世纪九十年代发现的“汤山猿人”外，其余年代的古人类，都要晚于“下草湾新人”。考古学是一门非常专业的学问，有各种各样的定义和争论，有专家推测下草湾新人是北京猿人的后裔，是现代中国人的一个祖先，是江苏人类的发祥地之一。

如果宿迁的下草湾新人因为时间太遥远而让人感到模糊不清，有些虚无缥缈，那么发生在两千多年前的霸王别姬的故事，可以说是家喻户晓。霸王和虞姬都是宿迁人，楚汉争霸，最后的胜利者是汉王刘邦，从此开创了中华民族史上强盛的汉王朝，但是成败并不足以论英雄，宿迁人似乎更愿意为项羽这位失败的好汉叫好，为他感到自豪。明朝的一位知县在《西楚霸王庙碑记》中记录了当地民风，更喜欢项羽“英风武烈”的传统。

“生当作人杰，死亦为鬼雄”，数千年来，宿迁人因为忘不了西楚霸王，在其出生地下相梧桐巷立碑建坊。历史悠悠，项王故里原来有坊、有庙，还有僧人照管，屡修屡毁，屡毁屡修。清朝初年看庙的僧人离去，坊毁庙圮，只剩下几棵古梧桐和一棵古槐。当地人传说此古槐为项羽当年手植，原树已枯死，现在看到的是从根部重新长出来的，树干已经很庞大，须三四个人才可以合抱。

鸿门垓下，大英雄，哪关成败；
骓马虞兮，真情种，不易生死。

这是项王故里最著名的一副对联，回忆历史，宿迁人更愿意往远处看，远处轰轰烈烈，英雄美女，霸业已随流水去，王名不共晚山湮。此地应该出过英雄豪杰，三国时的东吴名将鲁肃，就是宿迁属地泗洪人。还有岳飞的部将刘世勋，他是宿迁属地泗阳人，当年岳飞被奸人所害，刘悲愤不已，每日焚香于东岳庙中，最后竟在岳飞神像前坐化。这个侠肝义胆的故事，曾感动过乾隆，他御笔亲书墓碑纪念，“刘老墓”也因此成为当地的名胜古迹。

宿迁地处江苏的最北边，与软绵绵的苏南相比，这地方更适合于大碗喝酒，大块吃肉，更适合于千军万马逐鹿中原出生入死。今天的宿迁是从淮安分割出来的，但是民风与徐州更相似，历史上属于徐州管辖的时间也更多。春秋时宿迁为钟吾子国，传说后来宿国迁都于此，因此得名宿迁。不过已有专家考证，这个说法不一定能站住脚。清桐城派大师姚鼐在《宿迁县志序》中便表过态，说“唐人乃以宿迁为宿国之地，于古无征”，就是说古书上并不是这么写的，他不喜欢把这个并不太靠谱的说法写到宿迁的县志里去。

宿迁在春秋时期为钟吾国，它的真正比较靠谱的历史，应该是从秦朝时开始的。秦置下相县，也就是宿迁的前身，那是公元前113年。到了汉朝，汉武帝封刘商为泗水王，王都设于凌县，辖2.5万户11.9万人，传了五代六王，历时132年。以后又历经东汉西晋，至东晋安帝义熙元年，改下相县为宿豫县。南北朝和隋朝仍叫宿豫，唐武德四年，也就是公元621年，改下邳郡为泗州，以宿豫为州府。

唐开元二十三年，也就是公元735年，宿豫县城被沂蒙山水冲圮，泗州遂移治于临淮县，宿豫县移治于下相城故址。到了公元762年，为避唐代宗李豫之讳，改宿豫为宿迁，属徐州管辖。这以后，宿迁一会儿归徐州统治，一会儿又归淮安府领导，总是在两者之间来回。久而久之，宿迁的民风便有些独特，既有徐州人的硬朗之气，好斗争，不妥协，又有淮安人的会生活，有情调，懂得享受。

龙王庙行宫

翻开一本厚厚的《宿迁名胜》，第一篇文章就是介绍“龙王庙行宫”的，这里是国务院公布的全国重点文物保护单位，由此可见级别之高。我们今天欣赏这个古建筑群，忍不住会有些疑问，为什么皇帝要下令建这么一座庙，为什么乾隆六下江南，竟然会有五次住在这里？

龙王庙行宫坐落在宿迁市区北部的古镇皂河，紧挨着大运河，北临骆马湖，南接废黄河，东连马陵山，占地36亩，是个三院九进封闭式的北方宫廷建筑群。最初只是一个祭祀水神龙王的小庙，始建于清顺治年间。公元1684年，康熙开始了第一次南巡，当时的黄淮水患十分厉害，来到宿迁境内，只见大水苍茫，田亩沉沦，民居不是坍塌，便是只露出一个屋顶。

坐在龙舟上的康熙，心里很不是滋味，赋诗感慨，“茕茕赤子民，栖栖卧深潦，对之心惕然，无策施襁褓”。于是乎弃舟登岸，决定驻跸龙王庙，就在这现场办公，和手下一起研究如何治水。皇帝驻龙王庙，这举动多少有点稀奇古怪。“大水冲了龙王庙，一家人都不认识”，龙王庙本身没有什么了不得，民间有水患的地方，老百姓都会修上一个。

按照中国传统，金口玉言的皇帝说什么就是什么，想怎么干都行，都得听他的。规矩都是人制定的，康熙爷是天子，是龙的象征，当然此龙非彼龙，他老人家大大咧咧往龙王庙里一住，别人还真不敢说什么。康熙一生曾六次南巡，治理黄淮，安定民生，这是首要目的，其次才是收抚人心，整顿吏治。

因为康熙曾在龙王庙下榻，破败的小庙便有了不同寻常的意义，一再重修和扩建。同样也是有了康熙的榜样，后来的乾隆皇帝索性把这里当作南下的行宫。与精明能干的祖父一样，乾隆六次南巡，首要任务仍然是为了治理黄淮，所谓“南巡之事，莫大于河工”，毕竟黄淮之患，关系到国计民生，关系到国家机器能否正常运转。

在南巡过程中，乾隆也曾身先士卒，对沿途的河工进行“阅视”，对重大治河决策反复论证。与康熙相比，乾隆的南巡难免越来越形式化，一方面，经过多年整治，黄淮水患虽然还没有根治，确实已见到了很大成效，说此时国泰民安风调雨顺，是中国历史上的盛世，绝非夸大之辞，另一方面，有了钱就忍不住要穷奢极欲，就忍不住要糟蹋。

龙王庙行宫是劳民伤财的最好见证，作为皇帝“敕建”的庙宇，这个庞大的建筑群到处都体现了皇家气派，仅仅是门前的一对石狮子，就足以与北京的故宫相媲美，无论艺术造型，还是用料考究，在江苏境内都是绝无仅有。将龙王庙与行宫合为一体是宿迁人的创举，也许说到底，做皇帝的无论如何开明，仍然会喜欢别人讨好和拍马屁。

当年康熙住在小庙，不过是临时借宿，乾隆时的龙王庙行宫，把敬神祭祖与住下来朝政议事这两桩本来毫不相干的买卖非常有机地统一起来。为了哄皇帝开心，为了让皇上到了这里多玩几天，于是乎行宫就是庙，庙就是行宫。龙王庙行宫的规模之宏大，设计之怪诞，实在是前所未有。

龙王庙行宫成了最有封建特色的古典建筑群，三大院落有着明显分工。第一进的主要景观是“御碑亭”，说白了就是皇帝为自己歌功颂德，到处可见当年留下的“圣旨”和诗文，两侧是钟楼和鼓楼。第二进供奉龙王爷，既然庙是“敕建”，明显比别处的宏大威严。第三进是正经八百的行宫，是皇帝睡觉的地方，又叫禹王殿，当地老百姓都叫它“正宫”，左右是伴驾的“东宫”和“西宫”。根据史料记载，乾隆六次南巡，有四次都是带着他的母亲和妻妾。

晚年的乾隆曾对南巡有所反省，认为出发点是好的，实际效果却是“劳民伤财，作无益害有益”。虽然皇恩浩荡，乾隆爷一高兴，可以暂时免了宿迁老百姓的钱粮，但是羊毛出在羊身上，最终的受害者还是民众。宿迁人民水深火热的生活并没有得到实际改善，穷还是穷，苦还是苦，正像乾隆可以关照手下不要踩坏庄稼，爱惜民生，事实上又免不了还是要奢华铺张，走水路时，皇帝的三艘御舟纤夫有3600人，走陆路时，马约五六千匹，骡马车400辆，骆驼七八百只。

闻香已醉，唯酒是务

现代人看古装电视连续剧，看到古人去酒铺买醉，店招酒旗上赫然写着“五粮液”或者“剑兰春”，忍不住会觉得好笑。拍电视剧出点小差错自然是难免的，没有漏洞几乎就不是电视剧。古时候怎么可能有“五粮液”和“剑兰春”，这两个名酒的历史不长，正式挂牌不会超过一百年。五粮液本名叫“杂粮酒”，剑兰春本名叫“绵竹大曲”。

古人喝酒通常只是认地方，讲究要喝某地的酒，喜欢说某地的酒好喝。在古人眼里，产地就是品牌，产地可以说明一切。宿迁不仅是江苏的酒乡，也是中国的酒乡，产自此地的洋河大曲和双沟大曲，在全国白酒市场上占据过相当重要的位置。早在明末清初，洋河大曲已“名震江淮，誉满天下”，有着“福泉酒海清香美，味占江淮第一家”的声望。

事实上，白酒各地都有出产，在过去的岁月，在交通不发达的年代，到哪里都能遇到当地的好酒。酒香不怕巷子深，只要是真正的好酒，一定有过独霸一方的黄金岁月。洋河大曲显然是有悠久的历史，根据方志记载，当年“驰名长江下游各省，凡通商各埠及城邑，以至村镇集市，凡有酒家，无不挂此招牌”，因此在古装影视的酒旗上，你可以放心大胆地写上“洋河大曲”。

至于“双沟大曲”这四个字，就得稍稍留些神，不能走得太远。在1910年的南洋劝业会上，全德槽坊酿制的“双沟大曲”被评为第一名酒，并获得金质奖章。把双沟大曲写在古人的酒旗上，可能对，也可能错，因为连正经八百的双沟人，也说不明白双沟大曲这名字从何时开始有的。古人没有商标意识，非常遗憾地说，当年为什么不干脆叫“全德大曲”呢，叫了“全德”，就是妥妥地独此一家。

洋河和双沟有着很辉煌的过去，都曾拿过很多有含金量的奖项，到了二十世纪八十年代初，经过酒徒和行家们的一次次苛刻评选，在所谓“能经得住考验并屡受好评的八种名酒”中，既有洋河，又有双沟。对于宿迁这个不算太大的城市来说，能同时拥有“八大”中的两个，这是非常了不得的荣耀，在当时无疑是绝无仅有。

不管是在过去，还是在将来，酒都会是宿迁的支柱产业。截至2006年，宿迁年产白酒15.25万千升，实现销售收入20.19亿元，利税6.25亿元，分别占全市规模以上工业的7.1%和27%，其中仅洋河集团一家，就做了一半以上的贡献。洋河酒属于浓香型大曲酒，以小麦和大麦还有豌豆为原料精制而成。2019年，洋河酒在艾媒金榜发布的《2019新春白酒品牌排行榜》榜单中位列第三。到了2021年，洋河酒已经名列这个榜单的第二位，排在榜单第一位的，没有悬念就是茅台酒。

一个地方能出好酒，能持续不断地出好酒，必须得有两个最基本条件。首先要有得天独厚的水土，其次要有好的酿造技术。宿迁能够脱颖而出，成为著名的酒乡，显然是具备了这两个条件。现如今，洋河和双沟已经合而为一，成为江苏洋河酒厂股份有限公司，又名苏酒集团，旗下老百姓最熟悉的品牌，有洋河蓝色经典系列、双沟珍宝坊系列等等。

在宿迁境内，除了以上提到的洋河和双沟，还有别的好酒，只不过这两家名气太大，只不过它们做得更好一些。精明的宿迁人都知道，身边的好酒实在太多了，各种价位都有，外地人根本搞不清楚。在过去的岁月里，什么分金亭，什么洋源大曲，什么双洪大曲，什么“芝麻香”酒，还有什么“虞姬神”酒，就连沂河酒厂生产的食用酒精，其品质和生产规模也能让人大吃一惊。

洋河和双沟是两个毫无疑问的“中国驰名商标”，但是起码到目前为止，它们都还不是简单的唯一。就好像飞天茅台总是被别的茅台干扰，由于洋河和双沟都是宿迁境内的镇名，以洋河和双沟开头的酒厂，就必然势不可挡。换句话说，除了“洋河”和“双沟”这两个品牌，还有“洋河酿造厂”“洋河平安酒厂”“洋河东圩酒厂”“洋河大圩酒厂”“双沟酿造厂”“双沟曲酒厂”“双沟白酒厂”“双沟酥酒厂”，这些规模不大的小厂，仿佛贵州茅台镇生产的茅台一样，让消费者眼花缭乱。

当年全德槽坊酿制的“双沟大曲”金榜题名，双沟镇的酿酒曾经极度繁荣，大大小小的酒坊有40多家，它们跟在龙头老大后面，一荣俱荣一损俱损。时至2008年，宿迁境内年销售额500万元以上的酿酒企业还有33家，多有可能是好事，如果公平竞争，都在品质上下功夫，就能酿出更好的酒。当然也会走向反面，一颗老鼠屎坏了一锅粥，这里面的种种门道，普通消费者完全搞不明白。

这些年酒文化十分盛行，江山代有才人出，过去很多年才打擂台评比一回，现在动不动来个八大名酒十大新酒，你方唱罢我登台，花样不断翻新，手段无奇不有。白酒市场竞争十分惨烈，表面的热闹掩盖不了整个行业的不景气，在2008年，全国积压在库的白酒高达300多万吨，每年都会有一批曾经红火的企业被强行淘汰。

不进则退，改革开放以后，洋河和双沟也多次被挤出“十强”。好在瘦死的骆驼比马大，2006年洋河又重回十强阵容，排名第十。同一年，位居第一的五粮液，销售收入已达200.5亿元，差不多是洋河的十七倍。过去的这些年，洋河一路走强，排名不断上升，效益不断向好，经营发展持续提升，销售规模稳居行业前三甲。2022年实现营收301.05亿元，同比增长18.76%。2023年上半年实现营业收入218.73亿元，同比增长15.68%。

模式和现象

宿迁有个耿车镇，说到如何改变贫穷，如何解决落后，它可能会是一个很好的代表，一个很不错的例子。国内外享有盛誉的蛇医季德胜，就是正宗的耿车人，不过他从小就随父亲浪迹江湖，靠玩蛇和卖蛇药为生。卖蛇药致富毕竟非常个别，不能作为依据，耿车地处黄河故道沙碱地区，一度是非常著名的"讨饭乡"，春天遍地白茫茫，夏日处处水汪汪。

到了二十世纪七十年代末，耿车镇的人均年收入只有38元。最穷的生产队，人均全年口粮只有31.4公斤，被称为"三一四"小队。因为穷，这里的人外出讨饭都隐姓埋名，从来不会说自己是耿车人。到了2002年，耿车人年均收入已居全市第一。致富有各种办法，发财有各种门道，耿车人最著名也最简单的招数就是回收废旧塑料。

这里曾有过废旧塑料一条街，有个占地30万平方米的大市场，每逢集市，上市摊位1000多个，人流量可达好几万人，年回收加工的塑料达10万吨以上。经济奇迹在别处也许并不稀罕，放在宿迁这么个穷地方，耿车的变化就有了一定的示范意义。这种变化又被称为"耿车模式"，二十世纪八十年代，"耿车模式"与"苏南模式"和"温州模式"曾被经济学家称为乡镇经济发展的三大模式，为不发达的农业地区发展乡镇企业提供了可参考的思路。

"耿车模式"是在经济不发达，生产力比较落后的农业地区快速发展起来的乡镇企业模式。首先，它引导人们摒弃狭隘的自然经济思想，培植了商品经济意识，使乡镇企业的农民具有商品经营的头脑。其次，根据自身现有的生产力水平，在产业结构的选择上不贪大求洋，而是立足实际。再次，积极扶持商品经济运行中的能人，在人才方面不拘一格。最后，城乡联合，吸收大城市的经济技术辐射。

很多年过去了，"耿车模式"并没有如同人们希望的那样，在全国蓬勃发展，它造成的影响似乎也不能与"温州模式"和"苏南模式"相比。不过从"耿车模式"的兴起到逐渐地衰落，这其中的经验和教训，很值得大家讨论。时至今日，贫穷落后的印象已与耿车无关。"耿车模式"早已升级换代，改善人居环境，建设美丽乡村，成为耿车新的口号。房前有花园，路旁有停车位，村头干净宽敞的休闲小广场上，不时传来老百姓的欢声笑语，这就是今天的耿车镇。

楚河汉界

真正的楚河汉界，应该是在河南荥阳。它已经是个成语，意思是在当年的楚汉相争中，双方控制地区的交界之处。楚河汉界又可以比喻为战争前线，譬如在《民国通俗演义》中，就有这么一句：

仿佛枪林弹雨，依稀楚河汉界。

楚河汉界还可以代表一种难以消除的隔阂，它横贯在大家的心头，成为人际交往中一种负的能量。二十世纪九十年代，新的省辖市宿迁诞生了，它的组成，与其他地级市略有不同。

最突出的一点，就是在凝聚力方面明显有着欠缺。宿迁下辖宿城和宿豫两个区，还有泗洪、泗阳和沭阳三个县，它们在历史上曾经分别属于不同的行政区，沭阳在清代属海州直隶州，宿迁的宿城和宿豫是清代徐州府老八县之一，泗阳则属于淮安府，泗洪又归安徽泗州直隶州管辖。宿迁的三县两区，分属三个不同的方言区域，泗阳县和泗洪县是江淮方言洪巢片，沭阳县是江淮方言海州片，宿豫区和宿城区是中原官话方言区。

天下大势，所谓分久必合，今天的宿迁所以能够团结在一起，要归功于后来的淮阴地区，大家都是从老淮阴地区划分出来的，因此非要说心里有什么楚河汉界，多少有些夸张，毕竟在淮阴地区同心协力一起混了几十年。只是宿迁人性格刚强，容易争斗，前面说了，既有点像徐州人，有点西楚霸王的倔脾气，喜欢认死理，又有点像淮安人，能吃能玩会享受，嘴还刁，看不上这个，看不上那个。宿迁人好诉讼，喜欢打官司。往好里说，眼睛里揉不得沙子，往不好里说，太斤斤计较，不够大度。

都说江苏是一个组装的省份，事实上，也不只是宿迁人喜欢干仗，整个江苏都有点“我不服你”，你看不上我，到处都有楚河汉界。苏南人也在内斗，或者说在内卷，苏锡常各打各的算盘。同时，苏锡常又一起看不上南京，觉得省城南京是大萝卜，是土包子，光知道吃盐水鸭。各城市之间看谁都不顺眼，甚至看自己也不顺眼，泰州人在抱怨，说政府机关开个会，一个个都只说泰兴话，同属泰州的兴化人听不懂，同属泰州的靖江人也听不懂。事实上听是听懂了，只是在发牢骚，在抱怨。真要说一个城市的方言混乱，谁也乱不过南通。

地域歧视有时候是个很奇怪的东西，没什么道理可讲。互相之间的看不上，可能会有各种原因，完全是莫名其妙。人口多的看不上人口少的，外地人看不上本地人，当然本地人更看不上外地人。有钱的看不上没钱的，没钱的看不上暴发户。有历史的喜欢倚老卖老，刚开发的新区，则充满了新贵的扬扬得意。譬如宿迁下辖的沭阳，对市府所在地经常会打心眼里不服，本来大家也差不多，井水不犯河水，都是县一级的城市。沭阳人口好像更多，宿城和宿豫两个区加在一起还比不上它。GDP也是沭阳最多，宿城和宿豫加在一起也还是比不过它。

事实上，地域歧视只能是老百姓之间的纠葛，与真正当官的关系并不大。楚河汉界本质上还是经济实力问题，还是老百姓之间在闹着玩，在相互撒娇斗气。别的城市也会有，不过表现在了宿迁，感觉更严重一些，也更普遍一些。随着经济的改善，这些问题最终都会得到解决。

风水轮流转，落后和领先、贫穷和富有，不可能永远不变，楚河汉界说不存在，就不存在。在很多人的印象中，江苏的苏北比较穷，最穷的可能就是宿迁。在过去这些年中，宿迁的发展日新月异，成为江苏乃至长三角地区发展最快，同时也是综合实力提升最迅速的地级市之一。因为落后和贫穷，上升的空间反而越大，2012年，宿迁的GDP只有1517亿元，人均GDP为3.18万元，而到了2021年，经济体量和人均GDP都翻了一番，达到3719亿元和7.45万元。

这其中很重要的一个转折点，显然与2009年京东的强势入驻有关，它改写了这座落后城市的面貌。京东的大老板刘强东是宿迁人，他身先士卒，为家乡做了不少实事，先后在宿迁投资超过200亿元，涵盖了电子商务、智慧城市、物流仓储、智能产业等等，为宿迁的城市现代化做出了不小的贡献。

同时，江苏经济最发达的城市苏州，对宿迁的帮助也必须强调几句。“苏州宿迁工业园区”位于宿迁市西部，古黄河的南岸，是两市紧密合作共建的新型工业园区，总面积21.4平方公里，从2006年11月签订合作协议开始，截至目前，宿迁共承接苏州各类转移项目952个，计划总投资1899亿元，到位金额780亿元，累计实现税收123亿元，带动就业近50万人，经济和社会效益都十分明显。

后记

公元前551年，中国的孔子诞生了。这一年，在我们的邻国印度，佛祖释迦牟尼还是一位14岁的翩翩少年。孔子时代在人类历史上非常光辉，产生了中国最早的编年史《春秋》，产生了《左传》和《国语》，产生了最早的诗歌集《诗经》，产生了最早的谈话记录《论语》。

在全世界范围内，人类文明成果同样喜人，古印度的两大史诗《玛哈帕拉达》和《罗摩衍那》诞生了，古希腊的悲剧和喜剧也正式出现了，而且几乎在一开始，就把戏剧艺术推向了顶峰。这期间，孔子带领他的学生周游列国，顽固地宣传自己的思想，释迦牟尼痛苦地修行得道，成为最伟大的宗教领袖，在古希腊的舞台上，在观众的热情呼唤中，一幕幕精彩的悲喜剧正在上演。

这个时代产生的人类文明，后人津津乐道。长期以来，尽管一直有争议，专家们在质疑，当权者别有用心宣传，传媒信口开河胡说八道，我们却不得不老老实实地承认，那个文明不管你我是否喜欢，注定是中国文化的源头。就像流淌在青藏高原上的那一道道小溪，没有它们就没有汹涌的长江黄河。时至今日，孔子的思想有各种解释，他的著作有不同版本，他说过的片言只语，仍然像金子一般闪光。

在我的少年时代，正赶上轰轰烈烈的批林批孔，孔子的身价跌入了最低点。很长时间内，我不明白什么叫“兴灭国，举逸民，继绝世”，也不明白为什么这些话要反复批判，为什么它会在耳边一个劲地鼓噪。一位老者曾开导过我，说孔子的想法很单纯，他心目中的古代中国，只是一个个小国联盟，就好像古希腊的那些城邦，又仿佛今天的欧盟诸国，本来都还十分融洽，相互之间也能和平共处，后来就人心不古了，就不和谐了，就战事和争斗不断，就弱肉而强食，就面临或者干脆消亡。

所以孔子他老人家的政治理想，不仅是修身齐家治国平天下，不仅是君君臣臣父父子子，而且同情弱小，而且复古，而且怀旧。他希望有朝一日，那些不复存在的一个个小国，在周礼的秩序里起死，在明君圣主的领导下回生，它们曾经拥有的优秀传统，能够复活并且生机勃勃。

在伟大的孔子看来，温故才能知新，小永远是美丽的，小可以包容大，不知道渺小就不能懂得博大，没有微小细胞就没有生命，因此，考察我们身边的历史，追溯已消亡的往事，展望唾手可得的未来，通过时间穿越空间，不妨从小处入手，不妨谨小慎微，既可以宏观，更可以细察。

女儿读中学时，问我在她那个岁数喜欢阅读什么样的书，有哪些作家不能忘怀。我几乎立刻就想到了房龙，想到了自己当初的入迷，当年的如梦如醉。这位身高将近两米的荷兰巨人，在美国学习和写作，写了一大堆让人爱不释手的好书。房龙的行文风格曾风靡一时，它们既生动有趣，又通俗得平易近人，还到处闪烁着思想的光辉。

房龙潇洒的文字，打发了我青少年时代的寂寞，弥补了当年不能上大学的遗憾。我一直梦想着有朝一日，以感恩的心态，写一本书向这位前辈致敬，写一本像《房龙地理》那样的著作。冷眼向洋看世界，在全球化的今天，在科学技术发达的21世纪，在泱泱大国这样的字眼背后，在地球村的某个角落，这个梦想显然落伍和可笑。

江苏不是一个很大的省份，它很年轻，充满了活力，充满了创造力。我从来不是信心十足的人，能力有限学识浅薄，这本漫谈家乡江苏的小书，看似轻松，真写起来并不容易。不过为了写好一本书，付出艰辛的劳动也是应该的，更是值得的。写作这活很苦很累，我却无怨无悔。感谢各地的朋友，当年为了这本书的写作，寄来成捆的参考资料，没有他们热心的帮助，这本书显然也是不可能完成的。

必须老老实实承认，完成这样一本书，更多的还是通过阅读。纸上得来终觉浅，绝知此事要躬行，要想更好地了解江苏，更全面地了解江苏的各个城市，仅仅只靠阅读，显然还是不够的。要读万卷书，更要行万里路，对于我来说，这本书的写作，是个很好的学习机会，同时也是为中学里还在上课的学生，为那些想进一步了解江苏各个城市文化的读者，做一些必要的入门准备。

本书初稿完成于2009年，由江苏人民出版社出版。当时定价15元，后来市面上还出现过一种非法的18元版本，由于书价大涨，这本书没有再版。再后来，南京大学出版社出版过一个新版。此次交由译林出版社出版的修订本，较之前面两个版本，增加了三分之一新的内容。也就是说除了修订，书中有三分之一篇幅属于修改和增写。如果原来的版本勉强六十分，现在这个修订本可以给它打个八十分。

衷心希望读者能读到这本书，也希望他们能喜欢这本书。

2023年9月2日　三汉河